Esther Menaker

Schwierige Loyalitäten

Psychoanalytische Lehrjahre in Wien 1930 – 1935

Mit einer Einleitung von Paul Roazen

D1722225

Für meine Kinder,
Michael und Thomas,
und meine Enkelkinder,
Enkelkinder, Ellen, Nicholas, William, John

BIBLIOTHEK DER PSYCHOANALYSE
HERAUSGEGEBEN VON HANS-JÜRGEN WIRTH

Esther Menaker

Schwierige Loyalitäten

Psychoanalytische Lehrjahre in Wien 1930 – 1935

Mit einer Einleitung von Paul Roazen

Übersetzt aus dem Amerikanischen
von Brigitte Janus-Stanek

PSYCHOSOZIAL-VERLAG

Die Deutsche Bibliothek - CIP Einheitsaufnahme
Menaker, Esther
Schwierige Loyalitäten: Psychoanalytische Lehrjahre in Wien 1930 - 1935/
Esther Menaker. Mit einer Einleitung von Paul Roazen. Übers. aus dem
Amerikan. von Brigitte Janus-Stanek.
– Gießen: Psychosozial-Verl., 1997
(Bibliothek der Psychoanalyse)
Einheitsacht.: Misplaced Loyalities <dt.>
ISBN 3-932133-16-1

©1997 Psychosozial-Verlag
Friedrichstraße 35, 35392 Gießen,
Tel.: 0641/77819, Fax: 0641/77742
©1995 by Transaction Press
Titel der amerikanischen Ausgabe:
Misplaced Loyalities
Layout: Detlef Haack · Schrift: ITC Berkeley
ISBN 3-932133-16-1

Inhaltsverzeichnis

Einleitung

Die Geschichte der Psychoanalyse ist ein kontroverses Untersuchungsobjekt geblieben. Historiker der Geschichte der Ideen und ihrer gesellschaftlichen Bedingungen haben zunehmend Interesse an diesem Forschungsgegenstand bekommen. Für neutrale Beobachter ist es nicht leicht, sich innerhalb der psychoanalytischen Auseinandersetzungen zu orientieren. Nach der orthodoxen Meinung gibt es eine sogenannte „Hauptströmung", die Freud verpflichtet ist, die sich fortentwickelt hat und weiter gediehen ist, trotz der Krisen, die durch die von der organisierten Bewegung wegdriftenden Dissidenten verursacht wurden. Zu viele glauben weiterhin an die von der International Psychoanalytic Association (IPA) – gegründet von Freud 1910 – vorgetragene Mythologie, sie allein sei die rechtmäßige Erbin Freudscher Technik und Theorie.

Ein Problem ist, daß das, was zu einem bestimmten Zeitpunkt Orthodoxie ausmacht, sehr verschieden von dem sein kann, was einige Zeit später die anerkannte, allgemeine Billigung erhält. Um ein Beispiel zu geben: Jahrelang wurden Karen Horneys Werke in den Veröffentlichungen, die unter der Schirmherrschaft der IPA standen, nicht zitiert. In den letzten Jahren, nach den heftigen, manchmal unfairen feministischen Kritiken an Freud, wird Horneys Name nun in orthodoxen psychoanalytischen Kreisen als annehmbar angesehen. Melanie Klein, die sich in London erfolgreich dagegen gewehrt hat, als Häretikerin exkommuniziert zu werden, wurde nie von der IPA ausgeschlossen. Der jetzige Präsident hält sich selbst für einen überzeugten Kleinianer. Den Anhängern der Selbstpsychologie, eine Richtung, die von Heinz Kohut in Chicago ins Leben gerufen wurde, ist es gelungen, nicht als Häretiker gebrandmarkt zu werden, obwohl Freuds Tochter Anna entschied, daß Kohut selbst „unanalytisch" geworden sei. Diese Bezeichnung hat viele über Jahre erschreckt und die Ängstlicheren haben ihr Denken, oft unbewußt, so zurechtgeschneidert, daß sie nicht Gefahr liefen, ebenfalls als Abweichler ausgeschlossen zu werden.

In Wirklichkeit waren es die Außenseiter, jene, die der Organisation Schwierigkeiten machten, die die neuen Ideen einbrachten. Der „Mainstream" hat stillschweigend die Werke derjenigen, die einst als Schismatiker verdammt wurden, assimiliert. Die Psychoanalyse war eine Kirche, und ihre Geschichtsschreiber haben ihre eigenen Parteilichkeiten. Nur wenige scheinen zu bemerken, daß, wenn ein Favorit der Freudianer, wie der späte Heinz Kohut, das Konzept der Normalität in die Psychoanalyse einbrachte, er damit genau das Gleiche tat, wofür Freud vor dem Ersten Weltkrieg Alfred Adler des Verrats bezichtigte.

Obwohl viel Zeit vergangen ist, ist es für die meisten Studenten in der psychoanalytischen Ausbildung unmöglich, einen wohlmeinenden Eindruck von Freuds berühmtesten Schülern zu bekommen. Der Name C. G. Jung ist in orthodoxen Ausbildungsinstituten immer noch sehr verhaßt, und das hat nichts mit seinen politischen Aktivitäten in den dreißiger Jahren zu tun. In Wirklichkeit nahm Jung viele der späteren psychoanalytischen Theoriebildungen vorweg. Als z. B. Donald W. Winnicott einmal Jungs Namen auf der Versammlung der Britischen Psychoanalytischen Vereinigung aussprach, entstand eine solche Stille, daß er nicht wagte, dieses Experiment noch einmal zu wiederholen.

Nachdem Jacques Lacan Anfang der fünfziger Jahre mit Anna Freuds Billigung aus der IPA ausgeschlossen worden war, wurde es schwierig, Lacans Werke zu zitieren, ohne Gefahr zu laufen, die Artikel, zumindest was die nordamerikanischen psychoanalytischen Zeitschriften anbetraf, zurückgewiesen zu bekommen. Erich Fromm blieb auf der offiziellen Feindesliste, obwohl er auf die Sozialwissenschaften und auch in Mexiko, wo er eine Zeitlang lebte, großen Einfluß gewonnen hat. Kaum war er gestorben, durften zumindest seine Bücher in psychoanalytischen Zeitschriften annonciert werden. Das war nicht möglich gewesen, als er noch lebte und in der Lage war, „schreckliche" Gedanken zu Papier zu bringen.

Man könnte in der Darstellung fortfahren, wie die Psychoanalyse – als modernes Religionsäquivalent – verfehlt hat, die idealen Anforderungen an wissenschaftliche Untersuchungen zu erfüllen. Eine Schwierigkeit bestand darin, daß die aus der IPA Ausgeschlossenen – die psychoanalytische Linke sozusagen – unfähig waren, sich zusammenzutun. Menschen, die kühn genug waren, die Gefahren eines Alleingangs zu riskieren, gingen nicht gerne verbindliche Bündnisse miteinander ein. Ein Denker wie Erik H. Erikson, der sich wachsam allein durchschlug und erst sehr spät Jung als seinen Vordenker anerkannte, wollte nicht mit dem Werk Fromms in Zusammenhang gebracht werden, obwohl Erikson und Fromm vom intellektuellen Standpunkt aus vieles gemeinsam hatten. Politisch gesehen fanden sie sich an entgegengesetzten Enden des Spektrums, aber in den psychoanalytischen Auseinandersetzungen versuchten sie beide, den sozialen Bezug in das Freudsche Denken einzuführen.

Inzwischen hat die IPA annähernd 10.000 Mitglieder, und nur wenige haben die Zeit, die Entstehungsgeschichte ihrer eigenen Disziplin zu erforschen. In diesem Irrgarten der ideologischen Kämpfe ist der sicherste Weg zu verstehen, was sich augenblicklich ereignet, Erkundigungen aus erster Hand einzuziehen. Und genau an dieser Stelle liefert Esther Menakers *Schwierige Loyalitäten* einen äußerst bemerkenswerten Beitrag. Sie erzählt, wie es für sie und ihren Mann als Amerikaner war, in das Wien der frühen dreißiger Jahre zu kommen. Esther wurde von Anna Freud analysiert und ihr Mann von Helene Deutsch. Das Paar fand, daß die Europäer auf sie, die barbarischen Repräsentanten der Neuen Welt, herabsahen. Obwohl die Menakers auch positive Erfahrungen mitnahmen und sich manche Mitglieder der Wiener Psychoanalytischen Vereinigung als Ausnahmen erwiesen, fühlten sich die Menakers insgesamt desillusioniert und herabgesetzt. In späteren Jahren wurde Esther Menaker eine hervorragende Vertreterin der Ideen Otto Ranks, eines Wiener Analytikers, der in sehr unangenehmer Weise aus der IPA ausgestoßen worden war. Seine Werke, obwohl stillschweigend der heutigen Orthodoxie einverleibt, haben nie die Anerkennung bekommen, die ihnen zusteht.

Wenn Geschichtsforscher sich auf solche Zeugnisse aus erster Hand beziehen, werden sie wahrscheinlich nicht so schnell den Mythen erliegen, die sich um die Entwicklung der Disziplin herum gebildet haben. Die praktizierenden Analytiker treiben die eigene Geschichtsforschung nicht voran. Es ist ein risikoreiches Unternehmen für Kliniker, mit ihren Kollegen nicht übereinzustimmen. Unbewußtes Selbstinteresse, verbunden mit der Notwendigkeit, weiterhin Patienten überwiesen zu bekommen, wirkt auf die Art und Weise ein, wie ein Therapeut theoretisch denkt. Die gesellschaftliche Bedeutung der Psychoanalyse rechtfertigt die Notwendigkeit, die Entstehungsgeschichte all dieser Kontroversen zu erforschen. Es ist tatsächlich ein reiches Forschungsgebiet. So viele Fragen, die zu Zerwürfnissen führten, waren verknüpft mit rivalisierenden ethischen Konzepten und mit Vorstellungen, wie das Leben im allgemeinen gelebt werden sollte. Zudem darf man nie die immer gegenwärtige Macht des Übertragungs-Gegenübertragungsgeschehens unterschätzen. Bindungsbeziehungen, die in einem therapeutischen Kontext entstehen, haben eine enorm große Rolle gespielt, die sehr leicht von Universitätswissenschaftlern unterschätzt worden ist. Es war immer wichtig, wer bei wem in Analyse war. Wir kennen den Einfluß von Supervisoren, aber der Einfluß des einzelnen Analytikers auf seinen Analysanden kann viel bedeutsamer sein.

Nun ist die Psychoanalyse einhundert Jahre alt. Innerhalb der Geisteswissenschaften wurde ihr ein eindeutiger Platz zuerkannt. Esther Menakers *Schwierige Loyalitäten* könnte für diejenigen ein Klassiker werden, die die Legenden innerhalb der Organisation nicht akzeptieren können. Es könnte bald eine Zeit anbrechen, in der Parteigängertum – zumindest bezüglich der älteren Streitigkeiten – im akademischen Leben nicht mehr viel bedeutet. Die jüngere Generation könnte primär ihre Schwierigkeiten damit haben, überhaupt zu verstehen, warum solche Streitigkeiten stattgefunden haben. Ein besonderer Anziehungspunkt war für Analytiker immer die Suche nach Selbsterkenntnis. Seelenerforschung kann leicht zum Sektierertum verleiten. Solange das Freudsche Erbe mit den Fragen nach den letzten Dingen verknüpft ist, ist es sehr unwahrscheinlich, daß die Streitbereitschaft – eine bemerkenswerte Eigenschaft unter Analytikern – leicht auszutreiben ist.

Paul Roazen

1. Paul Roazen: The Freud-Klein Controversies 1941-1945. Psychoanalytic Books (Fall 1992): 391-98.
2. Paul Roazen: Jung and Anti-Semitism. In Lingering Shadows: Junglans, Freudians, and Anti-Semitism, ed. Aryeh Maidenbaum and Stephen A. Martin (Boston: Shambhala, 1991), 211-21.
3. Paul Roanzen: Erik H. Erikson as a Teacher. Michigan Quarterly Review (Winter 1992): 19-33. Reprinted in The Psxchohistory Review 22, no. 1 (Fall 1993): 101-70.
4. Paul Roazen: The Historiography of Psychoanalysis. In Psychoanalysis in Ist Cultural Context, ed. Edward Timms and Ritchie Robertson, Austrian Studies, III (Edinburgh: Edinburgh University Press, 1992), 3-19.

Vorwort

„Wie war das, als Du ein kleines Mädchen warst?" Diese Frage wird Großmüttern, diesen lebenden Zeugen einer Zeit, lange bevor man selbst geboren war, oft gestellt. Schon früh in der Kindheit, wenn wir uns der Zeit bewußt werden, taucht der Wunsch auf, unseren Platz zu finden in dem Kontinuum der menschlichen Erfahrung. Wir wollen wissen, was wir selbst nie erleben können: die historische Vergangenheit. Eine Andeutung der Zukunft liegt für die Kinder in dem Dasein der Erwachsenen, die sie umgeben, und seine Essenz können sie in ihr eigenes Leben während ihrer Entwicklung zu Erwachsenen absorbieren. Aber die Neugier in Bezug auf das gerade erst Vergangene kann nur durch „Großmuttergeschichten" und später durch das Geschichtsstudium und das Lesen von Biographien befriedigt werden.

Ich habe nie erfahren wie es ist, Großeltern zu haben. Aber ich selbst wurde Großmutter, im buchstäblichen und übertragenen Sinn. Beim Arbeiten und Lehren als Psychologin mit dem Schwerpunkt Psychoanalyse und Psychotherapie fragen mich meine Studenten oft nach meinen Erfahrungen: „Wie war das in den ersten Tagen der Psychoanalyse, als Sie Studentin in Wien waren?" Sie fragen mit derartig gespannter Erwartung, daß ich den Mythos in ihren Vorstellungen bestätigte – einen Mythos, der Wien romantisiert und die psychoanalytischen Helden idealisiert –, daß ich mit gemischten Gefühlen zurückbleibe. Irgendwie schuldbewußt überlege ich, wieviel von der Wahrheit ich diesen „Kindern" mitteilen soll. Soll ich die Geschichte abmildern, damit ich nicht ihre Illusionen zerstöre? Sicher, das Erlebnis, in einem fremden Land nahezu fünf Jahre zu leben und sich ein ganz neues Studiengebiet zu erschließen, war ein großes Abenteuer. Aber es gab auch viele Enttäuschungen. Es gab Zeiten, in denen ich mich mehr als Überlebende denn als Forscherin sah. Während ich meinen Studenten Anekdoten über die Vergangenheit erzähle – gewöhnlich um ihnen eine technische Fragestellung in ihrer laufenden Arbeit mit Patienten zu veranschaulichen – ist mir deutlich geworden, daß meine Großmuttergeschichten mehr sind als kleine Gefälligkeiten, um die Neugier der Jungen zu befriedigen. Sie sind ein Bericht über eine persönliche Erfahrung. Damit dokumentieren sie ein Stück Geschichte und Entwicklung einer stattgefundenen menschlichen Beziehung, und als solches werfen sie Licht und Schatten auf die neueren

Aktivitäten innerhalb der Psychoanalyse. Als Großmuttergeschichten bilden solche Erinnerungen einen Kontrast zu den existierenden Veränderungen in der modernen psychoanalytischen Entwicklung. Daneben sind sie eine bleibende Reflexion über das, was am Anfang stand. Dies ist eine wahre Geschichte. Aber da es meine Geschichte ist, könnte gesagt werden, daß ihre historische Validität durch meine Subjektivität und durch mögliche Verzerrungen als Ergebnis von Gedächtnisfehlern gefährdet ist. Vielleicht – aber ist dann nicht die ganze sogenannte Wahrheit, besonders die, die sich auf menschliches Erleben bezieht, Opfer genau der gleichen Verzerrungen? Aber Verzerrungen von was? Von der Wahrnehmung einer anderen Person, die dasselbe oder ähnliches erlebt hat, wenn sie sich von der eigenen Wahrnehmung unterscheidet? Die Authentizität eines Erlebnisses beruht gerade auf der subjektiven Erfahrung. Es ist eine Gültigkeit, die aus vielen Quellen stammt, die uns letztlich zu der Verallgemeinerung führt, die sich der objektiven Wahrheit annähert. So ist Geschichte konstruiert.

Ich habe nur eine Geschichte und einen Standpunkt. Es ist die Geschichte von viel Dissonanz zwischen meinen Hoffnungen und Erwartungen und der Realität der Persönlichkeiten, der psychoanalytischen Organisation und der Wiener Kultur, die ich in den dreißiger Jahren antraf. Zeit und Abstand lassen einen oft die Vergangenheit verklären. Es macht häufig mehr Spaß, Freunden im nachhinein von einer schwierigen, aber abenteuerreichen Reise zu erzählen, als sie zu durchleben mit all ihren Ängsten und Mißgeschicken. In meinem Fall bestand die Verklärung vor dem Ereignis. Ich habe die nachfolgenden Enttäuschungen überlebt und ich denke, ich habe sie im Laufe der Jahre kreativ verarbeiten können.

Bill, mein Mann, und ich waren erst sechs Monate verheiratet, als wir im Sommer 1930 zu unserem großen Abenteuer aufbrachen. Wir würden im Wiener Psychoanalytischen Institut als Analytiker ausgebildet werden. Bill war vierunddreißig Jahre alt, ich war noch nicht ganz dreiundzwanzig. Die Psychoanalyse war jung und suspekt. Meine Einführung in die Schriften Sigmund Freuds in den späten zwanziger Jahren erhielt ich nicht in meinen Psychologiekursen, sondern durch eine Klassenkameradin, die alles las, was ihr in die Hände kam, und die mir Freuds „Vorlesungen zur Einführung in die Psychoanalyse" mitbrachte. Sie waren in braunes Papier eingeschlagen. Man wagte es damals nicht, sich der Mißbilligung der Professoren auszusetzen. Besonders wollte man von den Psychologieprofessoren nicht bei der Freud-Lektüre ertappt werden. „Keiner kann mir sagen, daß es sich um etwas Sexuelles handelt, wenn meine sechs Jahre alte Tochter hübsche Kleider mit Schleifen liebt", bemerkte einer meiner Psychologieprofessoren, mit dem ich genügend vertraut war, um eine Diskussion über die Verdienste des tiefenpsychologischen Ansatzes bezüglich der menschlichen Motivation zu riskieren. Die Furcht vor der Sexualität und vor einer Theorie, die sie zum Zentrum ihrer Hypothesen machte, war groß. Ich bin als einziges Kind in einer äußerst puritanischen Umgebung großgeworden. Der Kernpunkt meiner sexuellen Erziehung während der Pubertät bestand in der ernsthaft gemeinten Ermahnung meiner Mutter, keinen Mann zu küssen, bevor ich nicht mit ihm verheiratet sei. Meine gesunden Instinkte sagten mir, da müsse etwas falsch sein mit dieser Warnung. Ich hatte immer einen starken Glauben an die Richtigkeit meiner Gefühle. Ich mochte alles, was natürlich war, und viele von Menschen gegebene Regeln und Konventionen schienen mir aufgesetzt – besonders diejenigen, die sich auf die Sexualität bezogen. Viele Jahre später, als ich schon praktizierende Psychoanalytikerin war, erzählte mir eine Patientin – ebenfalls das Produkt einer puritanischen Erziehung –, was sie zu sich selbst sagte, als die Mutter sie warnte, Masturbation könne gefährlich sein: „Etwas, was sich so gut anfühlt, kann nicht falsch sein." Meine ganz ähnliche Einstellung – unterstützt durch meine rebellische Natur – half mir, meiner Mutter nicht zu gehorchen. Als ich während meiner College-Jahre noch zu Hause lebte,

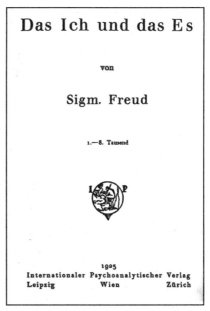

Erstdrucke von zwei Schriften Sigmund Freuds

genoß ich es, mich zu verabreden. Ich konnte aber meiner Familie höchstens für einen Abend entrinnen. Als ich dann auf die Graduate School ging und Sozialarbeit studierte, war jene Freundin, die mir die Freud-Lektüre im braunen Umschlag gegeben hatte, nach New York gezogen. Sie lud mich ein, sie zu besuchen. Hier lernte ich Bill kennen und erfuhr mehr über die Psychoanalyse. Er selbst war kein Analytiker, aber so voller Interesse, Begeisterung, Wissen und Glauben in Bezug auf dieses Gebiet, daß unsere ersten Gespräche ausgefüllt waren mit seinen psychoanalytischen Interpretationen der eigenen Lebenserfahrungen.

Ich erinnere mich sehr deutlich an den Tag unserer ersten vertrauteren Unterhaltung. Es war ein Sonntagnachmittag im Herbst. Mutig hatte ich Bills Einladung, ihn in seinem Appartement in Brooklyn Heights zu besuchen, angenommen. Gemessen an den Verhältnissen im Philadelphia jener Tage, in denen ich aufwuchs, war dies ein kühnes Unterfangen. Unter Bills Freunden jedoch – die Greenwich-Village-Charaktere in New York waren – wurde beides, sowohl die Einladung als auch deren Annahme, als ein völlig normales soziales Verhalten angesehen, ohne daß damit notwendigerweise eine sexuelle Verführungssituation verknüpft sein mußte.

Wir tranken Tee und aßen „Napoleons". Ich schaute mich um, um einen Eindruck von seinem Appartement zu bekommen. Es war eine bescheidene Wohnung im oberen Stockwerk eines viktorianischen Backsteinhauses, und ich erinnere mich gern an das Gefühl von Wärme, die die geschmackvoll ausgewählte Einrichtung, die vielen Bücher und Bilder vermittelten. Wir waren ganz in unser Gespräch über unser Gefühlsleben vertieft. Bill hatte gerade die Beziehung zu einer Frau beendet, mit der er einige Jahre befreundet gewesen war. Er war in diese junge Frau sehr verliebt gewesen. Sie aber sei so an ihren Vater gebunden, daß sie sexuell nicht auf Bill habe reagieren können. Zumindest war das die Erklärung, die Bill als Ursache für eine derartige Hemmung in vielen analytischen Büchern gefunden hatte, die er begierig verschlang, um diese Situation zu verstehen.

Was heute wie ein jargonartiges Klischee erscheint, war damals, in den zwanziger Jahren, ein Blick in eine unbekannte Welt. Bills Überzeugung von der Macht der unbewußten Motivation und ihres symbolischen Ausdrucks auch in den einfachen Dingen des alltäglichen Lebens war so groß, daß ich mich noch an die sexuelle Bedeutung erinnere, die er einem Ereignis zuschrieb, das andere bedeutungslos gefunden hätten. Seine Freundin Betty und er waren während eines Wochenendes auf Besuch bei ihrem Vater in seinem Landhaus. Dort gab es nur ein Badezimmer. Bill hatte bemerkt, daß Betty ihr Nachthemd an den Haken über den Pyjama ihres Vaters gehängt hatte. Diese

Handlung symbolisierte für psychoanalytisch gebildete Personen jener Zeit einen unbewußten sexuellen Wunsch. Heutzutage würde den meisten von uns diese buchstabengetreue Interpretation eines Verhaltensanteils simplifiziert erscheinen. Man bedenke, es gab nur ein Badezimmer und nur einen Haken! In jener Zeit in der Geschichte der Psychoanalyse jedoch war es für Analytiker nicht ungewöhnlich, alltägliches, allgemeines Verhalten ohne unterstützende Daten in die vermutete „tiefere unbewußte Bedeutung" zu übersetzen. Freuds Entdeckung, daß die gewöhnlichen Ereignisse im Leben oft eine tiefere Bedeutung haben, die uns normalerweise unbewußt ist, wirkte berauschend. Eine völlig neue Symbolsprache entstand, eine Sprache, die Bill und ich gerne beherrschen wollten. Schon kurze Zeit später machten wir die Erfahrung daß, welche Gültigkeit auch immer solche wörtlichen Übersetzungen eines sichtbaren Verhaltens, Gefühls oder Gedankens in die unbewußte symbolische Bedeutung haben mochten, diese direkte Übersetzung wenig therapeutischen Wert besaß. Weit entfernt davon, den Ich-Horizont zu erweitern, führte sie eher zu Selbstzweifeln in Bezug auf die eigene Realitätswahrnehmung und zu einer Herabsetzung des Selbstwertgefühls. Es schien uns, als unterstünde das Leben nicht mehr der eigenen Kontrolle, sondern werde von Kräften bestimmt, die uns nicht bewußt waren. Bevor wir nach Wien aufbrachen, waren Bill und ich jedoch voller Begeisterung und Überzeugung, sicher, daß die Entdeckung des Unbewußten der Schlüssel zum Verständnis der Persönlichkeit und zur Heilung ihrer Störungen war. Unsere Idealisierung schloß auch die Personen mit ein, die auf dem psychoanalytischen Gebiet arbeiteten. Sie waren unsere Helden – Menschen, die sich dem wissenschaftlichen Studium der Seele verpflichtet hatten und die einfühlsam waren gegenüber den Leiden der Menschen, deren Körper und Seele nicht in Harmonie miteinander waren.

Wien, Graben

Danksagungen

An einem Buch arbeiten meist viele Menschen mit. Das gilt natürlich auch für dieses Buch. Ich bin meinen Studenten, die dieses Buch durch ihre Neugier und ihr Interesse an den frühen Tagen der Psychoanalyse inspirierten, sehr dankbar. Da es persönliche Erinnerungen enthält, brauchte es Unterstützung wegen seiner Selbstenthüllungen. Diese Unterstützung wurde mir in reichlichem Maße in den Gesprächen mit meinem Sohn Michael zuteil. Charlotte Sheedy danke ich dafür, daß sie die Wichtigkeit des Buches verstand und mir bei der Veröffentlichung half. Meiner Verlegerin, Toni Lopopolo, St. Martin's Press, gebührt mein Dank für ihr taktvolles Umgehen mit meiner Tendenz, akademisch zu werden. Sie hat das Buch lesbarer gemacht. Robin Kessler und Stacia Friedman waren ihre fähigen Assistenten. Meinem Freund und Sekretär, Stephen Cooper, bin ich für viele praktische Vorschläge dankbar und für das Schreiben des Manuskriptes. Meinem guten Freund Barry Ulanov verdanke ich den Titel. Vicki Raeburn danke ich für ihre Hilfe während der frühen Phasen des Manuskriptes.

Berggasse 19, das Haus, in dem Freud von 1891 bis 1938 lebte

1. Ankunft in Wien – Ein ungewisses Willkommen

1930 waren Bill und ich davon überzeugt zu wissen, was Psychoanalyse sei und hatten uns ihr anvertraut. In jenen Tagen, die mehr als ein halbes Jahrhundert zurückliegen, gab es keine Symposien und Tagungen, deren Hauptaufgabe darin bestand, die Richtlinien der Psychoanalyse zu definieren, an ihren Wesenskern zu kommen, Kriterien zu benennen, außerhalb derer man nicht mehr von Psychoanalyse sprechen könne. Es gab natürlich andere Therapien und andere Psychologieschulen. Alfred Adler und C. G. Jung, die Freudanhänger gewesen waren, hatten sich von der Freudschen Schule wegen differierender theoretischer Standpunkte getrennt. Sie hatten eigene Ausbildungszentren errichtet. Sie wurden von den Freudianern nicht als Psychoanalytiker anerkannt. Der Begriff „Psychoanalyse" war den Freudschen Gedanken und Methoden vorbehalten. Wenn jemand Psychoanalytiker werden wollte, mußte er von Freudianischen Analytikern behandelt und ausgebildet worden sein. Die Bedingungen waren klar festgelegt. Obwohl der Gebrauch der Couch und die tägliche Wochenstunde nicht aus sich heraus die Psychoanalyse definierten, war es allgemein bekannt, daß das Liegen auf der Couch und die Analyse an jedem Wochentag ein notwendiger Bestandteil der psychoanalytischen Behandlung waren. Ohne dieses Setting konnte die Authentizität des Unternehmens in Frage gestellt werden. Voller Überzeugung und Begeisterung waren Bill und ich mit dem Schiff und dem Zug mehr als 3.000 Meilen nach Wien gefahren, wo wir als Ausbildungskandidaten am Wiener Psychoanalytischen Institut angenommen worden waren. Bill und ich kannten Europa von früher her. Ich hatte als junges Mädchen meine Eltern auf einer langersehnten Reise durch England, Frankreich und Deutschland begleitet. Meine Eltern, besonders mein Vater, liebten Europa, wo mein Vater seine Studentenzeit verlebt hatte. Sie freuten sich, daß auch ich dieses Erlebnis haben sollte. Bill war längere Zeit in Frankreich und Italien gewesen, aber keiner von uns kannte Wien. Wir sahen einer neuen und interessanten Erfahrung entgegen. Damals gab es noch zwei andere große Institute in Europa – Berlin und London – aber keines in den Vereinigten Staaten. Um genau zu sein, es gab die Psychoanalytic Society in New York, aber kein Ausbildungszentrum für diejenigen Anwärter, die Analytiker werden wollten. Es gab eine Vereinbarung mit der IPA, daß ein Ausbildungskandidat von der Gesellschaft im Herkunftsland angenommen sein mußte, um Ausbildungskandidat in einem ausländischen Institut werden zu können. Es konnte schwierig sein ohne psychiatrische Vorbildung – und unsere Ausbildung war nichtmedizinisch – angenommen zu werden. Der Anwärter mußte mindestens fünfunddreißig Jahre alt, in einem der Medizin benachbarten Gebiet ausgebildet sein und praktische Erfahrung haben. Amerikanische Gesellschaften waren entschiedene Gegner von nichtmedizinischen Analytikern, den sogenannten „Laienanalytikern". Dieser Ausdruck ist glücklicherweise überholt, weil jemand mit einer vergleichbaren und intensiven Ausbildung kaum als Laie betrachtet werden kann. Bill und ich schätzten uns glücklich, als Ausbildungskandidaten angenommen worden zu sein. Dies war nicht Ausdruck einer besonders mildtätigen Einstellung der New Yorker Analytiker uns gegenüber – im Gegenteil, sie versuchten uns davon abzuraten, Analytiker zu werden, besonders Dr. A. A. Brill, der Bill interviewte. Dr. Brill mißverstand Bills Motivation bei seinem Wunsch, Analytiker zu werden. Da Dr. Brill dachte, Bill ginge es in erster Linie ums Geldverdienen, versuchte er, ihn davon zu überzeugen, daß die Analyse kein besonders lukrativer Beruf sei. Diese materialistische Einstellung dämpfte Bills Neigung, die Analytiker jener Zeit zu idealisieren, eine Tendenz, die wir beide teilten. Wir konnten kaum die New Yorker Psychoanalytiker idealisieren, deren Engherzigkeit, Rigidität und Voreingenommenheit gegen nichtmedizinische Analytiker uns beinahe um unsere Ausbildungsmöglichkeiten gebracht hätten. Damals sahen wir alle schlechten Eigenschaften bei den New Yorker Psychoanalytikern versammelt und alle Tugenden bei den Europäern. Im Laufe der Zeit sollten wir unsere Meinung grundlegend ändern.

Bill war der Anführer und steuerte uns in die Richtung unserer psychoanalytischen Laufbahn. Als wir uns 1929 am Thanksgiving zum ersten Mal trafen, hatte er bereits geplant, im darauffolgenden Februar nach Wien aufzubrechen. Er hatte lange Zeit auf eine Chance gewartet, eine berufliche Laufbahn einzuschlagen, die ihn wirklich interessierte. Mehr als zehn Jahre lang war er praktizierender Zahnarzt und nicht besonders glücklich dabei gewesen. Seine Eltern hatten ihn zu einem praktischen Beruf überredet. Die Ausbildung erforderte damals, um die Zeit des Ersten Weltkrieges, weniger Zeit und Geld als das Medizinstudium. Der Beruf würde ihm immer ein Einkommen sichern.

Bills Eltern hatten sich auf Betreiben der Mutter wegen der väterlichen Untreue getrennt, und sie waren geschieden worden, als Bill achtzehn Jahre alt war. Seine Identifikation mit der mißlichen Lage seiner Mutter und seine Zuneigung zu ihr waren die Hauptpfeiler seines Lebens. Die Beziehung zu seinem Vater war konfliktbeladen. Bill hatte sein Studium selbst finanziert – als Klavierspieler in einem Trio in verschiedenen Restaurants und Spelunken in New York City. So hatte er seine Unabhängigkeit bewahrt. Aber die Gefühle seinem Vater gegenüber – eine seltsame Mischung aus Ablehnung und Sehnsucht – blieben ungelöst. So war sein Leben, als wir uns trafen, gerade dabei, eine Richtung zu nehmen, die ihm etwas Glück und Befriedigung versprach. Es gab nun die Aussicht auf einen neuen Beruf und den Anfang einer neuen Liebesbeziehung. Bill und ich heirateten im Januar 1930, kaum ein Jahr nach dem Tod seines Vaters. Es war tatsächlich der Tod von Bills Vater, der uns in die Lage versetzte, diesen langen Aufenthalt in Wien planen zu können. Bills Vater hatte ein kleines Erbe hinterlassen. Damit wollten wir unsere psychoanalytische Ausbildung finanzieren. Wir würden zwanzig Dollar pro Woche für unsere Ausgaben zur Verfügung haben. Die Analysen wollten wir von Erspartem bezahlen sowie von Geld, das mein Vater mir gegeben hatte. Unsere Mittel waren wirklich begrenzt. Man muß sich allerdings vor Augen halten, daß der Dollar damals sehr viel mehr wert war als heute und der Umtausch in österreichische Schillinge sehr zu unseren Gunsten ausfiel. Was die Analysekosten anbelangte, so waren fünf Dollar die höchste Honorarforderung, und die bezahlten wir auch. Dies scheint unglaublich bei den heutigen Analysepreisen. Ich denke, daß sie oft überhöht sind. Allerdings bekam man 1920, in Bills Studententagen, in einem rumänischen Restaurant in New York ein komplettes Abendessen für fünfunddreißig Cent.

Lange Jahre hatte Bill gehofft, seinem Zahnarztberuf entrinnen zu können. Die Arbeit selbst fand er unbefriedigend und langweilig. Seine Kollegen teilten viele seiner Interessen nicht, obwohl er Freunde unter ihnen gefunden hatte. Bill war eine Künstlernatur. Er liebte die Musik, spielte und hörte sie gerne. Er war in der Weltliteratur belesen, hatte ein ausgezeichnetes Geschichtswissen, vor allem bezüglich der westlichen Kulturen. Diese Eigenschaften wußte sein Vater nicht zu würdigen. Bill hatte sich von dem Wunsch, die Billigung und Anerkennung des Vater zu bekommen, noch nicht freimachen können. Er erhoffte, sie in einem Berufsgebiet zu bekommen, das seinen natürlichen Neigungen entsprach.

In einem ersten Versuch, dem ungeliebten Zahnarztberuf zu entkommen, hatte er daran gedacht, einen Buchladen zu eröffnen, da er Bücher liebte und belesen war. Eine Gelegenheit bot sich in Brooklyn-Heights. Nach einigen Verhandlungen hatte Bill den Vertrag für eine Buchhandlung in der Tasche. Er sollte ihn gründlich durchlesen und innerhalb weniger Tage den unterzeichneten Vertrag zurückgeben. In der Zwischenzeit war er auf ein Buch gestoßen, das seinen Lebenskurs änderte. In einem Gemischtwarenladen mit Leihbücherei fand er Samuel Schmalhausens Buch „Why We Misbehave.“ Diese volkstümliche Fassung von Freuds „Psychopathologie des Alltagslebens" machte einen tiefen Eindruck auf ihn. Es war kein großes Buch, aber es führte den Laien in die Existenz und Bedeutung des Unbewußten ein. Es gab Bill gerade genug Einblick in die Schwierigkeiten seines Liebeslebens und seine beruflichen Probleme, daß seine Neugier geweckt wurde und er mehr wissen wollte. Bill schrieb Schmalhausen einen Brief (der offensichtlich neben seiner Arbeit als Schriftsteller und Lektor auch Beratungstätigkeit durchführte), in dem er die Unzufriedenheit mit seinem Leben beschrieb und um ein Gespräch bat. Dieses bedeutungsvolle Treffen kam zustande.

„Sie sollten mit Menschen arbeiten" bemerkte Schmalhausen, nachdem Bill ihm ein Bild seiner beruflichen Schwierigkeiten entworfen hatte. Nun arbeitet ein Zahnarzt auch mit Menschen, aber doch in sehr eingeengter Weise. Bill verstand, was Schmalhausen meinte, denn er kannte sein eigenes Interesse an Psychologie und an den menschlichen Gefühlskonflikten.

„Ja", sagte Bill, „aber in meinem Alter, wie stelle ich es an, den Beruf zu wechseln?"

„Nun", sagte Schmalhausen, „ich kenne zufällig den Direktor der Hawthorne School, und ich denke, ich kann Ihnen helfen, dort eine Stelle zu bekommen. Sie könnten mit straffällig gewordenen Jugendlichen arbeiten."

Es war wirklich ein Glücksfall. Bills Eintritt in die Welt der Sozialarbeit wandte sein Leben zum Guten. Er war ein Naturtalent in seiner Arbeit mit Jugendlichen. Sie spürten sein Verstehen und reagierte positiv. Er selbst wurde angeregt, mehr über die psychologischen Prozesse erfahren zu wollen, die sich zwischen ihm und den Jungen abspielten; Prozesse, die er eher intuitiv zu handhaben wußte. Er belegte Kurse an der New York School for Social Work und an der New School for Social Research. In der letzteren begegnete er Dr. Fritz Wittels, einem bekannten Wiener Analytiker, der damals in New York lehrte und praktizierte. Wittels hatte Bill als einen nachdenklichen und talentierten Studenten erkannt, und er ermutigte ihn, eine psychoanalytische Ausbildung zu beginnen mit dem Ausblick, selbst Psychoanalytiker zu werden. Bill nahm Dr. Wittels Rat an, was uns schließlich nach Wien führte. Dr. Wittels kann als der Geburtshelfer unserer analytischen Laufbahn betrachtet werden. Meine Entwicklung zu diesem Zeitpunkt hatte einen anderen Kurs genommen. Ich hatte noch nicht klar entschieden, in welche Richtung meine Interessen gehen sollten. Aber ich war für jede Möglichkeit offen, die sich mir bieten würde. In meinen Undergraduate College Jahren an der University of Pennsylvania hatte ich Naturwissenschaften studiert mit Chemie als Schwerpunkt, weil ich daran dachte, Medizin zu studieren. Irgendwo im Hinterkopf hatte ich das Gefühl, daß das doch vielleicht nicht das Rechte wäre. Im letzten Collegejahr bekam ich zunehmend Interesse an den Geisteswissenschaften. Ich hatte alle Scheine beisammen, sowohl für meinen Magisterabschluß in Chemie als auch für die Zulassung zum Medizinstudium. Als ich jedoch dann die Kurse belegen sollte, wählte ich Psychologie, Philosophie und Anthropologie. Im Hinblick auf diese Interessen nahm ich ein „working fellowship" an der Pennsylvania School of Social Work an. Ich kann nicht sagen, daß ich ausgerechnet Sozialarbeiterin werden wollte, aber ich sah eine solche Ausbildung als Weg an, mehr über Menschen zu erfahren. Im Hinblick auf die finanzielle Situation meiner Familie zur damaligen Zeit hätte es für mich keinen anderen Weg gegeben, ein Graduiertenstudium betreiben zu können.

Die Juvenile Aid Society finanzierte meine Ausbildung in Sozialarbeit. Sie fand in einer Pflegeheimvermittlungsstelle statt, die Kinder im Alter zwischen fünf und zwölf Jahren betreute, deren eigene Familien nicht in der Lage waren, ihnen ein angemessenes Heim zu bieten. Ich arbeitete drei bis vier Tage in der Woche und besuchte an den anderen Tagen die Pennsylvania School. Ich begann mit Hausbesuchen, d. h. ich mußte die Eignung einer Familie, die sich als Pflegefamilie beworben hatte, überprüfen.

Bei dieser ersten Arbeit lernte ich eine ganze Menge. Ich, die aus einer geschützten Umgebung kam, war entsetzt über die extreme Armut, die ich sah, den Mißbrauch und die Tragödien, denen die Kinder ausgesetzt waren mit allen geistigen und seelischen Problemen, die daraus erwuchsen. Hier begann mein Interesse an Kindern und an der Tiefenpsychologie. Die Pennsylvania School of Social Work war nicht an Freudschem Gedankengut orientiert, sondern eher an den Werken Otto Ranks, einem ehemaligen Schüler Freuds, der sich von der klassischen psychoanalytischen Bewegung abgesondert hatte. Dies hatte für mich damals wenig Bedeutung. Ich hatte von irgendwelchen psychoanalytischen Theorien oder von deren geschichtlicher Entwicklung wenig Ahnung. Ich war glücklich, lernen zu können, was und in welcher Weise oder Reihenfolge auch immer mir geboten wurde. Ich lernte viel. Es eröffnete sich mir eine ganz neue Welt. Als ich dann, gegen Ende meiner Sozialarbeiterausbildung, Bill traf, war es wenig verwunderlich, daß ich so offen und begeistert von dem Gedanken war, eine psychoanalytische Ausbildung zu beginnen und Analytikerin zu werden. Da ich mit Kindern gearbeitet und in meinen eigenen Kursen von Anna Freuds psychoanalytischer Arbeit mit Kindern gehört hatte, wollte ich mich speziell in Kinderanalyse ausbilden lassen.

Das gesamte Gebiet der Psychoanalyse war noch sehr jung, die Lehrmeinungen äußerst kontrovers. Die Arbeit mit Kindern war in einem ganz frühen Stadium. Die New Yorker Analytiker hatten daran kaum Interesse. Kinder wurden selten zur psychoanalytischen Behandlung überwiesen. Die Psychoanalyse wurde in der Öffentlichkeit mit Sexualität in Zusammenhang gebracht, und die Sexualität des Kindes war sicher nicht allgemein akzeptiert. Die damalige Einstellung Kindern gegenüber war, welche Probleme sie auch immer haben mochten, sie würden sich mit der Zeit auswachsen. Von daher war um 1935 nicht damit zu rechnen, eine lebhafte psychoanalytische Praxisarbeit mit Kindern in Gang setzen zu können. Niemand machte sich die Mühe, meine Empfehlungsschreiben zu überprüfen und mich zu examinieren bzw. mich zu interviewen betreffs meiner Aufnahme für das Wiener Institut. Abgesehen von meiner soliden akademischen Ausbildung, meiner Lehrtätigkeit und meiner praktischen Erfahrung in der Sozialarbeit war mein größter Pluspunkt damals meine nahezu kindliche Neugier, Neues über Wesen und Zusammenhänge der Persönlichkeit zu erfahren und meine Überzeugung, daß die Psychoanalyse alle Antworten bereithielt.

Ein ungewöhnlicher Umstand versetzte uns in die Lage, die Vereinbarung für unsere Lehranalysen zu treffen, noch als wir in New York waren. Spät im Winter 1929 wurde ein World Mental Health Congress in Washington abgehalten. Viele europäische Psychoanalytiker waren anwesend und kamen anschließend nach New York, um Vorlesungen zu halten und Zusammenkünften beizuwohnen. Bill hatte Helene Deutsch während einer Vorlesung in New York gehört und war von ihrer Person und dem Gegenstand ihres Vortrages angenehm beeindruckt. Sie hatte offenbar über die Behandlung einer jungen Frau gesprochen. An einem Punkt der Behandlung änderten sich die ökonomischen Verhältnisse der Patientin drastisch. Sie konnte Dr. Deutschs Honorar nicht länger bezahlen. „Natürlich brechen wir die Behandlung in der Mitte nicht ab, nur weil die Patientin nicht zahlen kann" sagte Deutsch. Durch die besondere Betonung, die Deutsch auf das Wort „wir" legte, schien sie sagen zu wollen: „Wir Wiener würden solche Sachen nicht tun, die Ihr Amerikaner vielleicht tut." Diese offensichtliche Großzügigkeit beeindruckte Bill sehr. Er wollte Dr. Deutsch gerne als Analytikerin haben und war frei genug, sich ihr zu nähern und ein Erstgespräch zu vereinbaren. So kam es, daß wir im Frühling 1930 Helene Deutsch im Roosevelt Hotel in New York trafen, um unsere Analysen zu verabreden. Sie war die hochangesehene Leiterin des Wiener Psychoanalytischen Ausbildungsinstitutes. Ich erinnere mich, daß ich durch ihre Selbstsicherheit ziemlich eingeschüchtert war. Sie war eine charmante Frau in mittleren Jahren, deren Schönheit noch kaum zu verwelken begonnen hatte. Trotz leichter Schwierigkeiten in der englischen Sprache strahlte sie eine absolute Sicherheit aus. Sie war gerade bekanntgeworden durch ihre Arbeit über die weibliche Psychologie. In dieser Arbeit vertrat sie die Meinung, daß die Frau den Mann um seine maskuline Potenz beneidet, und daß der „Penisneid" eine unausweichliche und ganz normale Erscheinung im Laufe der Entwicklung des kleinen Mädchens sei. Es wurde angenommen, daß das kleine Mädchen den Penisneid durch Annehmen einer sich einfügenden und unterwerfenden Position überwinden könne und durch die Aussicht auf ein Kind in der Zukunft als Kompensation für den nicht vorhandenen Penis. Diese Meinung wurde von der Wiener psychoanalytischen Gemeinschaft geteilt, ist aber von anderen Psychoanalytikern später infrage gestellt worden. Eine der ersten war Karen Horney. Sie argumentierte, daß, wenn ein „Penisneid" bei einer Frau zu finden sei, er sozial induziert und nicht ein normales biologisches Phänomen sei. Sie schrieb: „Die Annahme, daß die eine Hälfte der menschlichen Rasse unzufrieden mit ihrem sexuellen Geschlecht sein soll und darüber nur durch glückliche Umstände hinwegkommen kann, ist wirklich unbefriedigend, nicht nur für den weiblichen Narzißmus sondern auch für die biologischen Wissenschaften."[1]

Helene Deutsch beherrschte eindeutig die Situation. Hätten wir ein weniger großes Idealisierungsbedürfnis gehabt, wären wir möglicherweise der Tatsache gegenüber aufmerksamer gewesen, daß sie als Analytikerin wegen ihrer Führungsqualitäten einem Analysanden kaum Raum geben würde, zu wachsen und seine eigene Identität zu entfalten. Wir wußten nicht genug, um die Warnzeichen wahrzunehmen. Helene Deutsch wählte Bill zu ihrem Analysanden. Da ich an Kinderanalyse interessiert war, schlug sie vor, daß ich mit Anna Freud arbeiten sollte. Ein Telegramm, das ich einige Wochen später erhielt, bestätigte, daß Anna Freud meine Analytikerin werden würde. Diese Nachricht löste in mir gemischte Gefühle aus. Natürlich freute ich mich darüber, dem so nahe zu sein, was ich für das Allerheiligste hielt. Aber ich war besorgt. Wie benahm man sich in der Gegenwart einer solchen Berühmtheit? Ich hatte eine große soziale Scheu, die ich noch nicht hatte überwinden können. Aber letztendlich gewann meine Neugier die Oberhand. Ich war bereit, mich auf dieses Abenteuer einzulassen. So stürzten wir uns voll Begeisterung und gegen den Rat der meisten unserer Freunde, die glaubten, wir begäben uns auf eine „Wildgansjagd" in unsere analytische Ausbildung.

Es war Ende August, als wir in Wien eintrafen. Die Stimmung in der Stadt war bereits herbstlich. Wir saßen auf einer feuchten Bank an der Ringstraße, diesem großen Hauptboulevard, der buchstäblich die Altstadt anstelle der mittelalterlichen Stadtmauer umringt – unter unseren Füßen feuchtes Laub und über uns ein grauer wolkenverhangener Himmel. Wir überdachten unsere Zukunft. Die Menschen erschienen uns traurig, verbittert, gedankenverloren. Die Straßen waren voller Bettler. Die wirtschaftliche Bedrückung spiegelte sich in den stumpfen Gesichtern der Bürger. Die Donau, ein breiter, graugrüner und langsam fließender Strom, durchfloß traurig die Stadt. Wo waren die leichtherzigen, freundlichen Wiener, wo die legendäre walzerklingende Fröhlichkeit? Wo die „schöne blaue Donau" aus der Musikwelt? Wir wollten mindestens drei Jahre hier studieren (wir wußten damals nicht, daß wir beinahe fünf Jahre bleiben würden). Die kalte Traurigkeit der Stadt verwandelte unsere Erwartung in deprimierte Zweifel.

Wir mußten eine neue Sprache lernen. Ich hatte als Kind zu Hause Deutsch gesprochen, da ich die ersten drei Jahre meines Lebens in Freiburg in Deutschland verbracht hatte. In Philadelphia war, als der Erste Weltkrieg ausbrach – ich war damals sechs Jahre alt – die Einstellung so deutschfeindlich, daß die Hamburger „victory steaks" genannt wurden und Wagners Musik verpönt war. In der Öffentlichkeit sprach man besser nicht Deutsch.

Bill konnte etwas Jiddisch aus seiner frühen Kindheit. Es war ihm als Ersatz für die deutsche Sprache bei der Bewältigung der alltäglichen Dinge in den ersten Monaten unseres Aufenthaltes sehr nützlich. Glücklicherweise wurden unsere Analysen in Englisch abgehalten, aber wir wollten in Kürze am Psychoanalytischen Institut und an der Universität Kurse belegen. Es war unausweichlich für uns, gut Deutsch sprechen zu lernen. Würden wir das alles zustande bringen in dieser bedrückenden, düsteren Atmosphäre? Vielleicht würde die Sonne bald wieder scheinen. Aber wir warteten vergeblich von Tag zu Tag, und es wurde April, bis wir verläßlichere Sonnentage erlebten. Dazwischen lag noch ein langer grauer und schneereicher Winter. Aber Ende August waren unsere Analytiker noch im Sommerurlaub. Wir brannten darauf anzufangen, hatten aber auch ein wenig Angst. Wir fühlten uns in dieser fremden Stadt etwas verloren. Entfernte Verwandte von Bekannten daheim hatten freundlicherweise Zimmer für uns gefunden. Sie waren jedoch viel zu kostspielig für unseren schmalen Geldbeutel, und wir wußten, daß wir in allernächster Zukunft umziehen müßten. Das war keine leichte oder fröhliche Aufgabe. 1930 war große Wohnungsknappheit in Wien. Später erfuhren wir, daß sogar Eheleute, die geschieden waren, unter dem gleichen Dach wohnen blieben. Es gab wenig Hoffnung, eine kleine Wohnung für uns allein zu finden; das bedeutete, nach Zimmern mit Küchenbenutzung in Untermiete – gewöhnlich bei einer verbitterten Vermieterin – Ausschau zu halten. Die Folgen des Ersten Weltkrieges und die wirtschaftliche Depression dieser Zeit machten die Bevölkerung irgendwie verbittert. Dies spiegelte sich nicht nur in ihren Gesichtern wider, sondern auch in den dunklen, düsteren, viktorianischen Einrichtungen der Räume, in denen sie lebten. Sie waren seit dem Krieg nicht mehr gestrichen oder in ihrer Möblierung ergänzt worden. Wir mußten das Beste aus einer schwierigen Situation machen.

Obwohl unsere Erwartungen durch diese Enttäuschung überschattet waren, kämpften wir uns durch die Niedergeschlagenheit und Besorgnis hindurch und erkundeten die Stadt. Bill war mit seinen zwölf Jahren Altersvorsprung ein erfahrener Reisender und auch ein ausgesprochener Feinschmecker. Während seiner Aufenthalte in Paris und Florenz als Student hatte er seine Fähigkeit, gute Konditoreien aufzuspüren und in Delikatessenläden Dinge zu erstehen, ohne dabei trotz Sprachschwierigkeiten übervorteilt zu werden, zur Perfektion entwickelt. Wir wanderten gern durch die engen, gewundenen Straßen der Altstadt, schmökerten in Buchläden, betrachteten die Schaufenster oder erholten uns in einem Kaffeehaus, wo wir mit dem typischen Gruß „Küss die Hand, gnäd'ge Frau" empfangen wurden. Das verdarb uns jedoch nicht den köstlichen Kaffee mit Schlag, für den Wien berühmt war. Solche Besuche verschafften uns auch Zugang zu den Zeitungen, die die Kaffeehausbesitzer immer bekommen konnten. Wir lasen gern die Zeitungen, um mit der Welt in Kontakt zu bleiben und um zu erfahren, was sich in Wien tat, das für uns von Interesse sein könnte, und vor allem, um einige Geläufigkeit im Deutschen zu erwerben.

Trotz dieser angenehmen Beschäftigungen war es nicht leicht für mich, meinen Optimismus zu bewahren und meine Ängste zu meistern. Jede neue noch nicht bewältigte Situation erfüllte mich immer mit Spannung. Obwohl ich meinen master's degree in Sozialarbeit erworben hatte, war ich noch sehr jung und hatte keine Erfahrung darin, fern von daheim und für mich selbst verantwortlich zu sein. Als einziges Kind war ich überbehütet und sehr abhängig. Ich hatte Kompetenz in akademischen Studien erworben und in der Welt der Ideen, aber ich wußte sehr wenig, wie man mit der Welt der praktischen Realitäten zurechtkommt. Obwohl meine intuitive Wahrnehmung von Menschen sich oft als sehr nützlich erwies, mußte ich mir erst die Fähigkeit aneignen, taktvoll und diplomatisch mit anderen umzugehen. Jugendliche Direktheit kennzeichnete meinen Umgang mit Menschen. Dieser Wesenszug wurde, wie ich sehr bald herausfand, von den Wienern wenig geschätzt, deren vollendet ritualisierte und übertriebene Höflichkeit mir immer etwas aufgesetzt vorkam. Im analytischen Milieu wurde meine Direktheit als neurotisch mißverstanden und nicht als Ausdruck meiner Jugendlichkeit toleriert.

Bei unserer Ankunft in Wien waren Bill und ich erst annähernd acht Monate verheiratet. Obwohl sehr ineinander verliebt, mußten wir erst lernen, mit unseren Verschiedenheiten umzugehen. Bill als der beträchtlich Ältere hatte bereits eine Anzahl von Beziehungen gehabt, einige befriedigender als andere, aber keine, die wirklich erfüllend war. Wir trafen zu einer Zeit aufeinander, als er gerade die Beziehung zu einer sehr talentierten und schönen jungen Frau abgebrochen hatte, die frigide war. Trotz seiner weitreichenden Einsicht in die Art ihrer Hemmung, empfand er das Fehlen ihrer sexuellen Antwort als Kränkung seiner Männlichkeit. Daher war es für Bill enorm wichtig, in unserer sexuellen Beziehung das Gefühl zu haben, mich vollkommen befriedigen zu können. Das war nicht so schwierig, aber es war auch nicht immer zu erreichen. Obwohl ich vor der Ehe auch schon Beziehungen gehabt hatte und keine gehemmte Person war – ganz im Gegenteil, ich genoß die Sexualität und die erotischen Aspekte des Lebens – behinderte mich manchmal Bills Angewiesensein auf meine Reaktion. Keiner von uns war wirklich alarmiert durch diese Situation. Wir waren ganz sicher, daran arbeiten zu können, und wir versprachen uns von unseren persönlichen Analysen Hilfe dabei.

(Im Rückblick denke ich, daß wir dieses Problem überbewertet haben. Das hing möglicherweise mit der Psychoanalyse zusammen, die die Sexualität überbetonte. „Sexuelle" Normalität war im Freudschen Sinne als Fähigkeit definiert, in heterosexuellen Beziehungen einen Orgasmus von einiger Regelmäßigkeit zu haben. Dies bedeutete Reife und „keine Neurose" zu haben. Nun wollte sich jeder „qualifizieren", besonders wenn er an solche Normvorstellungen glaubte.)

Eine derartige Erwartung war nicht Ausdruck objektiver Einschätzung, wieviel die Psychoanalyse zur Lösung dieses Problemes beitragen könnte. Es war eher das Ergebnis einer Mystifizierung, in der wir zu jener Zeit gefangen waren – der psychoanalytischen Mystifizierung. Ich erinnere mich noch sehr gut an das ehrfürchtige Gefühl und das nahezu blinde Vertrauen, das das

Wissen begleitete, daß man im Begriff war, „analysiert" zu werden. Die Passivität des Ausdrucks ist bedeutsam, denn die Gefühle waren eine Mischung aus Furcht und dem Wunsch, beeinflußt zu werden, sich einer höheren Autorität anheimzugeben, sich selbst zu verlieren in einer Identifikation mit dieser Autorität oder mit der Ideologie, die sie repräsentierte und der Furcht vor dem daraus folgenden Selbstverlust.

Viel später, als ich mich mit den Werken Otto Ranks beschäftigte, erfuhr ich, wie gut er diesen doppelten Aspekt im Kampf des Selbst verstand, das sich auf der einen Seite als autonomes Individuum abgrenzen und auf der anderen mit der Person oder einer größeren Idee, größer als das eigene Selbst, verschmelzen möchte. Für Rank war dies ein universaler, unausweichlicher Aspekt des menschlichen Lebens, ein Konflikt, der niemals ganz gelöst werden konnte, mit dem man jedoch, wenn man ihn akzeptierte, leben konnte. Für die Freudianer zu jener Zeit unseres psychoanalytischen Abenteuers, waren solche Wünsche symptomatisch für einen neurotischen Konflikt, geboren aus unterdrückten, nicht akzeptierten sexuellen Wünschen und Impulsen. Es war die Mystik dieser Doktrin, der wir uns überantwortet hatten.

Nach dem Random House College Dictionary bedeutet „mystique" ein Netzwerk von Lehren, Ideen, Glaubensvorstellungen, das sich um eine Person oder Sache herum bildet, was sie mit einer Werterhöhung und Bedeutungsvertiefung ausstattet und/oder die Aura von geheimnisvoller oder mystischer Kraft, die einen bestimmten Beruf oder eine bestimmte Beschäftigung umgibt. Das Bedürfnis nach Mystischem ist eine universale und tiefgründende menschliche Eigenschaft, besonders in gewissen Lebensphasen, die durch Umbruch, Unsicherheit und Ungewißheit gekennzeichnet sind.

Bill und ich standen an der Schwelle zu weitreichenden Veränderungen in unser beider Leben. Die erste war natürlich unsere Heirat. Darüber hinaus war keiner von uns sicher bezüglich der Berufsfindung. Für Bill war die Entscheidung, Analytiker zu werden, sehr spät gefallen. Daher war er gefühlsmäßig sehr verwickelt in diese Entscheidung. Ich war noch in einer formativen Lebensphase, in der mich viele Dinge interessierten. Ich hätte wahrscheinlich beeinflußt werden können, jedwede Laufbahn einzuschlagen, je nach den Umständen oder auch den Vorschlägen einzelner Menschen, mit denen ich mich gefühlsmäßig verbunden fühlte. In diesem Falle war es Bills Wahl, die meine eigene beeinflußt hatte.

Obwohl es starke emotionale Gründe dafür gab, uns für eine analytische Ausbildung in Wien zu entscheiden, unterschieden wir uns in der Intensität unserer Festlegung auf die Mystik der Psychoanalyse. Ich war skeptischer, neigte dazu, Widersprüche, Paradoxien und Ungereimtheiten in der analytischen Theorie und Praxis aufzuspüren. Bill akzeptierte zumindest am Anfang das System und Gedankengebäude in seiner Gesamtheit viel eher und verwandte viel emotionale Energie darauf, die Bindung an diese Mystifizierung aufrechtzuerhalten.

Die Person ihres Begründers erschien groß in unserer Vorstellung. Wir wußten, daß Freud alt und ernstlich krank war, jedoch noch arbeitete, wenn auch in begrenztem Ausmaß. Wir hatten gewiß keine Hoffnung, ihn sehen zu können. Das beste, was wir in jenen ersten Tagen in Wien tun konnten, war, den Platz aufzusuchen, an dem er lebte: Berggasse 19. Es war eine wirkliche „Berggasse", eine steile Gasse, die zwei kaum befahrene Hauptstraßen miteinander verband – die Währinger Straße und die Porzellangasse. Nr. 19 war ein bescheidenes, graugelbes Wohnhaus auf einer alten, kopfsteingepflasterten Straße. Es gab nichts Bedeutendes oder Auserlesenes in dieser Straße, und das Fleischergeschäft im Erdgeschoß des Gebäudes, in dem Freud lebte, fügte dem Bild nichts an Schönheit hinzu. Wir schlossen jedoch daraus, daß der Entdecker des Unbewußten zweifellos mehr mit inneren Dingen beschäftigt war als mit der Ästhetik seiner Umgebung. Als wir unsere Enttäuschung hinuntergeschluckt hatten und die Straße überquerten, um einen besseren Blick auf das Haus zu gewinnen, sahen wir hinauf, und dort – zu unserem Erstaunen – stand Freud selbst am Fenster. Er blieb einen Moment stehen, schaute heraus und entfernte sich. War das wirklich geschehen? War es Realität oder eine Erscheinung? In unserem Gemütszustand und wegen der Stärke unseres Wunsches, Freud zu sehen, bekam das Zusammentreffen des Zeitpunktes, der uns zur Berggasse führte, gerade als Freud ans Fenster trat, eine Bedeutung, die über den bloßen Zufall hinausging. Es war sicher ein Omen. Realistischer gesehen bedeutete es: Familie Freud war aus ihrem Urlaub zurückgekehrt. Es war an der Zeit, Anna Freud wegen eines Termins anzurufen.

Mit beträchtlicher Angst hob ich den Telefonhörer ab. Es war kein modernes Telefon. Ich mußte mit einem Fräulein vom Amt sprechen. Ein Telefongespräch ins Unbekannte hinein war niemals leicht für mich gewesen, aber in einem fremden Land und in einer fremden Sprache war es besonders furchterregend. Wieviel Englisch sprach Anna Freud? Angenommen, ich verstand sie nicht? Angenommen, ich konnte mich selbst nicht verständlich machen? Vor allem, sie sollte meine Analytikerin werden – die Person, der ich meine allerinnersten Gedanken und Gefühle, meine Konflikte und Zweifel, meine Wünsche und Phantasien, alles Irrationale und Rationale enthüllen würde. Bevor ich mit ihr sprach, fühlte ich mich schon beobachtet, irgendwie beurteilt. Ich wollte nicht dumm oder nervös erscheinen, obwohl ich mich genauso fühlte. Wie sich herausstellte, hatte ich in Bezug auf die Sprache nichts zu befürchten. Die Dame vom Amt verstand meine Nummer. Anna Freud sprach ein tadelloses Englisch mit einer klaren, freundlichen, jedoch reservierten Stimme. Ich war nicht ganz überzeugt, daß ich mich mit einer Person treffen würde, die Verständnis für mich hatte. Wir machten einen Gesprächstermin aus.

In der Zwischenzeit hatte Bill mit seiner Analyse bei Helene Deutsch schon begonnen. Sie war bereits nach Wien zurückgekehrt und hatte ihre Arbeit einige Tage vor der Ankunft von Familie Freud wieder aufgenommen. Ich erinnere mich sehr gut an Bills Heimkehr nach der ersten Sitzung und meine eigenen gemischten Gefühle zu dieser Zeit, an den heimlichen Neid, verknüpft mit brennender Neugier und der Angst, verlassen zu werden. Natürlich hätte ich gerne als Erste angefangen oder wenigstens zur gleichen Zeit. Dann war da diese ganze Geheimnistuerei! Bill erzählte mir nichts von dem, was gewesen war. Er gehorchte der Regel, die jede Diskussion – auch mit dem Ehegatten – über das, was sich in der Analysestunde ereignet hatte, verbot. Die rationale Begründung dafür war, das Wiedererzählen dessen, was sich in der Analysesitzung ereignet hätte, könne gefühlshafte Bedeutungen abziehen, verwässern oder deren Veränderung herbeiführen. Bill war den Regeln gegenüber sehr gehorsam. Ich wußte, ich brauchte ihn erst gar nicht zu fragen; aber ich fühlte, daß künstlich eine Kluft zwischen uns geschaffen worden war. Ich war nicht sicher, ob dies zu einem guten Ende führen würde.

Viel später, während meiner eigenen Arbeit als Analytikerin, gewann ich die Überzeugung, daß da etwas falsch sein müsse an der Art, wie Analyse praktiziert wurde – zumindest in der Zeit, als ich sie erfuhr. Der Patient, der offensichtlich Hilfe bei einigen emotionalen Problemen braucht, wird durch das Setting veranlaßt, dem Analytiker vorbehaltlos zu vertrauen und all seine privaten und innersten Gedanken und Gefühle mitzuteilen. Der Analytiker hört zu, sammelt was er gehört hat, als wären es Informationen, die in ein theoretisches Netzwerk im Hinterkopf des Analytikers passen, um so wiederum Licht auf tieferliegende Bedeutungen zu werfen, die hinter dem stehen, was der Patient gesagt hat. Diese Bedeutung wird dann dem Patienten als Interpretation mitgeteilt. Sie soll dem Patienten Einblick geben in etwas, was ihm bis dahin unbewußt gewesen ist.

Verständlicherweise ist das, was sich unter diesen Umständen zwischen Patient und Analytiker ereignet, kein Dialog. Es gibt wenig gefühlsmäßige

Gegenseitigkeit. Der Analytiker ist zurückhaltend, sagt wenig, gibt oft keine Antwort auf eine vom Patienten gestellte Frage. Die Atmosphäre, die dadurch geschaffen wird, führt unausweichlich zur Frustration des Patienten. Er wünscht und braucht mehr, als der Analytiker gibt – zumindest für menschliche Begriffe. Für den Patienten ist es, als sei er in der Situation einer unerwiderten Liebe. Realistisch gesehen wandelt sich die Situation dahingehend, daß der Patient zunehmend abhängig vom Analytiker wird, der angenommenermaßen Einblick und Einsicht in die tiefsten Schichten des Patienten hat, die weit hinter dem Selbstverständnis des Patienten liegen. Der Analytiker ist die Autorität, der der Patient sich unterwirft – aber gewöhnlich nicht ohne Ärger, Klagen und Enttäuschung. Der Ärger des Patienten wird jedoch nicht als natürliche Antwort auf die künstlich geschaffene Situation interpretiert, die wirklich existiert, sondern als ein Echo der Vergangenheit – als Projektion eines Ärgers, der aus der Kindheit des Patienten stammt und der gegen die Eltern, Brüder oder Schwestern gerichtet ist. Solche Projektionen kommen vor, sowohl im Leben als auch in der analytischen Situation. Wir alle kennen die Geschichte von dem Angestellten, der sich bei seiner Arbeit von seinem Vorgesetzten kritisiert fühlt, weil der Mann ihn an seinen Vater erinnert, und wie er dann seine Wut, die er eigentlich auf seinen Vater hat, gegen seine Frau richtet. Solche Projektionen und Verschiebungen sind gewöhnliche Erscheinungsweisen innerhalb der menschlichen Existenz. Sie ereignen sich auch in der Analyse. Aber nicht alle Reaktionen des Patienten auf den Analytiker sind Projektionen, die nur mit den Kindheitserlebnissen des Patienten zu tun haben. Einige werden induziert durch das künstliche, unnatürliche analytische Setting. Wenn eine Person eine andere um Hilfe angeht, wird eine Abhängigkeitssituation geschaffen, auch wenn sie nur begrenzt ist.

Dies ereignet sich in vielen Lebenssituationen. Die Liebe oder der Haß eines Kindes einem Lehrer gegenüber hat Elemente der frühen Gefühlsbeziehung zu den Eltern. Die Empfindungen eines Patienten dem Arzt gegenüber enthalten Emotionen, die Echos der frühen Kindheit sind. Natürlich wiederholt eine Liebesbeziehung die Art und Weise des Geliebt- oder Nicht-Geliebtwordenseins, die wir innerhalb der Familie erfahren haben. Die analytische Situation zwischen Patient und Arzt bildet da keine Ausnahme. Der Patient, der gefühlsmäßig verstört ist und um Hilfe in seinem Anliegen nachsucht, ist vom Analytiker abhängig. Er muß sich mit alten Kindheitsgefühlen und Nöten konfrontieren und sie ausdrücken. Das ist eine allgemeine Reaktion. Es ist ein Stück Leben. Aber in der analytischen Situation, in der nur einer der beiden Individuen seine ganz persönlichen Gefühle mit dem anderen teilt, wird die Einseitigkeit dieser Beziehung ähnlich wie die Abhängigkeit in der Kindheit schmerzhaft.

Die Probleme und Schwierigkeiten des Patienten sind im Rahmen einer familiären Situation entstanden, die im gewissen Maße für die daraus erwachsenen Schwierigkeiten verantwortlich ist. Wäre es nicht besser, dem Patienten eine neue Erfahrung zu ermöglichen, in der er wachsen und reifen kann, anstatt die analytische Situation nach dem Eltern-Kind-Muster zu gestalten, damit der Patient seine frühen Kindheitserfahrungen wiedererleben kann, wie klassische Analytiker gelehrt haben? Vor dem Hintergrund meiner eigenen Erfahrungen als Patientin über mehrere Jahre und später als praktizierende Analytikerin plädiere ich für eine Situation, die offen und expandierend ist und Wachstum ermöglicht.

Der Zeitpunkt war gekommen, meiner Analytikerin zu begegnen. Mit klopfendem Herzen stieg ich die gewundene, weiße Marmortreppe in das erste Stockwerk des Hauses hinauf, in dem Freud wohnte und arbeitete. Ich fand zwei Türen vor: Die eine auf der linken Seite führte in die Freudsche Wohnung, die auf der rechten in seine Praxis. Ängstlich klingelte ich. Noch bevor die Tür sich öffnete, wurde ich von dem wilden Gebell einiger Hunde begrüßt, die anscheinend zur Tür geeilt waren. Ich hörte sie auf der anderen Seite der Tür laut hecheln. Ich fürchtete mich schrecklich. Mit einem solchen Empfang hatte ich nicht gerechnet. Ich hatte Angst vor Hunden, so lange ich denken konnte. Ich glaube nicht, daß ich jemals von einem Hund angegriffen oder erschreckt worden bin; ich führe meine Furcht und Ängstlichkeit auf die Unfähigkeit meiner Mutter zurück, die Natur eines Kindes zu verstehen, besonders die Gefühle allem Neuen und Unvertrauten gegenüber. Sie wußte nicht, wie man zwischen dem Kind und der Außenwelt vermittelt, so daß sie mich mit einigen Worten auf das hätte vorbereiten können, was ich von neuen Erfahrungen zu erwarten hatte. Ich vermute, daß meine erste Begegnung mit einem Hund keine ganz glückliche war. Hätte ich Angst oder Scheu gezeigt, hätte mich meine Mutter deswegen erniedrigt oder gedemütigt. Ich kann mir vorstellen, daß sie selbst das Opfer nicht zugelassener Ängste war. Darüber hinaus, selbst wenn ich seit frühester Kindheit keine Hundephobie gehabt hätte, wäre mir diese Begrüßung als Einführung in meine erste analytische Situation störend erschienen. Das Dienstmädchen öffnete die Tür. Ich zögerte. Paula – so wurde sie, wie ich später erfuhr, genannt – eine annehmende und freundliche Person – hielt den großen deutschen Schäferhund und den kleinen furchterregend bellenden Chow am Halsband fest, und ich trat ein. Sie sagte einige beruhigende Worte und führte mich in das Wartezimmer. Freuds Wartezimmer, das seine Tochter Anna mit ihm teilte, war im Stil der Mittelschichtswohnungen mit roten, schweren Vorhängen und massiven Möbeln eingerichtet. Ein kleiner antiker Ölkrug deutete auf Freuds archäologische Interessen hin. Kaum hatte ich mich von meinem Schrecken erholt, wurde ich in Annas Sprechzimmer geführt. Sie erschien mit einem zurückhaltenden Lächeln und begrüßte mich mit warmem Händedruck. Sie war eine gutaussehende junge Frau, leicht unter Mittelgröße, aber größer als ich. Ihr dunkles Haar und die braunen Augen erinnerten an eines der Jugendbilder Freuds. Die Augen waren jedoch freundlicher, obwohl auch in ihnen ein Ausdruck von Direktheit und Strenge lag. Ihr Auftreten drückte Verhaltenheit und Bescheidenheit aus. Sie trug ein Dirndlkleid mit einer ungewöhnlich schön gestickten Bluse.

„Mein Gott, wie alt sind Sie, sechzehn?", fragte sie. Ich war dreiundzwanzig, aber mit fünf Fuß zwei sah ich jünger aus und war deswegen sehr empfindlich. Wie die meisten Menschen mochte ich es nicht, für jünger gehalten zu werden. Das tat ich erst sehr viel später. Ihre Bemerkung, wenn auch nicht barsch herausgebracht, schokkierte mich genauso wie die bellenden Hunde. Vielleicht hatte sie nach meinen Aus bildungsqualifikationen und Sozialarbeitszeugnissen eine erwachsener aussehende Frau erwartet. Aber warum ihre Uneinfühlsamkeit? Das war eine Frage, die ich schon wenig später beantworten konnte. Damals versuchte ich, meine Fassung wiederzugewinnen und schaute mich um. Ich war in einem großen, angenehmen Raum, dessen Wände mit Büchern bedeckt waren. Da war ein geräumiger, wohlgeordneter Schreibtisch und die berühmte Couch, die bequem aussah, bedeckt mit einem orientalischen Teppich und verschiedenen Kissen. Für unser

Eingangstür zur Praxis von Anna und Sigmund Freud

erstes Gespräch nahmen wir am Schreibtisch einander gegenübersitzend Platz.

Sie stellte die üblichen Fragen nach meiner Erziehung und dem Familienhintergrund, dann ging es um das Ziel meiner Ausbildung: „Kommen Sie zur Analyse aus eigener Not oder sehen Sie sie nur als Teil Ihrer Ausbildung an?", fragte Anna Freud. Ohne Zögern gab ich meiner Bedürftigkeit Ausdruck. „Nein", antwortete ich, „ich fühle tatsächlich ein persönliches Bedürfnis, es ist nicht nur die Ausbildungsfrage." Ich dachte an meine grundlegende Ängstlichkeit. Es gab zuviele Dinge, vor denen ich mich fürchtete – Hunde, Alleinsein, Tod. Da war auch noch die Sache mit meiner sexuellen Anpassung in meiner Ehe. „Das ist gut", sagte sie. „Wir haben große Schwierigkeiten mit amerikanischen Psychiatern, die für kurze Zeit zur Ausbildung herüberkommen und sich der Analyse nur zu Ausbildungszwecken unterziehen." Ich war mir meiner Nöte so sehr bewußt, daß ich mir kaum vorstellen konnte, wie Kandidaten sich selbst für so „normal" halten konnten, um sich der Analyse nur zu Ausbildungszwecken unterziehen zu wollen, um eine Technik zu lernen, die sie an anderen anwenden konnten.

Erst als ich selbst als Analytikerin arbeitete, verstand ich, daß manche Menschen aus falschem Stolz und der Furcht vor Abhängigkeit jegliche persönliche gefühlsmäßige Not verleugnen können – manchmal sogar bis zu dem Punkt, Gefühle überhaupt zu leugnen. Gefühle zu verleugnen war nicht

Gemeinsames Wartezimmer von Anna und Sigmund Freud

meine Art. Tatsächlich wurde ich gewöhnlich dafür getadelt – selbst im Laufe meiner Analyse – zu emotional zu sein. Ich brauchte und wollte eher die Hilfe, die die Analyse versprach, als die Notwendigkeit, mich auf meinen Stolz zurückzuziehen. Das hätte ich in jedem Fall für falsch gehalten. Wenn ich mir dieses erste Zusammentreffen durch das lange Teleskop der Erinnerung noch einmal ansehe, werde ich des Ausmaßes gewahr, mit dem ich mich danach sehnte, in Anna Freud jemanden zu finden, dem ich vollkommen vertrauen konnte und dem ich all meine Gefühle mitteilen konnte – die Liebes- und die Haßgefühle, das Annehmbare und das Unannehmbare, das Verbotene und das Erlaubte. Es war diese Erwartung, die ich auf Anna Freud projizierte. In vielerlei Hinsicht erfüllte ihre Person diese Erwartung. Ihre Bescheidenheit und Einfachheit waren vertrauenerweckend, ihre Aufrichtigkeit war haltgebend. Ich erwartete Sensibilität und umfassendes Einfühlungsvermögen und setzte es bei der Tochter des großen Entdeckers des dynamischen Unbewußten als selbstverständliches Erbe voraus. Anna Freuds damalige Persönlichkeit und meine eigenen Ziele und Ideale, meine Nöte und Erwartungen, knüpften in den ersten Monaten der Analyse ein starkes Band zwischen uns.

Doch keiner von uns beiden bemerkte zu jener Zeit das Ausmaß, mit dem ich mich eigentlich noch in der Adoleszenz befand. Meine Zuneigung zu Anna Freud begann die Gestalt eines „Naturereignisses" anzunehmen. Ich wurde von jener Art von Gefühlen überwältigt, die ich als Schulmädchen hatte, wenn ich mich in gewisse weibliche Lehrer verliebte. Ich dachte ständig an sie. Mein Wunsch, immer bei ihr sein zu wollen, ließ jede ausfallende Sitzung zu einer Enttäuschung werden, mit der ich schwer zurechtkam. Es gab sogar Phantasien über körperlichen Kontakt – von ihr gehalten, umarmt, gestreichelt zu werden. Ich wollte so sein wie sie, die Art von Trachtenkleidung tragen, die damals ihr Stil war. Die unentwegte Hand- und Häkelarbeit, mit der sie beim Zuhören in den analytischen Sitzungen beschäftigt war, strahlte eine Art ruhige Häuslichkeit aus. Ich wollte es ihr gleichtun.

Sie auf der anderen Seite muß sich wohl sehr unwohl gefühlt haben bei meiner Bewunderung und Zuneigung, denn sie wurde irgendwie beurteilend. Dazu fällt mir die Bemerkung ein, die sie am Ende ihres Lebens einer Nichte gegenüber machte, die sich während ihrer letzten Krankheit um sie kümmerte. Die Familie der Nichte war von den Freuds den größten Teil ihres Lebens über ausgesondert worden, und sie sehnte sich danach, besonders von Anna akzeptiert zu werden. Wenn ein Mensch sich um den anderen während dessen ernsthafter Erkrankung kümmert und ihn umsorgt, entsteht normalerweise eine intime Beziehung, aus der tiefe Gefühle entspringen. Aus diesen Gefühlen heraus sagte Annas Nichte: „Tante Anna, ich glaube, ich habe mich in Dich verliebt." „Wie unpassend" war Annas Antwort. Ich bin sicher, daß Anna Freud meine Gefühle für sie damals ebenfalls „unpassend" fand.

Ich war in einer äußerst formativen Phase meines Lebens, entschlossen, das Leben meiner Mutter nicht zu wiederholen oder es in irgendeiner Weise nachzuahmen. So suchte ich nach einer weiblichen Persönlichkeit, an der ich mich orientieren konnte. Es war nur natürlich, daß dieses Bedürfnis sich auf die Person meiner Analytikerin richtete. Sie hatte mich vom ersten Augenblick an angezogen. Ich versuchte, dieses Bedürfnis bei ihr zu erfüllen. Ich habe mich sicherlich nach Erwiderung dieser Zuneigung gesehnt, hätte dies aber in einer derart beruflich geprägten Situation nicht erwartet. Ich hatte aber nicht mit dieser Verurteilung und diesem Mangel an Verständnis gerechnet. Anna Freud hielt mein Bedürfnis, eine Frau zu lieben und zu bewundern, nicht nur für ein Zeichen von Instabilität und neurotischer Gestörtheit, sondern auch für ein Ausweichen vor dem eigentlichen Ziel der Analyse – dem Aufdecken verdrängter Erinnerungen und Impulse. Und so wurde meine Fähigkeit, Beziehungen zu knüpfen, zu lieben, auch wenn sie im Dienst meiner Persönlichkeitsbildung standen, als Widerstand verdammt. Mein Ärger, den dieses Mißverstehen hervorrief, wurde als unbewußt motivierte, unvermeidliche, aber unangemessene Reaktion betrachtet.

Natürlich könnte Anna Freud Recht gehabt haben. Konnte ich sicher sein, daß meine Gefühle nicht eine Abwehrfunktion hatten? Wie kann jemand die wirkliche Realität kennen? Starke Zuneigung ist wichtig für die Bildung des Selbst. In dieser Situation ist man aber auch anfällig für Zweifel an der Gültigkeit des Selbst und an der Glaubwürdigkeit seiner Wahrnehmungen. Dies trifft eher zu, wenn die Beurteilungen des Analytikers von bestimmten verallgemeinernden Gedankensystemen geleitet werden, als wenn der Patient sich einer offenen, unvoreingenommenen und bestätigenden Beobachtung der Umstände seines persönlichen Lebens gegenübersieht. Die Situation, die durch das analytische Setting geschaffen wird, ist mit der kindlichen Situation den Eltern gegenüber verwandt. Die Abhängigkeit und relative Hilflosigkeit bringt die Realitätswahrnehmung des Kindes in Gefahr, denn es muß den Urteilen und Wahrnehmungen der Autoritätsfiguren Glauben schenken, selbst wenn sie sich von den eigenen unterscheiden, weil es nur durch die Identifikation mit ihnen wachsen und sich entwickeln kann. Die analytische Situation ist ähnlich konstruiert. Es ist nicht notwendigerweise das Bedürfnis des Patienten, seine Kindheitsbeziehung zu wiederholen (obwohl dies passieren kann). Die analytische Situation selbst ist durch das Setting eine Wiederholung der Kindheitssituation. Otto Rank[2] hat darauf bereits zu einer Zeit hingewiesen, als die Freudschen Analytiker nur die Wiederholung durch die Projektionen des Patienten auf die Person des Analytikers sahen. Selbst heute ist für klassische Freudianer die Analyse der Übertragung, wie diese Projektion genannt wird, das Hauptwerkzeug im therapeutischen Prozeß.

Dieses Verständnis ging mir erst viel später auf. Zur Zeit meiner ersten Ausbildung und Lehranalyse hatte mich die damalige Mystik fest im Griff. Ich erwartete von der Psychoanalyse die Befreiung von meinen Unsicherheiten und Unzulänglichkeiten, die das Erbe meiner puritanischen, besonders mütterlichen Erziehung waren. Obwohl ich ihren sexuellen Moralvorstellungen getrotzt hatte – eine Auflehnung die unter den liberal gesinnten jungen Frauen um 1920 nicht ungewöhnlich war – fühlte ich mich sehr angewiesen auf die Bestätigung durch die Erwachsenenwelt. Freud hatte sich dafür eingesetzt, sexuelles Gefühl und Verhalten mit der gleichen Objektivität wie andere menschlichen Empfindungen zu betrachten. Fälschlicherweise nahm ich an, daß die Psychoanalyse auch dem Ausdrücken dieser Gefühle gegenüber freundlich eingestellt war. Stattdessen traf ich auf eine rigide Einstellung mit Normen, die den viktorianischen Maßstäben meiner häuslichen Umgebung glichen.

Bill und ich hatten noch keine Pläne für weitere Aktivitäten neben der Ausbildung in Wien gemacht. Es war uns nicht gestattet, während der ersten Monate unserer Lehranalysen theoretische Seminare zu besuchen. Theoretisches Wissen wurde als störend für den spontanen Fluß des unbewußten Materials betrachtet. Anna Freud schlug in meinem Erstinterview vor, daß wir ein anderes Studium beginnen sollten, um unsere Zeit nutzbringend zu füllen: „Sie können nicht Ihr ganzes Leben auf die eine Analysestunde am Tag konzentrieren", sagte sie. Sie meinte wohl, daß es ein aktives Leben außerhalb der Analyse geben müsse, das mit in die Behandlungssituation gebracht werden könne. So konnte die Art und Weise, wie eine Person auch in der Außenwelt funktionierte, reflektiert werden. Für uns stellte es sich als Glück heraus, daß wir mit dem Studium am Psychologischen Institut der Wiener Universität unter den Professoren Karl und Charlotte Bühler begannen. Es sollte sich als höchst konstruktive und produktive Erfahrung erweisen. Es versah uns mit wissenschaftlicher Disziplin und einer breiten Basis an psychologischem Wissen und erleichterte schließlich die analytische Berufslaufbahn durch unsere Abschlüsse als klinische Psychologen.

Ich verließ Anna Freud nach dem Erstgespräch mit dem Gefühl, daß ich mich in vertrauenswürdige Hände begeben hatte. Das Eingehen einer Gefühlsbindung ist niemals leicht und auch unausweichlich von Angst begleitet. Ich betrat nicht nur die unbekannte Welt einer neuen Erfahrung, für die es keine Anleitung aus früheren ähnlichen Erfahrungen gab, sondern wußte auch nichts über das Schicksal der Beziehung mit Anna Freud, die gerade begann. Jemandem über mich Macht zu geben, war genauso beruhigend wie verunsichernd. Als ich ging, fühlte ich mich aufgeregt, aber auch verkleinert – verkleinert durch das bloße Eingehen einer neuen Abhängigkeit und durch die Ungewißheit, wie Anna Freud damit umgehen würde. Bereits im Erstinterview gab es Anzeichen ihrer beurteilenden Haltung, welche in ziemlich rigiden Wertvorstellungen gründete. Wie würde meine erste Analysesitzung verlaufen? Wir hatten verabredet, an fünf Tagen in der Woche zu einer festgesetzten Zeit zusammenzukommen.

2. Anna Freud

„Das wunderbare an der Analyse ist, daß man überall beginnen kann", sagte Anna Freud, im Versuch, mir die Befangenheit zu nehmen, als ich auf die Couch zuging. „Erzählen Sie einfach irgend etwas, was Ihnen in den Sinn kommt." Der große deutsche Schäferhund, Wolf, der üblicherweise den analytischen Sitzungen beiwohnte, war angesichts meiner Ängste aus dem Raum verbannt worden. Innerlich setzte ich als eines meiner Analyseziele fest, meine lebenslange Angst vor Hunden zu überwinden. Aber damit fing ich nicht an. Ich begann mit dem, was mich am meisten beschäftigte – mit meinem sexuellen Erleben in detaillierter Schilderung. Im Rückblick wundere ich mich darüber. Sicherlich, mit dreiundzwanzig steht die Sexualität im Mittelpunkt. Das Bedürfnis nach sexueller Befriedigung ist von äußerster Wichtigkeit. In meiner Ehe gab es diesbezüglich sehr viel Erfüllung. Wir waren frisch verheiratet und im Entwicklungsprozeß der gegenseitigen Anpassung an die jeweiligen Bedürfnisse begriffen. War ich unsicher wegen Anna Freuds Fähigkeit, dies zu verstehen, weil sie unverheiratet war? Nun, verheiratet oder nicht, ich hoffte, daß sie einige sexuelle Erfahrung mitbrachte. Während ich im allgemeinen sehr gewissenhaft die „Grundregel" befolgte (d. h. alle Gedanken auszudrücken, auch wenn es einem schwerfällt), bin ich ganz sicher, daß meine Bemerkungen über Gedanken und Phantasien, die Anna Freuds Sexualleben betrafen, sehr begrenzt waren. Es würde zu verletzend sein, sagte ich mir, meine Enttäuschung über etwas auszudrücken, was ich als ernsthafte Begrenzung ihres Lebens ansah. Aber ich bin auch sicher, daß mein Schweigen zu diesem Punkt ein Versuch war, meine eigene Idealisierung aufrechtzuerhalten. Zu jener Zeit brauchte ich meine Phantasien. Ich habe inzwischen gelernt, daß die Idealisierung eine notwendige Phase am Beginn einer Beziehung und bei der Errichtung des Selbst ist.

War die Schilderung meiner eigenen vorehelichen sexuellen Erfahrungen in den ersten Sitzungen ein Versuch, eine Antwort zu bekommen, sie zu bewegen, etwas aus ihrem eigenen Leben zu enthüllen? Vielleicht. Aber es drückte auch aus, welche Vorstellungen ich von der Psychoanalyse hatte. Die Sexualität stand im Zentrum des Mysteriums. Hier wurde die Sexualität akzeptiert und man konnte über sie sprechen, anders als draußen in der Welt, die noch von viktorianischen Moralvorstellungen beherrscht wurde. Mit Stolz und Befriedigung, daß ich diese Moralvorstellungen überwunden hatte, berichtete ich die ganze erste Sitzung hindurch von meinen vorehelichen Beziehungen. Rebellion und Selbstbehauptung lösen immer Schuldgefühle aus, die nicht so einfach durch die rationale Entscheidung, eher den eigenen Gefühlen als der Konvention zu folgen, ausgerottet werden können. Zweifelsohne gab es verschiedene Motivationsaspekte für diese ersten „freien Assoziationen." Anna Freud unterbrach mich an einem Punkt und kommentierte: „An Ihren Erfahrungen ist nichts Ungewöhnliches. Ich höre solche Erzählungen von jungen Leuten Ihrer

Anna Freud

Generation sehr oft." Ich erlebte das nicht als Bestätigung, noch weniger als Entlastung von doch irgendwie wohl vorhandenen halbbewußten Schuldgefühlen. Würde ich hier in meinem Kampf, nach Werten zu leben, die außerhalb der Konvention lagen, für deren Gültigkeit ich allein gerade stehen mußte, wahrgenommen und angenommen werden?

Die Stunde war zu Ende. Erschöpft erhob ich mich von der Couch. Die Anstrengung, meine Angst unter Kontrolle zu halten und über meine Erfahrungen zu berichten, war groß gewesen. „Aber das ist ja nur ein Anfang, nur die äußere Schale Ihrer Erfahrungen", sagte sie. Wieder hatte ich das Gefühl, daß sie meine Anstrengungen nicht wahrgenommen hatte. Wo war die Resonanz auf meine Gefühle, die ich ausdrückte, wo das Verständnis und die Einfühlung, die so wichtige Bestandteile des therapeutischen Prozesses sind? Meine Seele begann sich mit Zweifeln und Fragen zu füllen.

Was stimmte hier nicht? In all meinen sonstigen Ausbildungserfahrungen waren meine Fähigkeiten und Begabungen anerkannt worden. Meine Aufrichtigkeit und Direktheit war von Lehrern und auch von Professoren gewürdigt, meine Bemühungen und Befähigungen waren geschätzt worden. Was war die Bedeutung dieses Versuches, mich kleinzumachen, niederzuhalten, meine Erfahrung zu entwerten und die sie begleitenden Gefühle gering erscheinen zu lassen? Meine stillschweigende Folgerung war, daß meine Erfahrungen in keiner Weise ungewöhnlich waren. Meine Gefühle waren übertrieben im Lichte der Tatsache, daß dies erst der Anfang der Behandlung war. Anna Freud verfehlte zu verstehen, was wichtig für mich war. Das

Ergebnis war ein Angriff auf meinen Stolz. Ich fühlte mich wie ein College-Neuling in der verbrüdernden Initiationszeremonie, die tatsächlich zum Ziel hat, den Neuling zu demütigen. Ich fühlte mich kritisiert und nicht verstanden. Es war eine Wiederauflage der Beziehung zu meiner Mutter.

Meine Mutter war eine heftige, kleine Frau mit Prinzipien, eine Frau des Kopfes, nicht des Herzens. Sie wußte immer, wie man fühlen und handeln sollte. Sie war wenig daran interessiert, wie man wirklich fühlte – und ganz gewiß nicht an dem, was ich fühlte.

Aus einer streng orthodox-jüdischen Familie stammend, war sie, als jüngstes von fünf Kindern, in einer mittelgroßen Stadt in Weißrußland aufgewachsen. Sie war ein glänzend begabtes Kind und zeichnete sich in der Schule aus, sowohl in der Grundschule, als auch später im Gymnasium und in der High-School, die sie mit Abschluß beendete. In all ihren Berichten über ihre Kindheit gab es jedoch keine Erzählungen über Gefühlsbeziehungen zwischen ihr und ihren Eltern oder Geschwistern; mit einer Ausnahme – ihrem Großvater, der zweiundneunzig Jahre alt wurde. Sie war sein Liebling. Sie saß gerne auf seinem Schoß und lauschte den Geschichten über die längst vergangenen Zeiten. Den Rest der Familie „liebte" sie pflichtbewußt. Ich erinnere mich, als Kind gefühlt zu haben, daß sie nur den Zehn Geboten gehorchte, wenn sie lobend über ihre Eltern sprach.

Wir paßten nicht gut zusammen. Ich war ein gefühlsbetontes, sogar stürmisches Kind – willensstark und geradeheraus, überempfindlich, ängstlich, beeindruckbar und nachdenklich. Ich wußte, daß sie mich als Bürde empfand. Sie gab mir zu verstehen, daß meine Geburt ihr Leben ruiniert habe. Sie hatte tatsächlich nach meiner Geburt eine Thrombose und Phlebitis und führte einige Jahre lang das Leben einer Halbinvalidin. Als ich geboren wurde, war sie sicherlich noch nicht bereit für die Mutterschaft, und eigentlich war es mein Vater, der mich in meinen ersten drei Lebensjahren bemutterte. Es war mir verboten, auf dem Schoß meiner Mutter zu sitzen, angeblich wegen ihrer Phlebitis. Ich erinnere mich auch nicht, von ihr im Arm gehalten oder umarmt worden zu sein. Erst spät in ihrem Leben, als sie Großmutter wurde, zeigte sie meinen Kindern gegenüber jede Zärtlichkeit. Nach meiner Geburt sagte man ihr, sie dürfe keine Kinder mehr haben. Die häufigen Erzählungen über die Schrecken der Geburt sollten mich wohl davon abhalten, selbst Kinder zu bekommen, vielleicht sogar, überhaupt eine Heirat in Betracht zu ziehen. Ohne Analyse wäre die Entscheidung, Kinder zu haben, sicher noch schwerer für mich gewesen.

Trotz all ihrer idealisierenden Schilderungen über ihre glückliche Kindheit verließ sie ihr Zuhause mit sechzehn Jahren, um in die Schweiz zu gehen und sich einer sozialistischen revolutionären Untergrundbewegung anzu-schließen. Man hoffte, über die Organisierung der Arbeiter und durch das Verteilen von Propagandaliteratur – mit Unterstützung aus Amerika – den russischen Zaren absetzen oder wenigstens eine konstitutionelle Regierung einrichten zu können. Sie entfernte sich vollständig von den Wertvorstellungen, die zu Hause galten. Sie war nicht länger religiös, sondern wurde eine militante Atheistin und eine Frau, die man heute als Feministin bezeichnen würde. Unter diesen Umständen traf sie meinen Vater, der in der gleichen Bewegung engagiert war.

Trotz ihrer fortwährend kritischen und tadelnden Haltung mir gegenüber – nur über meine schulischen Leistungen äußerte sie sich anderen gegenüber lobend – war sie außerordentlich besitzergreifend.

In ihrer autokratischen Art schrieb sie mir ständig vor, was ich tun und unter-lassen sollte. Ihre Versuche, mich an sich zu binden, gingen so weit, daß sie mich bei meinem zukünftigen Ehemann herabsetzte, um unsere Heirat zu ver-hindern. Wenige Jahre später verstand ich, daß sie wegen meiner großen Nähe zu meinem Vater eifersüchtig auf mich war. Mein Vater war das Entzücken mei-ner Kindheit. Er verstand mich. Er sympathisierte mit mir in den Kämpfen mit meiner Mutter. Er handelte als Vermittler, wann immer es Konflikte zwischen uns gab. Er wußte, was es mit der Kindheit auf sich hatte und versuchte oft, mich meiner Mutter verständlich zu machen. „Sie ist nur ein Kind", pflegte er zu sagen, wenn sie mich bestrafen wollte, weil ihr ein Verhalten von mir selbst-süchtig oder unsozial erschien.

Mein Vater war in Rostov am Don aufgewachsen als zweitjüngstes Kind in einer armen halbgebildeten jüdischen Familie mit einer unbestimmbaren Anzahl von Geschwistern. Es wurde erzählt, daß seine Mutter einundzwan-zig Kinder geboren habe. Fünf, glaube ich, überlebten. Er sprach gefühlvoll von seiner jungen Schwester und auch von seinem Vater. Er verachtete den Aberglauben seiner Mutter, aber als einziger unterstützte er sie in ihrem Alter. Ich hörte sehr gerne die Geschichten über die kühnen Taten seiner Kindheit: welch kräftiger Schwimmer er war, und daß er unter den großen Schiffen, die im Hafen ankerten, hindurchtauchen konnte, wie er das Theater liebte, sich aber keine Karte leisten konnte, wie er so lernte, sich in Aufführungen einzuschleichen und wie er Übung darin bekam, Züge ohne Fahrkarte zu benutzen.

Großzügigkeit und ein kühner Sinn für soziale Gerechtigkeit waren seine hervorstechenden Eigenschaften. Er identifizierte sich stark mit den Armen und Unterdrückten, von denen es im zaristischen Rußland jener Zeit viele gab. Diese Identifikation mit den Opfern der russischen Autokratie, führte ihn im jugendlichen Alter von siebzehn Jahren in das westliche Europa, um sich der revolutionären Bewegung anzuschließen. Er nahm an der Revolution von 1905 teil.

In seiner Schweizer Zeit, als die Revolution vorbereitet wurde, später in Freiburg in Deutschland, besuchte mein Vater, der naturwissenschaftlich ausgerichtet war, die Universität und erwarb sein Diplom in Chemie. Das war sein Arbeitsfeld, als wir – ich war drei Jahre alt – nach Amerika auswanderten. Zu meinen frühesten und tiefsten Erinnerungen gehört der Geruch von Chemikalien, die seine Wollanzüge ausströmten. Ich genoß diesen Geruch, wenn ich nach seiner Rückkehr von der Arbeit auf seinen Schoß kletterte.

In meiner Analyse war es *meine* Rivalität mit meiner Mutter und *meine* Feindseligkeit ihr gegenüber, die thematisiert wurden. Aber, wie ich später durch meine eigene Arbeit mit Patienten erfuhr, nehmen die sogenannten ödipalen Gefühle beide Richtungen. Es ist für die sichere individuelle Realitätswahrnehmung kein guter Dienst, wenn in der Analyse zu viel Gewicht auf den kindlichen Anteil bei der Klärung der aus der Eltern-Kind-Beziehung stammenden unausweichlich unannehmbaren Gefühle gelegt wird. Damals konnte ich mir kaum vorstellen, daß eine Mutter eifersüchtig auf ihre eigene Tochter sein kann. Zur Zeit meiner Analyse war es mir gleichermaßen undenkbar, daß das Erzählen gewisser Ereignisse aus meinem eigenen Leben bei Anna Freud irgendeinen Konflikt oder Gefühlswiderstreit hätte auslösen können.

Neue und gut dokumentierte biographische Daten aus Anna Freuds Leben (Roazen, Dyer, Young-Bruehl)[1] scheinen für die Gültigkeit einer solchen Hypothese zu sprechen. Es war weder mir noch der Öffentlichkeit um 1930 bekannt, daß Anna Freud von ihrem Vater analysiert worden war. Diese Tatsache paßt zu der Art ihres Lebens, das ganz ihrem Vater und der Psychoanalyse gewidmet war. Die Stärke des Bandes zwischen Vater und Tochter schloß die Existenz jeder anderen bedeutsamen Beziehung zu einem Mann aus. Anna Freud blieb unverheiratet. Obwohl berichtet wird, daß sie in jungen Jahren in gewisse Mitglieder des analytischen Zirkels verliebt gewesen sein soll (Roazen), ist es zweifelhaft, ob sie je erfüllende sexuelle Erfahrungen gehabt hat. Sie konnte also auf dem Gebiet der Sexualität kaum ein Vorbild für eine junge Frau meines Alters sein. Es ist sogar wahrscheinlich, daß sie meine Beschäftigung mit meiner Sexualität eher als störend empfunden hat. Während dies im Rückblick einigen Sinn macht, nahm ich es damals in der Zeit meiner Analyse nicht wahr oder hielt es nicht für möglich. Statt die Realität ihrer Person näher ins Auge zu fassen, zu erforschen und

Anna und Sigmund Freud 1913

ihre Auswirkung auf unsere Beziehung, schrieb ich die Schwierigkeiten in meiner Analyse und in meinem Leben meinen eigenen Unzulänglichkeiten zu. Jetzt erscheint es mir nicht mehr verwunderlich, daß meine ersten theoretischen psychoanalytischen Vorträge sich mit Masochismus befaßten, und daß mein erstes Skript den Titel trug: „Der masochistische Faktor in der psychoanalytischen Situation."[2] Früh in meiner Arbeit als Psychoanalytikerin bemerkte ich, daß das Setting in der analytischen Behandlungssituation – der Gebrauch der Couch, die Unsichtbarkeit und das relative Schweigen des Analytikers – die Autorität des Analytikers erhöht und die Patienten zur Wiederholung ihrer Kindheitssituation anregt, in der das Kind der Macht und Autorität der Eltern unterworfen ist. Es ist nicht ein inneres Bedürfnis des Patienten, die Vergangenheit in der Analyse zu wiederholen (ein Phänomen, das als Übertragung beschrieben wird), sondern die Wirklichkeit des Analysesettings, die diese frühen Reaktionen hervorruft. Freud hat diese Position der Unterwerfung im Zusammenhang mit Hypnose als „passiv-masochistisch" beschrieben. Im selben Sinne habe ich den Begriff „masochistisch" gebraucht in Verbindung mit der psychoanalytischen Situation. Wenn der Analytiker diese Dimension nicht wahrnimmt, wird der Patient in unterwerfender oder masochistischer Weise an seinen Analytiker gefühlsmäßig gebunden bleiben. Er wird sich dann aus der Abhängigkeit nicht herausentwickeln können.

Halten wir fest, daß die psychoanalytische Situation ein gewisses Maß an Masochismus hervorruft. Aber das Problem reicht noch weiter. Als ich die Kindheitsbeziehung vieler Patienten zu ihren Müttern erforschte, wurde mir folgendes deutlich: War die Mutter grundsätzlich feindlich oder vernachlässigend dem Kind gegenüber, antwortete das Kind oft masochistisch. Es erklärt sich den Ärger, die Gleichgültigkeit oder Vernachlässigung der Mutter als Reaktion auf seine eigenen Unzulänglichkeiten. Es hält sich der Liebe der Mutter für nicht würdig, und es unterwirft sich der mütterlichen Einstellung auf Kosten seiner eigenen Selbsteinschätzung. Grundsätzlich hält der Patient die masochistische Identifikation mit den Gefühlen, die die Mutter ihm als Kind entgegengebracht hat, aufrecht, um die Trennung von ihr zu vermeiden. Sich zu widersetzen, hieße, eine Kluft zwischen ihnen zu schaffen. Aus Trennungsangst nimmt es die sich unterwerfende, bescheidene Position ein. Es war diese Angst, die Angst vor dem Verlassenwerden, die meine Beziehung zu Anna Freud überschattete.

Ich mußte sämtliche Verleugnungsfähigkeiten mobilisieren, um zu meinem eigenen Schaden das idealisierte Bild meiner Analytikerin aufrechtzuerhalten und um so die gefühlsmäßige Trennung vermeiden zu können. Aber ich stand damit nicht alleine. Paul Roazen schrieb in seinem Buch „Sigmund Freud und sein Kreis": „Es war für eine kleine Gruppe von Freuds innerem Zirkel ein offenes Geheimnis, und für andere, die sich mit der Geschichte der Bewegung befassen, ist Freuds Analyse seiner Tochter ein Schock. Selbst einige alte Wiener Analytiker hatten von dieser Analyse nichts gehört oder wollten es nicht glauben, als es ihnen erzählt wurde."[3] Auch ich wollte viele Realitäten aus Anna Freuds Leben nicht wahrhaben, um sie weiterhin idealisieren zu können. Auch wenn sie nicht verheiratet war, konnte ich sie in meiner Phantasie mit so vielen Liebesbeziehungen ausstatten, wie ich nur wünschte. Hätte ich von der Analyse bei ihrem Vater gehört – ich bin sicher, ich hätte es auch nicht geglaubt. Die Wirklichkeit anzunehmen, wäre für mich zu schockierend gewesen. Es widersprach allen Regeln und Gebräuchen der Analyse, die ich gelehrt worden war. Die Beziehung zwischen Analytiker und Patient muß so objektiv wie möglich sein. Persönliche Angelegenheiten sollten aus ihr herausgehalten werden. Natürlich durfte keine persönliche Freundschaft während der Analyse bestehen. Der Analytiker durfte keinen Kontakt mit Freunden oder Angehörigen des Patienten haben. Er sollte auch vermeiden, sie in Behandlung zu nehmen. Wie konnte dann ein Vater seine Tochter analysieren? „Tut, wie ich sage, nicht wie ich handle", wäre sehr wahrscheinlich Freuds Statement gewesen. Er könnte auch gesagt haben: „Ich bin der Begründer der Psychoanalyse, der König, der Führer, die Ausnahme. Ich kann tun, was ihr nicht tun könnt oder nicht tun dürft." Ich wäre sogar in der Lage gewesen, das zu akzeptieren. Ich hätte Freud als Ausnahme von der Regel angesehen, wenn die Analyse seiner Tochter erfolgreich gewesen wäre, erfolgreich nach seinen eigenen Vorgaben und denen seiner Bewegung. Seelische Gesundheit wird von

der Psychoanalyse als konfliktfreie Liebes- und Arbeitsfähigkeit definiert. Ich kann mir nicht vorstellen, daß Anna Freud in Bezug auf ihr Liebesleben keine Konflikte fühlte. Vater und Tochter erreichten niemals Getrenntheit voneinander. Erst in der letzten Phase ihres Lebens erreichte sie in ihrer Arbeit eine beeindruckende Form als eigenständige Person. In der Liebe zu einem Mann blieb sie an ihren

Anna Freud mit Tante Mitzi, Sigmund Freud und der Nichte Angela, 1929

Vater und an die Ideologie, die er vertrat, gebunden. Während meiner Jahre in Wien wußte ich wenig über Anna Freuds tatsächliches Leben, aber ich bemerkte in der psychoanalytischen Gemeinschaft eine Unstimmigkeit zwischen der Art, wie die Menschen ihr Leben lebten und den Werten, die sie vertraten.

Vermutlich kann niemand das wirkliche Material einer Analyse in allen Einzelheiten rekonstruieren. Wenn man einem anderen Menschen fünf Mal in der Woche eine Stunde lang zu einer festgesetzten Zeit begegnet, und das über mehrere Jahre, und wenn man darüber hinaus sich nicht mit Sachthemen, sondern mit sich selbst beschäftigt, verdichtet sich der Inhalt der sogenannten freien Assoziationen gewöhnlich zu einer Aneinanderreihung von Klagen. Manchmal handelten die Klagen von den Dingen des täglichen Lebens, von dem Streit mit der Hauswirtin, von der Auseinandersetzung mit einem unfreundlichen Postangestellten, von den leichten Zusammenstößen mit meinem Mann. Aber da ich wußte, daß die Psychoanalyse in ihrer klassischen Form auf die Vergangenheit abhob – besonders auf die Kindheitserinnerung, die die spätere Entwicklung beeinflussen – bezog sich vieles in meinen Berichten auf meine Eltern.

Eines Tages erinnerte ich mich an meine Blinddarmoperation. Ich war sieben Jahre alt und hatte einen akuten Anfall von Blinddarmentzündung. Eine Operation wurde anempfohlen, wenn die Entzündung abgeklungen sei. Mir wurde nicht erklärt, was mich erwartete. Bei der ärztlichen Untersuchung verstand ich nicht, warum der Chirurg an mir herumtastete. Ich verstand auch nicht die ängstlichen, vagen Berichte meiner Mutter über den Krankenhausaufenthalt. Es wurde von mir erwartet, daß ich gehorsam sei. Ich sollte essen, was man mir vorsetzte, und meine Toilettenbedürfnisse der Krankenschwester in der üblichen Kindersprache ankündigen. Das war die Einführung durch meine Mutter. Mir war nichts über die Vorbereitung zur Operation mitgeteilt worden – einer schmerzhaft schrubbenden Prozedur mit kräftigen Desinfektionsmitteln. Damals gab es noch keine Antibiotika und die Furcht vor Infektionen war groß. Es wurde mit mir auch nicht über die Anästhesie und den damit verbundenen vorübergehenden Bewußtseinsverlust gesprochen, noch weniger über den chirurgischen Eingriff und die Schmerzen, die darauf folgen würden. Ich erinnere mich an meine Gefühle der Desorientierung und der völligen Hilflosigkeit. Ich war ein Objekt in den Händen der mächtigen Erwachsenenwelt. In meiner Analyse beklagte ich mich bei Anna Freud über die Unfähigkeit meiner Eltern, angesichts der zu erwartenden traumatischen Erfahrungen, das Bedürfnis eines Kindes nach Vorbereitung und Orientierung zu verstehen und zu berücksichtigen.

Sie hörte aufmerksam zu und sagte dann, daß zur Zeit meiner frühen Kindheit Kinder im allgemeinen wie Wesen behandelt wurden, die nicht in der Lage seien, die komplexe Welt der Erwachsenenrealität zu verstehen. Es sei daher kein Versuch unternommen worden, Erklärungen ihrem Verständnis anzupassen. Sie selbst, fuhr sie fort, habe eine ähnliche Erfahrung gehabt – vielleicht eine, die noch schlimmer war: Anläßlich einer Appendektomie in ungefähr dem gleichen Alter sei ihr als einzige Vorbereitung von ihrem Vater gesagt worden, es werde ein Bild von ihr aufgenommen. Ich mußte zugeben, daß ich die mangelhafte Vorbereitung meiner Eltern der Täuschung vorzog, die Anna Freud zu vergeben hatte.

Zu solchen Klagen in der Analyse gesellen sich in der Erinnerung andere Themen von Bedeutung. Bestimmte Ereignisse tauchen auf, und es gelingt, den allgemeinen Fluß und die Entwicklung bestimmter Themen zu rekapitulieren. Ich erinnere mich z. B., daß mich schon früh in der Analyse der mögliche Tod Freuds während meiner Ausbildungszeit in Wien beschäftigte und besorgte. Einer meiner ersten Träume handelte davon. An den Handlungsverlauf im Traum erinnere ich mich nicht. Einige Bilder blieben mir jedoch im Gedächtnis: Ein leerer Raum mit viktorianischen Möbeln, ein Klavier, auf dem ich spielte – und an eine allgemeine Atmosphäre von Spannung und Angst. Die Deutung war stereotyp klassisch: Angst vor Freuds Tod deutete auf Todeswünsche hin. Ich höre noch Anna Freuds klare lehrerhafte Erklärung über die Beziehung zwischen Wunsch und Angst. Sie seien zwei scheinbar paradoxe Seiten ein- und derselben Medaille innerhalb der menschlichen

Gefühle. Ich erinnere mich daran, weil mir theoretisch gesehen die Beziehung zwischen Wunsch und Angst immer einen gewissen Sinn gemacht hatte und mir in bestimmten Momenten annehmbar erschienen war. Jetzt spürte ich aber von dem Wunsch nichts. Welch feindseligen Gefühle ich auch immer gegen Freud gehegt haben mochte oder gegen Menschen aus meiner persönlichen Umgebung, für die er symbolisch gestanden haben könnte, ich fand die Deutung nicht überzeugend. Aber wie soll man über seine Gefühle etwas wissen, wenn man gesagt bekommt, daß dieser Wunsch unbewußt ist und daß man sich vor ihm schützt indem man die Deutung zurückweist! Einleuchtender erscheint mir – und es wird durch alle folgenden Erfahrungen in meinem Leben bestätigt – der Einfluß meiner überbehütenden Umgebung auf mich. Der Tod wurde in meiner Familie kaum erwähnt. Ich spürte, daß dies ein gefürchtetes Thema war, das soviel wie möglich umgangen wurde.

Drei meiner Großeltern starben vor meiner Geburt. Nur die Mutter meines Vaters in Europa lebte noch. Eines Tages – ich war sieben Jahre alt – kam ein Brief an, der meine Mutter offensichtlich erschreckte. Meine Fragen, was sie durcheinander gebracht habe, blieben unbeantwortet. Schließlich, um meine fortwährende Fragerei beenden, sagte sie, sie werde mir den Inhalt dieses Briefes mitteilen, wenn ich zwölf Jahre alt sei. Sie hoffte wohl, daß ich in den folgenden fünf Jahren alles vergessen würde. Stattdessen trat ich prompt an meinem zwölften Geburtstag an sie heran. Sie teilte mir mit, daß der Brief die Nachricht vom Tod meiner Großmutter enthalten habe. Anscheinend dachten meine Eltern, daß man mit zwölf Jahren vernünftig und erwachsen genug sei, mit den Tatsachen des Todes – nicht des Lebens – vertraut gemacht zu werden.

Bei diesen Vorerfahrungen erfüllte mich der Gedanke an Freuds Tod mit Besorgnis, nicht nur wegen des Verlustes von jemandem, der für mich eine idealisierte Vaterfigur war, sondern auch, weil ich keine Erfahrung im Umgang mit Trauer und Kondolenz hatte. Angesichts des Todes kannte ich nur Angst. Was konnte ich, was würde ich im Falle von Freuds Tod zu Anna Freud sagen?

In Wirklichkeit konfrontierte mich das Schicksal nicht mit diesem Dilemma. Freud starb sieben Jahre nach der Beendigung meiner Analyse bei Anna Freud. Einige Monate nach Freuds Tod hatte ich meine erste persönliche Begegnung mit dem Tod, als mein Vater starb. Nach Freuds Tod schickte ich – ungeachtet der Tatsache, daß die ganzen Jahre wenig Kontakt zwischen uns gewesen war – Anna Freud einen Beileidsbrief. In dem Brief schrieb ich nicht über den Verlust eines großen Mannes, sondern darüber, was es bedeutet, einen Vater zu verlieren. Sie antwortete nicht. Wenn ich rückblickend die Tatsache bedenke, daß für Anna Freud ihr Vater und die Psychoanalyse ihr ganzes Leben waren, kann ich mir vorstellen, wie störend meine Ängste damals für sie gewesen sein müssen und wie tröstlich die einfache Erklärung war, daß Todeswünsche verantwortlich für meine Ängste und Träume seien! Ich frage mich oft, womit Anna Freud sich wohl hätte auseinandersetzen müssen und mit welchem Verständnis sie mir hätte helfen können, wäre da nicht die Zuflucht zum simplen psychoanalytischen Klischee des der Todesangst zugrundeliegenden feindseligen Wunsches gewesen. Zunächst hätte sie sich eingestehen müssen, daß jeder Mensch Todesangst hat, nicht weil hier ein feindseliger Wunsch zugrunde liegt, sondern weil der Tod die letzte Trennung von allen bedeutet, die wir gerne haben und von uns selbst. Wir kämpfen uns durch das Leben, um unser Selbst zu konsolidieren und eine Persönlichkeit aufzubauen. Wir geben ihr Ausdruck durch produktive und kreative Anstrengungen, nur um am Ende zu sterben. Das ist Todesangst. Und dann ist da die Angst vor dem Verlust „des anderen", der geliebten Person, an die wir gebunden sind und von der wir abhängig sind. Hätte Anna Freud damals meine Angst verstanden, sowohl in der allgemeinen Bedeutung als auch vor dem Hintergrund meiner persönlichen Kindheitserlebnisse, so bezweifle ich, daß ich die beinahe chronische Erfahrung gemacht hätte, mich kleingemacht zu fühlen.

Angesichts Freuds lebensbedrohlicher Erkrankung ist kaum anzunehmen, daß Anna Freud nicht Angst vor der Trennung, vor dem Verlust, empfunden hat. Bedenkt man die besondere Nähe zwischen ihr und ihrem Vater, muß diese Angst besonders akut gewesen sein, und sie muß gerade in der Zeit während meiner Analyse wirksam gewesen sein. Denn während meiner zweijährigen analytischen Arbeit mit Anna Freud, mußte sich ihr Vater einer seiner vielen Krebsoperationen unterziehen.

Sie unterbrach ihre Arbeit wegen der Operation ihres Vaters für annähernd zwei Wochen und sagte mir den tatsächlichen Grund. Als ich zurückkehrte, hatte sie sich völlig in der Gewalt und sagte nur: „Nun können wir wieder ein normales Leben beginnen." Ich hatte nicht erwartet, daß sie ihre persönlichen Ängste mit mir teilen würden. Ich fand es aber auch nicht überzeugend oder fruchtbar, als sie meine Gefühle als Reaktionsbildung auf feindselige Wünsche interpretierte. In der autoritären Atmosphäre meiner Analyse fühlte ich mich weder frei genug, Anna Freuds Reaktionen zu hinterfragen noch ihre Deutungen anzugreifen. Unglücklicherweise lernte ich, einige meiner Reaktionen für mich zu behalten.

Noch andere Ängste bewegten mich, als ich die unbekannte Welt der

Psychoanalyse betrat. Ich fürchtete um die Stabilität meiner Ehe. Wie konnte ich sicher sein, daß die Veränderungen, die durch meine psychoanalytischen Erfahrungen bewirkt würden, nicht meine Gefühle für Bill ins Gegenteil verkehrten, Bill, mit dem ich mich verbunden hatte? Es ist ein Maß für mein Vertrauen in etwas, das ich heute als die Mystik der Psychoanalyse bezeichnen würde, daß ich meinem eigenen Urteil und meinen eigenen Gefühlen so wenig vertraute und glaubte, daß ein anderer, der auf der Basis einer hinterfragbaren Theorie arbeitete, mich in meiner Realitäts-

Anna Freud im Garten, dreißiger Jahre

wahrnehmung, in der Wahrnehmung von mir selbst, radikal verändern könnte. Aber ich war damals in einer formbaren Lebensphase und in einer neuen und unsicheren Situation. Die Suche nach einem Glaubenssystem, das Unterstützung, Trost und Stabilität in mein Leben bringen könnte, war unter diesen Umständen nur zu natürlich.

Anna Freuds Reaktion auf meine Angst schien einfühlend: Wenn meine Ehe Gültigkeit habe, würde sie die Analyse überleben, wenn nicht, hätte sie in keinem Fall überlebt. Damals hat mich diese Bemerkung eher beruhigt, im Rückblick erscheint sie mir wenig sensibel. Meine Ehe hat gehalten. Sie dauerte zweiundvierzig Jahre bis zum Tode meines Mannes. Aber welch grandiose Vorstellung hatte Anna Freud von der Psychoanalyse, wenn sie die Auswirkung einer Analyse für ein objektives Maß für die Stabilität einer Beziehung hielt? Ich erlag damals der gleichen Mystifizierung, hatte aber einige Zweifel an der Objektivität meiner Analytikerin und an der Solidität der Freudschen theoretischen Positionen.

Das Ausmaß von Anna Freuds Ergebenheit gegenüber der Psychoanalyse wurde mir bereits innerhalb der ersten Wochen sehr deutlich. In dem sicheren Glauben, daß ich nur das mitteilte, was mir in den Sinn kam, stellte ich eine offenbar provozierende Frage: „Was mich in Bezug auf die Psychoanalyse bewegt", sagte ich, „es gibt da so viele Splitterbewegungen: Jung, Adler, Rank ... wenn sie alle in Bezug auf den Menschen nach der

Freud und Tochter

Wahrheit suchen, warum können sie nicht zusammenarbeiten?" „Nichts ist so wichtig für uns wie die psychoanalytische Bewegung", antworte Anna Freud ohne Zögern. Ich habe diesen Augenblick nie vergessen. Die Antwort stand so im Gegensatz zu den Werten, mit denen ich großgeworden war und mit meiner Auffassung von psychoanalytischen Werten, daß ich entsetzt war. Anscheinend war die Bewegung und der Zusammenhalt wichtiger als die Wahrheit. In meiner Familie war ich gelehrt worden, daß um wissenschaftliche Erkenntnis und um Wahrheit fortwährend gerungen werden müsse. Ich hatte geglaubt, daß dies nicht weniger für Freud und seine Anhänger gelten würde. Hatte er es nicht gewagt, Hypothesen vorwärts zu treiben über die Existenz unannehmbarer unbewußter Impulse und über die Sexualität in der frühen Kindheit? War er es nicht gewesen, der geschrieben hatte, wie sie die menschliche Entwicklung und die menschliche Gesundheit beeinflussen – zu einer Zeit, als solche Themen ausgesprochen' verboten waren und deswegen in der psychologischen und psychiatrischen Welt ignoriert wurden? Hatte er sich nicht mit seinen Wahrheiten selbst so ausgesetzt? Und war nicht er es gewesen, der über die Natur der Wissenschaft geschrieben hatte, daß eine alte Wahrheit, die auf früheren Hypothesen beruhte, aufgegeben werden müsse, zugunsten einer neuen Wahrheit, die durch neue Daten bewiesen werden könne, so sich der Möglichkeit aussetzend, auch als falsch widerlegt werden zu können? Tatsächlich, das ist alles so. Aber in meinem jugendlichen Eifer hatte ich wohl diese Tatsachen und Statements absolut genommen.

Allmählich erfuhr ich etwas über die Gegensätzlichkeiten und Widersprüche, über die Vorurteile und Bevorzugungen, die selbst in der

Persönlichkeit eines großen Mannes existieren – und bei seiner Tochter. Das Lernen ging jedoch wegen meines starken Idealisierungsbedürfnisses nur langsam voran. Zunächst fuhr ich fort, an die Objektivität meiner Analytikerin zu glauben. Der Preis war hoch. In Anna Freuds Augen war ich eine einfache, unwissende Neurotikerin. Der Ausgang der Analyse und der Ausbildung standen in Zweifel. Meine Selbstsicht wurde in jenen Tagen in großem Ausmaß durch die Reflexion ihres Bildes von mir bestimmt. Es gab wenig, was Anna Freud in unserer Interaktion vermittelte, das ein positives Selbstbild von mir unterstützt hätte. Das Verwirrende war, daß ich niemals genau wußte, ob das Fehlen dieser positiven Kommunikation – das Fehlen überhaupt jeglicher Kommunikation – zur analytischen Haltung gehörte, also ein Teil dieses Mysteriums war, die Art, wie es „sein sollte" – oder eine Reaktion auf etwas von mir. Es war mir erlaubt auszudrücken, was immer mir in den Sinn kam. Dann hatte ich aber das Gefühl, etwas Falsches zu sagen oder etwas sehr Pathologisches von mir zu enthüllen. Ich erinnere mich, daß ich einmal über mein sexuelles Erleben sprach, daß es dabei Zeiten gab, in denen mir die sexuelle Erfüllung nicht so wichtig war, sondern ich einfach gern im Arm gehalten wurde. „Nun", sagte Anna Freud, „das ist sicher infantil."

Jetzt, mit Abstand und viel Erfahrung, bin ich überzeugt, daß die unnötig schmerzlichen Momente einer klassischen Analyse nicht durch die schrecklichen Enthüllungen der verbotenen Impulse und Wünsche, die wir von uns zur Kenntnis nehmen müssen, hervorgerufen werden, sondern durch das Fehlen auch der einfachsten menschlichen Kommunikation mit dem Menschen, dem wir unsere privatesten und intimsten Gedanken anvertrauen. Freiwillig unfreiwillig wurden wir das Subjekt für eine neue Moral – das psychoanalytische Wertesystem. Unsere „Neurosen" wurden gewogen und gemessen. Wie infantil oder reif waren wir? Bewegte sich unser Narzißmus innerhalb normaler Grenzen oder war er exzessiv? Wie neurotisch waren unsere Ängste? Warum waren wir in einer gegebenen Situation so unangemessen wütend? Ganz offensichtlich gab es Maßstäbe, an denen wir gemessen wurden. Die psychoanalytische Theorie diktierte, wie eine normale weibliche Reaktion auszusehen hatte, wie ein auf normalem Weg erreichter Orgasmus sein sollte, wieviel Ärger angemessen war, ob Ängste legitim oder neurotisch waren. (Woody Allen traf genau diesen Punkt in „Annie Hall." Annie berichtet Woody, sie habe gerade ihrem Analytiker erzählt, wie es ihr geglückt sei, einen Orgasmus zu bekommen – und der Analytiker antwortet, daß es die falsche Sorte sei!) Manchmal wurden diese Werte ausdrücklich genannt, manchmal unausgesprochen vorausgesetzt. In jedem Fall waren sie

Otto Rank

in der psychoanalytischen Situation wirksam. In den Händen eines als objektiv angenommenen Therapeuten wirkten sie so, als seien sie selbstverständliche Wahrheiten. Es ist eine Ironie, daß die Psychoanalyse in ihrem Eifer, sich als Wissenschaft darzustellen, sich selbst als wertfrei bezeichnet hat[4] Otto Rank hat diesen Umstand hervorgehoben, wenn er sagt: „Ob es sich um das medizinische Konzept von Normalität handelt oder um das soziale Konzept der Anpassung – Therapie kann nie ohne Vorurteil sein, denn sie geht von einem Standpunkt aus, daß etwas anders sein sollte als es ist, unabhängig davon, wie man es formulieren mag."[5] Da der Patient so unausweichlich in einem Netzwerk von Normen gefangen ist, ist es besonders wichtig, daß der Analytiker diese Normen nicht vorwurfsvoll benutzt, damit der Betreffende sich nicht entwertet fühlt und der Ausdruck seiner einzigartigen Individualität nicht behindert wird. Ich bezweifle, daß es Anna Freuds Absicht war, mich klein zu machen. Aber sie war so rigide in dem psychoanalytischen Wertesystem als Wahrheit gebunden, daß sie oft uneinfühlsame Bemerkungen machte, ohne ihre Auswirkungen zu realisieren. Diese Wirkung hatte natürlich auch mit meiner Überempfindlichkeit zu tun – einer Verletzlichkeit, durch das Bedürfnis bedingt, eine mütterliche Figur idealisieren zu können und an die Wahrheit und Wirksamkeit der Psychoanalyse zu glauben. Aber sind nicht die meisten Menschen, die zur Therapie kommen, genau in dieser Situation?

3. Konflikte an der Universität

Die Universität in Wien

Obwohl ich die deutsche Sprache als ganz kleines Kind gelernt hatte, hatte ich fast alles vergessen, vor allem was die praktischen Belange betraf. Wie meldet man sich zu Kursen in der Universität an? Es war ein ziemlich komplexer Vorgang. Man mußte detailliert Formulare ausfüllen, in genau festgelegter Reihenfolge Büros aufsuchen, wo in jedem ein bestimmtes Dokument abgestempelt wurde. Alles mußte in Wien mit dem Stempel des Offiziellen versehen werden. Glücklicherweise wohnte ein junger Student in unserem Hause, der sich auch einschreiben wollte. Wir wurden mit ihm durch einen in unserem Hause wohnenden Psychiater bekannt. Er hatte von den beiden Amerikanern gehört, die hier Psychoanalyse studieren wollten. Der junge Mann erbot sich freundlich, uns durch den Irrgarten der universitären Bürokratie zu schleusen. Es gelang uns, unsere Empfehlungsschreiben vorzuzeigen

und ein Meldungsbuch zu erwerben – ein kleines Buch, in dem die Pflicht-
kurse aufgeführt wurden. Am Anfang und Ende eines jeden Semesters mußte
der Professor den jeweiligen Kurs abzeichnen. Es gab keine Anwesen-
heitspflicht. Wir mußten uns nur das Wissen aus dem Kurs erwerben. Dies
wurde im Abschlußexamen geprüft – dem Rigorosum, wie es genannt
wurde. Wir schienen Fuß gefaßt zu haben. Es gab nur noch einen wichtigen
Schritt: für die Kurse die Semestergebühren zu bezahlen. Wir warteten in
einer langen Schlange mit anderen Studenten. Jeder von uns hielt einen
großen, bereits ausgefüllten Fragebogen in der Hand und die Rechnung für
unsere Kurse. Neben den üblichen Fragen nach Adresse, Anschrift, Alter und
Geschlecht wurde ausdrücklich nach Nationalität und Religion gefragt.
Welche Nationalität haben Sie, und welcher Staatsbürger sind Sie? Damals
verstand ich den Unterschied nicht. Welcher Religion gehören Sie an? Bill
und ich hatten keine formale religiöse Bindung. Keiner von uns war in einem
bestimmten Glaubenssystem erzogen worden. Wir waren jüdischer Herkunft. In der Atmosphäre von wachsendem Antisemitismus in der damaligen
Zeit hatten wir nicht den Wunsch, uns hinter der Kategorie „konfessionslos"
oder „ohne Religion" zu verstecken. Da Kirche und Staat miteinander in
Verbindung standen, mußte man in irgendeiner Kategorie identifizierbar
sein. Dies war charakteristisch für die Mentalität der Wiener, einschließlich
der Analytiker. Und so schrieben wir „Mosaisch" unter „Religion."
Wir dachten, daß zur Nationalität „Amerikaner", zur Staatsangehörigkeit
„Vereinigte Staaten" und zur Religion „Mosaisch" für den blaßgesichtigen
Bürokraten hinter dem Gitter des Anmeldungsbüros genug Information sein
würde. Aber nein! „Welche Art von Amerikaner sind Sie?" fragte er. Ich mobi-
lisierte sämtliche deutsche Sprachkenntnisse, die mir zur Verfügung standen
und mit wachsendem Ärger entgegnete ich, daß es nur eine Sorte
Amerikaner gäbe. Nein, insistierte er, sei ich Deutsch-Amerikaner oder Italo-
Amerikaner oder Polnisch-Amerikaner? Nun verlor ich vollends meine
Fassung und brüllte zurück: „Alles, was Sie wissen möchten, ist, ob ich Jüdin
bin oder nicht, und das geht bereits aus dem hervor, was ich unter „Religion"
geschrieben habe. Ich weigere mich, irgendeine spezielle Art von Amerikaner
zu sein." „Es ist schrecklich, wie man hier behandelt wird", schrie ich auf
Deutsch und stampfte mit den Füßen auf. Ich verließ die Reihe und ging mit
Bill im Schlepptau hinaus.
So hatte ich mich seit meiner Kindheit nicht mehr benommen. Auch seither
hatte ich keine Gelegenheit mehr, in der Öffentlichkeit mit dem Fuß aufzu-
stampfen. Wir waren entschlossen, nicht aufzugeben. Aber an wen sollten
wir uns wenden? Wir beschlossen, mit unserem Professor, Dr. Karl Bühler,

zu sprechen. Professor Bühler gehörte zu den seltenen, aufrechten, hilfreichen und freundlichen menschlichen Wesen, denen wir im Verlauf unseres fünfjährigen Aufenthaltes in Wien begegneten. Wir erzählten ihm von unserer mißlichen Lage und von unserem Wunsch, so aufgenommen zu werden, wie alle Amerikaner aufgenommen sein sollten – einfach als Amerikaner. Er antwortete einfühlend und verständnisvoll. Aber er sagte uns auch, daß weder er noch irgend jemand anderes in der Sache irgend etwas für uns tun könne. Wenn wir immatrikulierte Studenten sein wollten, müßten wir den Fragebogen in der Form ausfüllen, die die Quästur verlangte. Und so wurden wir zu „Russisch-Amerikanern", da unsere Vorfahren aus Rußland stammten.

Dies mag als kleines, unbedeutendes Ereignis erscheinen, von dem man nicht so viel Aufhebens machen sollte. Aber es ist wichtig, sich die Szenerie zu vergegenwärtigen, in der es stattfand. Es deutete die Schrecken an, die nachfolgen würden. In den ersten Wochen nach unserer Ankunft in Wien waren wir Zeugen eines Fackelzuges der Nazijugend. Streitlustig sangen die jungen Leute ihre nationalsozialistischen Parteilieder, als sie im Gänsemarsch die Ringstraße entlangmaschierten. Am nächsten Morgen waren die Straßen mit kleinen Papierhakenkreuzen bedeckt wie mit Konfetti, mit dem man üblicherweise fröhlichere Gelegenheiten feiert. Die Räume der Universität waren angefüllt mit Naziankündigungen in ihrer flammenden Propaganda. Häufig gab es Studentenkrawalle an der Universität – vor allem an der Medizinischen Fakultät – bei denen jüdische Studenten geschlagen und manchmal ernsthaft verletzt wurden. Die Atmosphäre innerhalb der Universität war gespannt und potentiell explosiv. Nachdem wir allmählich mit dieser Situation vertraut wurden, waren wir im allgemeinen in der Lage, am Anwachsen der Spannung einen Krawall vorherzusehen. An solchen Tagen blieben wir den Kursen fern.

Angesichts der nationalsozialistischen Machtergreifung in Deutschland und nachfolgend in Österreich, dem Mord an sechs Millionen Juden, dem Schrecken der Konzentrationslager und der Zerstörung in ganz Europa während des Zweiten Weltkrieges, scheinen die eingangs geschilderten Ereignisse an der Universität trivial. Sie waren aber untrügliche Zeichen, die die kommende Katastrophe andeuteten; die Vorzeichen von etwas, an das 1930 niemand voll glauben konnte. Wir fühlten mehr Entrüstung über die ungerechte, diskriminierende und verfolgende Behandlung, die wir mitansehen mußten, als die meisten Wiener. Sie setzten ihr Alltagsleben fort – was für viele sicherlich trostlos und traurig genug war – während sie die ganze Tragweite der zerstörerischen Ereignisse, die um sie herum passierten, verleugneten. Das galt ebenso für die Analytiker, obwohl es auch solche unter ihnen gab, die sozial und politisch ausreichend sensitiv und bewußt waren, um Vorahnungen zu entwickeln. Ich kenne jedoch nur zwei, die bereits in den frühen 30er Jahren ihren intuitiven Gefühlen entsprechend handelten. Sie verließen Wien, um in die Vereinigten Staaten auszuwandern. Gemeint sind die Kinderanalytikerin Edith Buxbaum und ein Arzt namens Ernst Kulka. Als Amerikaner waren wir in der glücklichen Situation, eine solche Entscheidung und Wahl nicht treffen zu müssen. Wir wußten nicht mit Sicherheit, wie lange wir in Wien bleiben würden, aber wir wußten, daß unser Aufenthalt begrenzt war. Wir lebten in einem geistigen System, in dem wir Besucher und Fremde waren. Wir hatten keinerlei gefühlsmäßige oder materielle Bindung an die Gesellschaft, in der wir lebten. Wir besaßen nichts und hatten auch keine Erwerbsinteressen. Wir hatten keine Wurzeln oder familiäre Bande. Das einzige, was uns an die Wiener band, waren gemeinsam geteilte Werte, die wir bei manchen Analytikern und Wiener Intellektuellen antrafen, die sehr bald Opfer einer aktiven und brutalen Bigotterie wurden, wie die Welt sie seit einigen Jahrhunderten nicht gesehen hatte. Wir wußten, daß wir nicht immer in Österreich leben mußten. Wir konnten es uns leisten, empört zu sein und unsere Wut zum Ausdruck zu bringen.

Ich erinnere mich an eine Unterhaltung zwischen Bill und dem kranken Großvater der Vermieter unserer ersten Wohnung in Wien. Er war ein bärtiger jüdischer Patriarch. Die jüngere Generation der Familie war nicht im traditionellen Sinne jüdisch und wohnte auch nicht im Judenviertel der Stadt. Die ganze Haltung des alten Mannes drückte Resignation aus. Bill war empört über die Fackelzugparade der letzten Nacht und sprach darüber mit dem alten Mann. „Das war immer so", antwortete der Alte. Er konnte weder eine Gefühlsreaktion zustandebringen, noch unsere Entrüstung verstehen. Ich hoffe nur, daß er in Anbetracht seines Alters vor dem totalen Zusammenbruch der Gesellschaft gestorben ist und die Dinge, „die immer schon so waren", nicht am eigenen Leibe spüren mußte.

Ich berichtete natürlich Anna Freud in meiner Analyse über das Erlebnis im Anmeldebüro der Universität. Beim Wiedererzählen stellte sich die Wut erneut ein, aber mit ihr kam der moralische Konflikt. In meiner Erziehung hatte ich keine Identifikation mit dem Jüdischen erlebt. Die weltanschauliche Einstellung in meiner Familie war eher durch eine kosmopolitische Haltung geprägt mit Respekt und Toleranz allen menschlichen Wesen gegenüber, ungeachtet ihrer Rasse, Religion oder Nationalität. Meine Eltern hatten wenig mit mir über ihren Glauben gesprochen, aber hatten für mich sichtbar ihre Werte zum Ausdruck gebracht. Als Sozialisten und Humanisten waren sie übersensibel gegenüber Ungerechtigkeit, besonders wenn sie Menschen zugefügt wurde, die wegen des Mangels an Geld oder Macht Opfer der Mächtigen wurden. Sie hatten sich tief mit der Arbeiterbewegung identifiziert. Ich hörte einmal eine Erzählung, wie mein Vater einen der ersten Fabrikarbeiterstreiks in St. Petersburg organisiert hatte. Ihre Haltung war zutiefst demokratisch. Sie hatten sich in jeder Hinsicht von der jüdischen Orthodoxie entfernt, in die sie hineingeboren wurden, verleugneten aber ihre Herkunft nicht. Nun war ich Augenzeuge von Vorurteilen, Vorurteilen, die gegen andere gerichtet wurden, mit denen ich eine unzureichende Gemeinsamkeit fühlte. Warum sollte ich diese Bürde auf mich nehmen? Sowohl menschliche Anständigkeit als auch das Wissen um meine Herkunft ließen mich Entrüstung über jede soziale Ungerechtigkeit spüren. Ich hatte das Gefühl, irgendwie jüdisch zu sein, auch ohne Religion. Über all das sprach ich mit meiner Analytikerin. „Wir haben gefunden", sagte sie, „daß es besser ist, das zu sein, was man ist." An und für sich kein schlechtes Statement. Aber sie verfehlte es, den Konflikt zu benennen! Die Sache war doch, wer war ich wirklich? In manchen Gebieten war ich mir nicht klar darüber, wer ich war. Eine sichere Konsolidierung meiner Identität hatte noch nicht stattgefunden. Meine trotzige Antwort bei der Befragung an der Universität stellte keine Lösung meines Identitätskonfliktes dar. Die Antwort entstand eher aus einer Gegenidentifikation und aus einem ethischen Kodex heraus, der in der Tat ein Teil meiner Identität war.

In den frühen Tagen der Psychoanalyse wurden Konflikte meist als Triebkonflikte angesehen (zwischen Liebe und Haß, Sexualität und Aggression). Die Analytiker dachten wenig über Identitätskonflikte nach. Was meinte wohl Anna Freud mit ihrer Antwort? Wodurch wurde ihre Bemerkung hervorgerufen? Als sie mir sagte, es sei das Beste „zu sein, was man ist" – wollte sie meine Identität für mich definieren? Wenn das so war, wäre das vom therapeutischen Standpunkt her ein zweifelhaftes Vorgehen gewesen. Sicherlich mußte man seine eigene Selbstdefinition mit der Hilfe einer anderen Person finden, die die tieferen Gründe von Konflikten vielleicht klarer sehen konnte. Möglicherweise hielt sie sogar ein Modell der Selbstkonsolidierung vor dem Hintergrund ihrer eigenen Erfahrung bereit. Wie war Anna Freuds Einstellung ihrem eigenen Judentum gegenüber? Wir wußten beide nicht, daß die sozialen und politischen Ereignisse unglücklicherweise bald die Gelegenheit bieten würden, diese Frage zu beantworten. Alle Berichte über die Machtübernahme der Nazis in Wien, der Verfolgung der österreichischen Juden und besonders der Familie Freud, stimmen darin überein, daß Anna Freud sich beispielhaft ruhig und mutig verhielt. Es wird erzählt, daß sogar die Nazibürokraten beeindruckt waren. Ihre Haltung trug zweifellos dazu bei, gemeinsam mit der Hilfe von Personen in höheren Positionen, daß die Freuds, zumindest körperlich, heil aus Wien herauskommen konnten. So hatte ich allen Grund zu der Annahme, daß die Identifikation der Familie Freud mit dem Judentum minimal war. Erst vor kurzem erfuhr ich aus dem Werk von Dennis Klein[1] von Freuds tiefreichender Loyalität seiner jüdischen Herkunft gegenüber. Beispiele hierzu sind die Gespräche beim B'nai B'rith* und seine Hilfe bei der Gründung einer Wiener Gruppe dieser Organisation. Freud fühlte sich sicher mehr im kulturellen als im religiösen Sinn als Jude. Es ist wohl auch eher als eine Reaktion auf die in der österreichischen Kultur vorhandene Diskriminierung zu verstehen. Opposition und Vorurteil provozieren ein entschlosseneres Statement dessen, was man ist. Daß Freud nicht ohne Konflikt in Bezug auf seine Selbstdefinition war, ist häufig dokumentiert. Er wird als jemand beschrieben, der gern die Gesellschaft von Menschen in höheren Positionen, vorzugsweise nichtjüdischer Herkunft, suchte. Sein Vorurteil gegen sogenannte osteuropäische Juden ist gut bekannt.[2] Seine Bemerkung über Otto Ranks „Häßlichkeit" – wahrscheinlich meinte Freud sein „jüdisches Aussehen" – zu einer Zeit, als er sehr eng mit ihm zusammenarbeitete, ist Ausdruck seiner starken Ambivalenz.[3]

Angesichts der Tatsache, daß Freuds eigene Gefühle zu seinem Jüdischsein sehr kompliziert waren, wäre es nicht überraschend, wenn die Gefühle seiner Tochter auf diesem Gebiet, wegen der großen Nähe zu ihrem Vater – nicht gänzlich klar waren. Dies alleine betrachtet soll keine Verurteilung sein. Die vielen Jahrhunderte von Ablehnung und Verfolgung, das Leben in anderen Kulturen als Fremde und das Bemühen sich anzugleichen, sind Konfliktfelder für Menschen jüdischer Herkunft, auch wenn sie sich nicht mit dem Jüdischen im traditionell religiösen Sinne identifiziert haben. Es ist viel leichter zu wissen, „wer man wirklich ist", wenn man sich selbst als Teil einer Gruppe fühlen kann, deren Werte, Ideologien, Sitten und Gebräuche man teilt. Eine derartige Identität, wie Otto Rank sehr klargemacht hat, ist in dem Aufgehen in einen größeren Ganzen begründet. Es ist unendlich schwierig, als ein getrenntes Individuum allein zu stehen und die unvermeidbaren Widersprüche in den Identifikationen als einen unausweichlichen Teil der eigenen Persönlichkeit anzunehmen, dem man nicht entrinnen kann.

Ein derartiges Alleinstehen schließt jedoch bis zu einem gewissen Grad die Zurückweisung der Gruppe, mit der man teilweise identifiziert ist, ein. Das

---

* B'nai B'rith (Söhne des Bundes) ist eine internationale jüdische Organisation mit dem Ziel der Verschmelzung der Ideale des Judentums mit allgemeinen humanistischen Idealen. Bald nach ihrer Gründung in New York 1848 bildeten sich auch Logen in europäischen Ländern. B'nai B'rith ist heute die größte außersynagogale jüdische Organisation in den Vereinigten Staaten aus: Gutmann, Israel (Hg.): Enzyklopädie des Holocaust Band I. München, Zürich (Piper), S. 223. (Anmerkung des Herausgebers).

erzeugt unvermeidlich Schuldgefühle. Dies wird sehr deutlich im Leben bestimmter kreativer Künstler. Joseph Conrad versuchte, angesichts seiner Heimatlosigkeit und Verwaistheit eine eigenständige Persönlichkeit zu entwickeln. Immer wieder fühlte er sich wegen der Zurückweisung seines Heimatlandes Polen und seiner Muttersprache schuldig. Er zahlte die Schuldgefühle durch kreatives Schreiben ab.[4] Seine in Schuldkonflikte verstrickten Charaktere reflektieren die eigenen Kämpfe des Autors. Die „Nicht-Zugehörigkeit" der emanzipierten und teilweise assimilierten Juden erzeugte einen ähnlichen Konflikt.

Wenn Anna Freud sich darüber in irgendeiner Weise im klaren war oder wenn sie über die Beziehung zwischen sozialen Bedingungen und der Psychologie des Einzelnen nachgedacht hatte, so gab sie kein Anzeichen davon, weder konzeptuell noch gefühlsmäßig. Offensichtlich teilte sie meine Empörung nicht. Mußte ich daraus schließen, daß sie unangemessen war? Das Fehlen einer Antwort wird als Zurückweisung erfahren – eine Zurückweisung, die mir in diesem Fall das Gefühl vermittelte, falsch zu liegen. Ich befürchtete, daß die Moral der Psychoanalyse von mir Anpassung verlangte, und daß Wut oder Empörung keinen Platz in ihr hatten. Ich wog nicht ab. Ich hatte das Gefühl, wiederum nur klein und neurotisch zu sein. Es hätte mir geholfen, wenn Anna Freud Konflikt, Wut und Empörung über Vorurteil und Diskriminierung mit mir geteilt hätte. Ihr Schweigen empfand ich wie eine Verurteilung, denn Schweigen wird niemals als Neutralität erlebt. Durch meine eigenen Entbehrungen lernte ich, bei starken, konfliktgeladenen Gefühlen meiner Patienten nicht im Schweigen zu verharren. Ähnliche oder verwandte Gefühle zu zeigen ist eine Art des einfühlenden Verständnisses. Es hilft, daß wir uns weniger allein fühlen, weniger schuldig und weniger unwert.

Erst viele Jahre später, nach vielem Nachdenken und viel Erfahrung und nachdem ich die Werke anderer Analytiker gelesen hatte – besonders die von Otto Rank – verstand ich die Bedeutung der Begriffe „Annahme", „Selbstannahme" und „Bestätigung." Es ist möglich, ein klares und unbeugsames Selbstgefühl zu haben, selbst wenn es sich in seinem Inhalt aus verschiedenen Elementen zusammenfügt. Es wäre z. B. in Bezug auf die Erinnerung an meine eigene Kindheit unwahr, wenn ich mein Vergnügen an den Weihnachtsfeierlichkeiten leugnen würde, die wir in unserem Haus hatten, oder das Gefühl von Zugehörigkeit, das ich spürte, wenn ich mit meinem Kindermädchen die Lieder sang, die sie in der Sonntagsschule gelernt hatte, obwohl ich selbst niemals die Sonntagsschule besuchte – nicht wegen der jüdischen Herkunft meiner Eltern, sondern weil sie nicht an eine institutionalisierte Religion glaubten. Wenn man die Vielschichtigkeit annehmen kann und nicht schuldbeladen um einen unrealistischen und aufgesetzten Zusammenhalt kämpft, wird die Zusammenfügung einer Identität von selbst stattfinden. Ich kann jüdisch sein – aber nicht ganz jüdisch, wenn es Elemente in meiner Erfahrung gibt, die eine tiefgehende Identifikation mit dem Christentum mit sich gebracht haben. In meinem Erbe bin ich beides, Europäerin und Amerikanerin. Das gilt für viele Amerikaner. Wir sind eine Nation von Einwanderern, in der viele Kulturen in eine nationale Identität integriert wurden. So kann auch innerhalb einer Persönlichkeit das Zusammenwachsen verschiedener Identitätsanteile stattfinden.

Tatsächlich ist einer der hilfreichsten Beiträge der Psychoanalyse, daß sie in ihrem Versuch, gewisse neurotische Symptome und Charakterzüge zu erklären, die Koexistenz von zwiespältigen Gefühlen in ein- und demselben Menschen entdeckt hat – einige bewußt, andere halbbewußt oder abgewehrt. So kommen gewisse Formen des Zwangsverhaltens dadurch zustande, daß entgegengesetzte Gefühle nicht integriert werden konnten. Die zwanghafte Beschäftigung mit bestimmten Zweifeln kann symbolisch für viel tiefere Gefühle stehen. „Habe ich das Gas ausgedreht oder nicht?" denkt der Zwangszweifler und geht viele Male zum Ofen zurück, um sich zu vergewissern, ohne sich bewußt zu sein, daß die Unsicherheit den destruktiven Wunsch verbirgt, das Gas aufgedreht zu lassen. Der Zweifler merkt nicht, daß der destruktive Wunsch symbolisch für ein destruktives Gefühl steht, das auf den gerichtet ist, den er liebt. Das Zweifeln meint eigentlich: „Liebe ich ihn/sie (meinen Liebsten, meine Mutter, meinen Vater etc.), oder sind da auch verdrängte feindselige Gefühle?" Eines der therapeutischen Ziele der Psychoanalyse ist das Annehmenkönnen solch widersprüchlicher Gefühle und Impulse, es ihnen zu ermöglichen, sich zusammenzufügen, so daß die Persönlichkeit des Individuums ganz werden kann.

In den frühen Tagen der Psychoanalyse jedoch, als das Gewicht vorrangig auf der Erforschung von Gefühlen und Impulsen lag, gab es noch wenig Wissen über die Natur des Selbst und wenig Kenntnis von der Tatsache, daß in der Struktur des individuellen Selbst auch divergierende, sogar paradoxe Identitäten bestehen können – so wie ich in meinen eigenen Gefühlen beides sein kann – Europäerin und Amerikanerin. Diese Widersprüchlichkeiten und Gegensätzlichkeiten von Interessen, Glaube, Werten und Zielen, die das Selbst ausmachen, können im Konfliktfall miteinander versöhnt und integriert werden, wenn man von einem Menschen, den das im Konflikt stehende Individuum bewundert und dem es nacheifern möchte, angenommen wird. Dieser Mensch ist oft der Therapeut.

Es ist für mich jetzt klar, daß Anna Freud in der Welt der Psychoanalyse, in der sie lebte, gar nicht anders konnte, als hier fehlzugehen. Sie wurde von der fehlerhaften Universalität der psychoanalytischen Theorie geführt, die glaubte, daß alle Menschen – ungeachtet ihrer sozialen, ökonomischen oder kulturellen Umstände – im wesentlichen gleich seien in Bezug auf die Psychodynamik ihrer emotionalen Eigenart. Nur die Beziehung zwischen bewußten und unbewußten Faktoren und die Lösung der Konflikte auf diesem Level ist für den klassischen Analytiker von Interesse und Wichtigkeit. Eine derartig rigide Fokussierung, der die Freiheit fehlt, für neue Eindrücke offen zu sein, vielleicht sogar für widersprechende Daten, führt zum Auferlegen von Normen. Da kann es keine bestätigende Annahme von dem geben, wie sie oder er als Individuum ist – nur das Urteil, wie er oder sie nach psychoanalytischen Maßstäben sein sollte. Da niemand ganz das ist, was er oder sie sein sollte, gleichgültig nach welchen Standards, fördert die unvermeidlich beurteilende Position der Psychoanalyse, wie sie in der therapeutischen Situation eingenommen wird, nicht das Selbstbewußtsein des Patienten – vor allem, wenn das Bedürfnis sehr stark ist, an die Gültigkeit dieser Normen zu glauben.

Ich habe bereits beschrieben, wie Bill und ich nach Wien als wahre „Gläubige" kamen. Wir fingen nun an, um das Überleben unserer Selbsteinschätzung zu kämpfen und die Gültigkeit der Normen anzuzweifeln, an denen wir gemessen wurden. Während ich die stimmkräftigere Rebellin war, ließ auch Bill sich innerlich zunehmend mehr von Fragen bestürmen, und manchmal drückte er sogar Enttäuschung aus.

4. In der Wollzeile

Während ich mit meinen Zweifeln und Kämpfen in der Berggasse beschäftigt war, hatte Bill seine Sorgen in der Wollzeile, der kleinen gewundenen Straße in der Altstadt, hinter dem St. Stephans Dom, wo seine Analytikerin, Helene Deutsch, wohnte und praktizierte. Die Schwierigkeiten, so schien es mir, erwuchsen aus gegenseitiger Desillusionierung. Beide waren mit falschen und übersteigerten Erwartungen an die therapeutische Situation herangegangen. Bill war ein attraktiver großer, breitschultriger Mann, von dem Wärme ausging, mit der er Menschen sofort anziehen konnte. Hinzu kam ein beweglicher, erfinderischer Geist, umfangreiches Wissen und Erfahrung, Empfindsamkeit für menschliches Leiden und ein wunderbarer Sinn für Humor. Vielleicht noch wichtiger für unser Wiener Abenteuer war seine vollkommene Hingabe an die Psychoanalyse, sein entschiedener Glaube an ihre Lehrsätze und sein Vertrauen, daß sie ihm bei seinen persönlichen Konflikten und Schwierigkeiten helfen würde und infolgedessen auch seinen Patienten. Bill hatte eine schwierige und ungelöste Beziehung zu seinem tyrannischen Vater, der ihm gegenüber sein ganzes Leben hindurch kritisch eingestellt war. In Helene Deutsch traf er auf eine rigide und gnadenlos kritische Analytikerin. Beide Reaktionen, jene des Vaters und die der Analytikerin, hatten ihre Wurzeln in ähnlichen Enttäuschungen. Bills Vater, Henry, hatte seinen Weg in der Welt durch eigene Anstrengung gemacht. Mit etwa siebzehn Jahren hatte er Rußland verlassen, um dem Militärdienst zu entgehen und war in die Vereinigten Staaten gekommen, ohne daß dort Verwandte waren, die ihm hätten helfen können. Er begann eine „Zeitungslaufbahn", um seinen Lebensunterhalt zu verdienen. Seine Genügsamkeit und sein Unternehmergeist ließen ihn einen Zeitungskiosk eröffnen. Der Erfolg dieses kleinen Geschäftes führte zu ambitionierteren Unternehmungen. Henry Menaker, eine farbige und schauspielerisch begabte Persönlichkeit, wurde Unternehmer in der Damenbekleidungsindustrie, in der Spielkartenherstellung, in der Mehlherstellung. Die meisten Geschäfte glückten ihm. Obwohl er keine großen Reichtümer anhäufte, hinterließ er Bill einen für damalige Zeiten beträchtlichen Besitz, von dem ein kleiner Teil für Bill in Treuhänderschaft verblieb. Diese bescheidene Erbschaft versetzte uns in die Lage, unsere psychoanalytische und psychologische Ausbildung in Wien zu machen.

Die Tatsache, daß Bills Erbschaft in Treuhänderschaft verblieben war (der größere Teil ging direkt an seine Stiefmutter) war Ausdruck von Henrys Geringschätzung von Bills Werten, Zeichen seines Mißtrauens, weil er Bill für unpraktisch hielt. Henry war sehr materialistisch eingestellt, wenn er auch eher eine dramatische Persönlichkeit war, die sich an den Künsten interessiert und besonders im Theaterbereich informiert zeigte. Bills intellektuelle Interessen machte er eher verächtlich, insbesondere dessen Verehrung für die Psychoanalyse. „Die Psychoanalyse sucht nur Entschuldigung für die Leute", würde er gesagt haben.

Henry lehnte Bill vom Augenblick seiner Geburt an ab. Es war ein Affront für diesen mächtigen, aktiven Mann, aufgebläht von der Überzeugung seines eigenen Wertes und seiner Wichtigkeit, der Tatsache ins Auge sehen zu müssen, daß sein Sohn eine Frühgeburt war – ein schwächliches Exemplar, das wenig mehr wog als ein halbes Hühnchen. In jenen Tagen war das Überleben solcher Kinder, da es noch keine Inkubatoren gab, abhängig von der konstanten und hingebungsvollen mütterlichen Fürsorge. Er wollte die Aufmerksamkeit seiner Frau nicht mit seinem kleinen Sohn teilen. Seine Reaktion bestand darin, fortwährend seine Unzufriedenheit mit Bill zu äußern, Fehler an ihm in jeder erdenklichen Weise zu finden, die seine anfängliche Enttäuschung bestätigen würden. Er zog sich von seiner Frau zurück und entwickelte sich zum Frauenheld.

Bills Konflikt wurde zusätzlich dadurch unterhalten, daß seine Mutter das ganze Gegenteil seines Vater war – eine Person von ungewöhnlicher Hingabe und Integrität, empfindsam für Ungerechtigkeiten, mit hohen Prinzipien und ethischen Grundsätzen. Als sie die häufige Untreue ihres Mannes bemerkte, führte ihre tiefe Selbstachtung sie dazu, ihn zu verlassen und die Scheidung zu suchen – eine Handlung, die für die Jahrhundertwende ungewöhnlich und mutig war, da sie sowohl die Mißbilligung der Gesellschaft als auch eine wirtschaftlich schwierige Lage riskierte. Heutzutage würde sie sicherlich als Feministin bezeichnet werden. Ihr verdankte Bill die Stärke seines Charakters und seine hochsensible ethische Einstellung. Sie war es auch, die ihn in seinen intellektuellen Interessen und Zielen ermutigte.

In der Tatsache, daß Bill Helene Deutsch als seine Analytikerin auswählte, lag eine gewisse Ironie. Unbewußt entschied er sich damit für einen Menschen, der in vielerlei Hinsicht seinem Vater charakterlich ähnelte. Ihre Selbstsicherheit und Kompetenz konnte wie bei Henry gutartig sein, ihr Verhalten schmeichelnd, wenn sie ihre eigene Bestätigung in einer anderen Person suchte, schlug jedoch in eine autoritäre, unbarmherzig kritische Haltung um, wenn sie sich behindert, durchkreuzt oder enttäuscht fühlte.

Helene Deutsch war anfänglich von Bill angetan, beeindruckt von seiner Persönlichkeit und seiner Begeisterung für die Psychoanalyse. Sie sah in ihm einen perfekten analytischen Patienten und Ausbildungskandidaten und maß unglücklicherweise später die Wirklichkeit an der selbsterschaffenen Illusion. Diese Illusion entstand in New York, als sie Bill und mich wegen der Absprache für unser Wienstudium interviewte. Verständlicherweise waren die Wiener Psychoanalytiker aus wirtschaftlichen Gründen sehr darauf aus, amerikanische Patienten zu bekommen. Für sie war dies eine der wenigen Möglichkeiten, der wirtschaftlichen Depression zu entkommen, die sich in Österreich seit dem Zusammenbruch des Österreich-Ungarischen Reiches am Ende des Ersten Weltkrieges ausgebreitet hatte. Bill, der gerne in Wien zur Ausbildung angenommen werden wollte, war von der Brillanz und Schönheit Helene Deutschs geblendet. Sie war in ihren frühen mittleren Jahren noch eine ungewöhnlich attraktive Frau. Ihre funkelnden blauen Augen waren fast verführerisch, und da sie so eindeutig die Situation beherrschte, wirkte sie überzeugend in dem, was sie sagte. Obwohl ihre Figur bereits Andeutungen von Matronenhaftigkeit und Stämmigkeit zeigte, in einer Weise, die für viele mitteleuropäische Frauen kennzeichnend ist, versuchte sie, sich modisch zu kleiden. Zweifellos gab sie acht auf ihre äußere Erscheinung. Ihr rascher Verstand und ihre Reaktionsfähigkeit waren nur zu offensichtlich. Sie war es, die die Entscheidung in unseren Erstinterviews fällte. Sie würde Bill als Analysanden annehmen und für mich eine Analyse bei Anna Freud arrangieren.

Ich bin sicher, daß Bill seine Analyse tapfer genug begann, aber offensichtlich gelang es ihm nicht, das „analytische Material" zu produzieren, das von seiner Therapeutin routinemäßig erwartet wurde. Dr. Deutsch beschuldigte ihn, nicht „frei" zu „assoziieren", die Stunden mit Kaffeehausgesprächen zu füllen – in anderen Worten mit Trivialitäten. Als ob er die Absicht gehabt hätte, gleich zu Anfang die Analyse zu sabotieren, sah sie jeden seiner Versuche, das zu produzieren, was sie wünschte, mit kritischen Augen an. Natürlich verschlimmerte sich die Situation: Er wurde noch unsicherer und verwirrter, zunehmend unfähig, sich zu entspannen und frei zu sprechen. Vielleicht hatte sie eine kraftvolle und positive Übertragung erwartet, die auf sie gerichtete erotische Sehnsüchte aufdecken würde – Sehnsüchte, die natürlich unerfüllt bleiben mußten. Die daraus resultierende Enttäuschung hätte dann auf die widersprüchlichen Empfindungen seinem Vater gegenüber zurückgeführt werden können – denn ist es nicht der Ödipuskomplex, der allen neurotischen Konflikten zugrundeliegt? Als klassische Analytikerin dachte sie sicherlich so. Selbst wenn Bill diese Gefühle gehabt hätte – er war nicht in der Lage, sie zu fühlen oder auszusprechen. Angesichts einer derartig gnadenlosen Kritik seiner Analytikerin wäre niemand geneigt, solche Gefühle auszudrücken. Helene Deutsch schuf eine Beziehungswirklichkeit, die Bills Beziehung zu seinem Vater wiederholte, während sie eine erotische Mutterübertragung erwartete. Ihre narzißtische Enttäuschung kam in der kontinuierlich anwachsenden Zurückweisung Bills als Patienten und analytischen Ausbildungskandidaten zum Ausdruck. Möglicherweise kulminierte die Situation, als sie die Analyse für mehrere Monate unterbrach. Dies ereignete sich nach den ersten Sommerferien. Statt die analytischen Sitzungen, wie mit ihren anderen Patienten, im September wieder aufzunehmen, verschob sie den Wiederbeginn von Bills Analyse auf den November.

Aber ich bin meiner Geschichte vorausgeeilt. Obwohl ich nicht allzu viele Einzelheiten aus Bills Analyse erfuhr (da wir, wie bereits berichtet, angewiesen worden waren, über unsere Analysen nicht miteinander zu sprechen), erzählte er mir doch von einigen Vorfällen. Glücklicherweise waren wir nicht ganz so gewissenhaft im Befolgen der Regeln, die die Analytiker uns vermittelten. Wahrscheinlich aus Angst und Enttäuschung und dem Bedürfnis, mit jemanden zu sprechen, der ihm wohlwollend zuhörte, erzählte mir Bill von einer Analysestunde, in der er einen Traum berichtet hatte: Er saß mit Professor Freud am Küchentisch. Sie verzehrten einen Snack. Aus irgendwelchen Gründen war der Tisch im Picknickstil nur mit Zeitungspapier bedeckt. Sie waren im Begriff, heißen Tee zu bekommen. Anstatt das heiße Wasser über die Teeblätter im Sieb zu schütten, tat Helene Deutsch, die auch mit dabei war, Salz in das Sieb und goß heißes Wasser darüber. Im Traum war es nicht ganz klar, ob sie oder Freud das Wasser über das Salz goß.

Dr. Deutsch deutete den Traum dahingehend, Bill versuche Freud auf sein Niveau herunterzuziehen, ihn zu erniedrigen. Indem er ihn ein Mahl mit sich in so uneleganter Weise teilen ließ, stemple er ihn zu einem Dummkopf, der das heiße Wasser nicht über die Teeblätter, sondern über das Salz goß. Vermutlich stamme die Feindseligkeit, die sie in den Traum hineinlas, von Bills ödipaler Rivalität und seiner Enttäuschung, von Freud nicht als bevorzugter Lieblingssohn ausgesucht worden zu sein.

Bill war über diese Deutung höchst entsetzt, und das nicht, weil sie richtig war, wie Helene Deutsch behauptete, und er sich nur seinen unbewußten Impulsen gegenüber im Widerstand befand, sondern weil sie den Kernpunkt überhaupt nicht erfaßte. Bill idealisierte Freud unermeßlich. Zur damaligen Zeit wäre sein tiefster Wunsch gewesen, irgendeine Art von Intimität mit ihm zu haben, wie es in der informellen Art ausgedrückt ist, in der die beiden an einem Küchentisch von Zeitungspapier aßen, was ihn an die

Helene Deutsch

Familienmahlzeiten seiner Kindheit erinnerte. Er wünschte sich Tee, aber stattdessen bekam er Salz. Möglicherweise kamen darin seine Gefühle über die Analyse bei Helene Deutsch zum Ausdruck. Der Traum enthielt in Wirklichkeit eine archetypische Metapher: Am Kreuz durstete Jesus nach Wasser, aber es wurde ihm Essig gereicht. Neben der Unfähigkeit seiner Analytikerin, die Möglichkeit einer anderen Deutungsdimension des Traumes zu sehen, mußte Bill eine autoritäre Antwort hinnehmen, als er seine Skepsis zum Ausdruck brachte. Als er auf Helene Deutschs Interpretation mit einem reservierten „kann sein" reagierte, insistierte sie: „Nicht kann sein, sondern ja."

Es schien keine Möglichkeit der Annäherung zwischen ihnen zu geben. Deutsch mit der Eitelkeit, die manchmal von attraktiven, potenten und brillanten Menschen Besitz ergreift, schien unfähig, Bill den Raum zu geben, den er brauchte, um Einsichten und Fähigkeiten in seiner eigenen Weise entfalten und entwickeln zu können. Zum Teil war es durch die Natur ihrer Persönlichkeit, zum anderen Teil durch ihr Gebundensein an ein Gedankensystem bedingt. So konnte sie die Einzigartigkeit des Individuums, eingebettet in das Wesenhafte seines Selbst, nicht erfassen. Patienten, die sich einer Behandlung unterziehen, in der Hypothesen mit Wahrheit vermengt werden, erleben einen vollständigen und oft erbarmungslosen Mangel an Angenommensein und wenig Respekt für die jeden persönlichen Charakter auszeichnende Eigenart.

Die Existenz von Individualität wurde auf den einfachsten Ebenen nachgewiesen (wie Lewis Thomas in seinen Arbeiten aufgezeigt hat). Beispielsweise ist der Gesang eines Vogels, wie er für seine Spezies charakteristisch ist, auch Ausdruck der Eigenart dieses einzelnen Vogels. In diesem Licht betrachtet ist es grotesk, wenn man behauptet, absolute Gewißheit über die differenzierte Natur eines menschlichen Wesens zu besitzen, besonders dann, wenn es sich um ein so rätselhaftes Phänomen wie den Traum handelt. Freud hatte Recht, wenn er auf die Tatsache hinwies, daß Träume eine Bedeutung haben und nicht nur Randphänomene sind, sondern gefühlshaften seelischen Vorgängen Ausdruck verleihen. Aber Träume können viele Bedeutungen haben, wie es Anna Freud selbst in ihrem kinderanalytischen

Seminar aufzeigte, welches ich später beschreiben werde. Ein einfühlsamer Therapeut wählt die Deutung aus, die die spezielle gefühlsmäßige Beschäftigung und Gegebenheit eines Patienten zur Zeit seines Traumes am ehesten wiedergibt. Man kann nicht alle Bedeutungen eines Traumes sofort erfassen, bestenfalls kann sich zwischen Patient und Therapeut ein Dialog entwickeln, in dem der Therapeut den Gedanken, die der Patient über seinen Traum mitteilt, zuhört, des weiteren offen ist für dessen Kommentare und Interpretationen und sich zur Verfügung hält, eine neue Perspektive der Deutung anzubieten. Damit eine solche Atmosphäre in der analytischen Sitzung herrschen kann, muß ein gegenseitiger Respekt zwischen beiden Menschen entstehen, die darin verwickelt sind – zwischen dem Patienten und dem Therapeuten. Achtung kann nicht gedeihen, wenn eine autoritäre, hierarchische Atmosphäre herrscht, die dadurch rationalisiert wird, daß man einem speziellen Dogma verpflichtet ist. Im Behandlungszimmer von Dr. Deutsch wehte ein wenig demokratischer und respektierender Geist. Was da war, schuf Furcht, Angst, Mißtrauen und Mißachtung. Diese Wiederholung seiner Kindheitserfahrung mit seinem Vater paralysierte und bedrückte Bill und erfüllte ihn mit Sorgen in Bezug auf die Zukunft seiner Berufslaufbahn als Analytiker. Glücklicherweise hatte er eine grundsätzlich optimistische Natur. Er konnte es weiterhin genießen, in Europa Student zu sein und fuhr fort, eifrig die psychoanalytische Literatur zu lesen.

Bill liebte es, durch die Straßen der Innenstadt zu schlendern, im Bereich der Wiener Altstadt die Buchläden zu durchstöbern, sehnsüchtig in die Fenster der Lebensmittelläden zu schauen, in denen Delikatessen auslagen, die für uns wegen der Begrenzung unseres Studentenbudgets unerreichbar waren oder – angelockt vom Duft des frischgebackenen Brotes, an einer der unvergleichlich guten Bäckereien anzuhalten, sich ein Brötchen zu kaufen und es genüßlich zu verspeisen. Er hatte Freude an der geschichtlichen Atmosphäre der barocken Gebäude mit ihren verzierten Toreinfahrten, die oft den Blick in einen kopfsteingepflasterten Hof freigaben. Der durchdringende Geruch der dunklen Gemäuer, die Regen und Schnee von Jahrhunderten erlebt hatten, ermöglichten seiner Einbildungskraft, sich eine ruhigere Welt vorzustellen, in der romantische Ideale von Schönheit geherrscht hatten. Ich glaube, in der Welt seiner Tagträume war er frei von der autoritären Atmosphäre der Psychoanalyse, die seine Analytikerin verkörperte, und hier konnte Bill *frei assoziieren.*

Eines Tages, als er auf einem dieser Spaziergänge den Weg zur Praxis seiner Analytikerin einschlug, sah er Dr. Deutsch, wie sie ihren schwarzen Chow eilig in der Wollzeile spazieren führte (dieser Chow war ein Abkömmling von

Freuds Chow, Yo-fee). Von entgegengesetzten Richtungen kommend, hatten sie das gleiche Ziel und versuchten, die gleiche Verabredung einzuhalten. Für Helene Deutsch schien jedoch ein normales freundliches Zusammentreffen auf der Straße unakzeptabel zu sein. Sie muß gedacht haben, daß es die Übertragungssituation gefährden könnte. Sie ging auf die andere Straßenseite, um ein Zusammentreffen mit Bill zu vermeiden. In sich selbst hätte dieses kleine Ereignis unbedeutend sein können, aber wenn die Gefühle hochschlagen, werden Empfindlichkeiten berührt, jede Nuance der Beziehungsänderung zwischen Patient und Therapeut führt zu Vibrationen. Dann kann ein kleineres Ereignis wie diese Begegnungsvermeidung Schmerz verursachen. Im Rahmen einer Analyse, die milde ausgedrückt, nicht gut verlief, machte dieses Verhalten von Helene Deutsch die Sache nur noch schlimmer. Bill wurde immer deprimierter und begann allmählich, an die kritischen Beurteilungen zu glauben, die ihm entgegengeschleudert wurden. Ich fuhr fort, ihn daran zu erinnern, daß Analytiker nicht allwissend seien, und daß Dr. Deutsch in Bezug auf ihn falsch liegen könne. Bill schien darauf zu reagieren, und langsam begann er, sich besser zu fühlen, seinen Mut zurückzugewinnen, um sein ursprüngliches Ziel, die Vervollständigung seiner psychoanalytischen Ausbildung, weiter verfolgen zu können.

Helene Deutsch jedoch war kaum eine gutwillige Person – jedenfalls nicht, was ihre Beziehung zu Bill betraf. Wenn sie den Eindruck hatte, daß die Analyse nicht produktiv war, hätte sie ihm den Vorschlag machen können, jemand anderen aufzusuchen. Dies wäre entscheidend wichtig gewesen im Hinblick auf die Tatsache, daß es sich um eine Ausbildungsanalyse handelte und Bill und ich große Anstrengungen und viele Opfer wegen dieses Wiener Studiums auf uns nahmen. Tatsächlich erfuhren wir, daß sie in Bills Ausbildung eingriff in dem Sinne, daß er nur einen Patienten anstatt der geforderten zwei von der Ambulanz des Psychoanalytischen Institutes zugewiesen bekam. Später beanstandete sie in einem Referenzschreiben, daß Bill seine Studien noch nicht abgeschlossen hätte. Glücklicherweise konnte Bill durch die Bemühung von August Aichhorn, der seine Therapien mit mehreren Jugendlichen supervidierte, mit mehr als einem Patienten arbeiten.

Bill führte die Analyse seines erwachsenen Patienten, einem jungen Mann, der an Ejaculatio retarda litt, zu einem vollständigen und erfolgreichen Abschluß. Es war eine große Genugtuung für ihn. Der Erfolg war mehr das Ergebnis seiner natürlichen Begabungen, verbunden mit dem Wissen, das er sich durch sein umfangreiches Lesen angeeignet hatte. Da wir in Wien für eine längere Zeit lebten, konnte er die Analyse seines Patienten zu Ende führen. Was war aber dann der Grund von Dr. Deutschs Mißbilligung?

Meine Vermutung ist, daß sie sich in einem Netz von Enttäuschungen verfangen hatte. Sie hatte erwartet, daß sie wegen seiner Begeisterung für die
Psychoanalyse in der Analyse mit Bill die analytischen Theorien, an die sie
glaubte, bestätigt finden würde. Sie hatte sicherlich nicht erwartet, daß sich
im Verlauf des analytischen Geschehens Schwierigkeiten ergeben könnten –
in einfachen Worten, daß es für ihn so schwer sein würde, sich ihr mitzuteilen. Sie unterschätzte das Ausmaß seiner Angst, seines Widerstrebens, sich
zu fügen aus der Angst heraus, sich selbst zu verlieren. So verhaftet wie sie
der rigiden Struktur des psychoanalytischen Vorgehens war, konnte sie sich
kaum an seinen Bedürfnissen orientieren und eine Atmosphäre schaffen, in
der es ihm möglich war, Vertrauen zu fassen. Stattdessen wurde sie ärgerlich,
autoritär, sogar selbstherrlich. Es war ein tiefgreifendes, ungünstiges Zusam-
menspiel, das möglicherweise schlimmere Konsequenzen gehabt hätte, wäre
da nicht die Tatsache gewesen, daß Bill ein gesundes, fundamentales
Selbstbewußtsein hatte, und daß wir zu zweit waren, so daß wir uns gegenseitig in schwierigen Zeiten unterstützen konnten.

5. Die Freudianer in ihrem Element – Das Institut

Einige Zeit vor Ablauf des ersten Jahres der Lehranalyse wurde der Ausbildungskandidat für reif genug gehalten, Kurse am Psychoanalytischen Institut zu besuchen, einen erwachsenen Patienten von der Ambulanz des Institutes zu übernehmen und mit der Supervision dieses Falles bei einem Fakultätsmitglied des Institutes zu beginnen. Die Begründung für diesen Zeitplan war – so wurde es mir zumindest erklärt – daß so der Gefahr der intellektualisierenden Abwehr gegen den analytischen Prozeß in der eigenen Lehranalyse entgegengewirkt werde. Es wurde befürchtet, daß eine gleichzeitige therapeutische Erfahrung die Spontaneität und Authentizität der Gefühle beeinträchtigen könne. Ausgenommen waren nur die amerikanischen Psychiater, die mit einem Stipendium für ein Studienjahr aus Übersee nach Wien gekommen waren. Dieses Stipendium wurde vom Commonwealth-Fonds bezahlt, einer privaten Stiftung, die Stipendien für Studien in Berufen für seelische Gesundheit vergab. Ein Psychiater, den entfremdenden Weg des Medizinstudiums gegangen, war oft so distanziert von den eigenen Gefühlen, daß es nicht viel ausmachte, wenn der bereits rigiden intellektualisierenden Mentalität ein weiteres Gedankensystem hinzugefügt wurde. Darüber hinaus forderte der gesunde Menschenverstand, daß man in diesem Jahr möglichst viel lernen sollte, klinisch und theoretisch. Überlegungen zum therapeutischen Lernen mußten zur Seite gestellt werden. Für Bill und mich war das anders. Die Begrenzung durch das Fehlen einer medizinischen Ausbildung, unsere bescheidenen Geldmittel und unsere wenig beeindruckenden sozialen Verbindungen, brachten uns den Vorteil einer gemächlichen, gründlichen psychoanalytischen Ausbildung ein. Es war auch niemand erpicht darauf, uns schnell in die Vereinigten Staaten als repräsentative Produkte der berühmten „Wiener Schule" zurückzuschicken.
Wie dem auch sei, es kam die Zeit, Kurse zu belegen. Ich erinnere mich deutlich an meinen ersten Kurs. Es war ein Seminar über Träume bei Paul Federn. Dr. Federn war eine ehrfurchtgebietende, beinahe furchteinflößende Erscheinung. Sein langer, schwerer, schwarzer Bart und seine stechenden schwarzen Augen erinnerten an einen alttestamentarischen Patriarchen. Sein strenges, jehovaähnliches Aussehen ließ auf eine priesterliche Einstellung

schließen, die wenig ermutigend und sicherheitsgebend für einen Anfänger auf dem psychoanalytischen Gebiet war. Ich war eingeschüchtert. Meine früheren Erfahrungen in Lernsituationen waren so völlig anders. Seit frühester Kindheit war ich neugierig auf fast alles. Lernen war für mich immer ein großes Vergnügen. Ich hatte während meiner Ausbildung verschiedene Lehrer und Professoren – manche hervorragend, manche mittelmäßig, manche wenig begeisternd. Aber alle schienen mein Interesse am Studium geschätzt und mich in meinen bewußten Anstrengungen, den Lerngegenstand zu bewältigen, ermutigt zu haben. Ich hatte

Paul Federn und Anna Freud, 1935

meine Zweifel in Bezug auf Dr. Federn. Meine intuitive Wahrnehmung sollte sich als richtig herausstellen. Damals, als ich das Traumseminar begann, waren meine Deutschkenntnisse begrenzt. Wie ich bereits erwähnte, hatte ich als ganz kleines Kind Deutsch gesprochen, mit der Sprache aber wegen der antideutschen Gefühle, die damals in den Vereinigten Staaten während des Ersten Weltkrieges herrschten, seit meinem sechsten Lebensjahr keinen Kontakt mehr gehabt. Ich brauchte etwa ein Jahr in Wien, um mein Gefühl für Sprachwendungen wiederzugewinnen und ein Erwachsenen-Vokabular zu erwerben. Es stellte für mich keine große Behinderung dar. Ich hatte immer Freude daran, fremden Sprachen zuzuhören, selbst wenn ich sie nicht verstand. Für mich war das eine Erinnerung an mein Zuhause. Meine Eltern sprachen während meiner frühesten Kindheit miteinander Russisch, mit mir Deutsch und außerhalb der Familie Englisch. Viele Jahre lang verstand ich die Privatunterhaltung zwischen Vater und Mutter nicht, aber die Stunden des Zuhörens brachten mir schließlich die Belohnung, Russisch zu verstehen. Das erste Jahr in Wien verlief nach einem ähnlichen Muster. Ich besuchte die Kurse an der Universität, suchte gespannt nach Schlüsselwörtern, um die herum ich die Bedeutung dessen, was der Professor mitteilte, zu

Paul Federn

rekonstruieren begann. Ich hatte gehofft, daß es im Psychoanalytischen Institut nicht anders sein würde. Das war falsch.

Eines abends – die Kurse fanden immer abends statt, weil die Lehrer tagsüber ihre Patienten sahen – sprach Dr. Federn über La Forgues Konzept vom Scotoma (medizinischer Begriff für den blinden Fleck im Sehfeld). Er stellte ein Analogie her zu psychologischen blinden Flecken, die aus unbewußten Gefühlsgründen unsere Realitätswahrnehmung verändern können. Ich hörte gespannt zu, versuchte alles zusammenzubekommen, die Hauptlinie dieser Bemerkung zu verstehen, verstand sie aber sicherlich nicht vollständig. Plötzlich, ohne Warnung, wandte sich Dr. Federn an mich: „Frau Doktor, würden Sie mir bitte erklären, was ich gerade beschrieben habe?" rief er mich auf, in einer irgendwie bedrohlich erscheinenden Weise. Ich hatte ein vollständiges Blackout. Obwohl ich wirklich sehr aufgepaßt hatte, war mir der zentrale Punkt in seinem Gedankengang nicht ganz klar geworden, jedenfalls nicht klar genug, um ihn mit meinem noch stockenden Deutsch zu beschreiben. Mein Herz stockte, und ich war erschreckt. Ich fühlte mich wie ein Zweitklässler, der dabei ertappt worden war, mit seinem Nachbarn geflüstert zu haben, obwohl der Lehrer absolutes Schweigen im Klassenraum geboten hatte.

Ich muß in meinem begrenzten Deutsch einen schwachen Versuch gemacht haben, die Botschaft des Professors zu wiederholen. Was darauf folgte, war eine lange Tirade über unaufmerksame Studenten. Wenn ich uninteressiert sei, solle ich nicht das Seminar besuchen. Wenn ich nicht verstünde, hätte ich fragen können. Es wäre das letzte gewesen, was ich mich unter diesen Umständen getraut hätte: *ihn* zu unterbrechen. Oh, hätte ich doch in diesem Moment eine Schildkröte sein und mich in meinen Panzer verkriechen können! Niemals war ich in einer Lernsituation so gedemütigt worden. Viele Jahre später, als ich selbst Analytikerin war, berichteten mir einige überzeugte Katholiken unter meinen Patienten von ihren Erfahrungen, die sie als kleine Kinder in ihren konfessionellen Grundschulen gemacht hatten. Die strengen, autoritären und strafenden Nonnen schlugen sie auf die Finger, demütigten sie für den kleinsten Fehler oder das leichteste Vergehen. Nirgendwo eine Ermutigung, die das Lernen beflügelt hätte. Erfolg hatten sie darin, die Kinder zu demütigen und ihnen einen lebenslänglichen Greuel einzuflößen. Barmherzigkeit scheint nicht in einer Atmosphäre zu gedeihen, die von Dogmen geprägt ist, seien es katholische, jüdische oder die der psychoanalytischen Bewegung. Die Zeit hat diese schmerzliche Erinnerung an meinen ersten analytischen Unterricht besänftigt. Dr. Federn hat in meiner Erinnerung seinen passenden historischen Platz eingenommen: Er war selbst Opfer einer autokratischen Kultur, in welcher der Mißbrauch von Macht einen Umgangsstil darstellte, um zu überleben. Er erhielt für sein originelles Denken innerhalb der psychoanalytischen Bewegung nie die Anerkennung, die er verdiente, obwohl er während der Zeit unseres Aufenthaltes dort Präsident der Wiener Psychoanalytischen Gesellschaft war. Während meiner viereinhalb Jahre in Wien beobachtete ich den Mißbrauch von Macht in seinen vielen Auswirkungen: an der Universität, unter den Psychoanalytikern, in der rigiden undemokratischen Struktur der sozialen Hierarchie, angesichts des Herumschwänzelns der Geschäftsleute und der Arroganz der kleinen Postbeamten. Die Wiener hatten einen Spruch über den Gebrauch von Macht, der genau ihre Art beschrieb, wie sie sich mit Menschen in Beziehung setzten. Sie nannten es „Radfahren": „Nach oben bücken, nach unten drücken." Kurz, obwohl sie für ihre Fröhlichkeit und Gemütlichkeit bekannt waren, war es eine unfreundliche Kultur. So war Dr. Federns Seminar als erste Begegnung mit der Theorie der Psychoanalyse eine Enttäuschung, besonders im Lichte meiner idealisierten Erwartung. Erst viel später, als ich selbst ständig las und mit Patienten arbeitete, lernte ich etwas über Träume. Bezüglich der strengen Freudschen Trauminterpretation ist mir immer eine starke Skepsis geblieben, für die Dr. Federn sicher nicht allein verantwortlich war.

Es gab noch andere frühe Enttäuschungen. Ich erinnere mich an eine kalte Winternacht. Ich kam von einem Seminar nach Hause in Begleitung eines

Wiener Psychiaters, Kurt Eissler, der damals mein Studienkamerad war und der inzwischen Bekanntheit in der psychoanalytischen Welt erreicht hat. Wir waren Fremde für einander, und da unsere Schuhe in dem glitzernden Schnee knirschten, war es nicht leicht, eine Unterhaltung zu beginnen. Wir sprachen Englisch miteinander, wegen meines stockenden Deutsch und weil mein Wiener Kollege gut Englisch sprach. „Gefällt es Ihnen in Wien?", fragte er mich endlich und eröffnete mit dieser üblichen Frage an Amerikaner die Unterhaltung. Ich hatte noch nicht gelernt, vorsichtig oder diplomatisch zu sein. Mit jugendlicher Direktheit antwortete ich wahrheitsgemäß, obwohl ich sicher bin, nicht in Einzelheiten gegangen zu sein, in Bezug auf meine allgemeinen Eindrücke von dieser Stadt und ihren Menschen. Ich war mit dem angefüllt, was mich gerade beschäftigte. Ich entsinne deutlich, daß ich davon sprach, was mich bei meinen ersten Eindrücken in Wien am meisten schockiert und bedrückt hatte: „Die vielen Bettler in den Straßen bedrücken mich sehr", sagte ich. Wie bereits erwähnt, hatte ich als Sozialarbeiterin in Philadelphia Ende der zwanziger Jahre meine erste Begegnung mit Armut. Während ich in einer Pflegeheimvermittlungsstelle für Kinder arbeitete, knüpfte ich Kontakte mit Familien, die zu arm waren, um für ihre eigenen Kinder sorgen zu können – Familien, die durch Krankheit, Alkoholismus oder Tod ins Elend geraten waren. Aber die Gesamtsituation war mir nicht so verzweifelt und hoffnungslos erschienen. Selten sah ich Bettler auf den Straßen.

Im Wien von 1930 jedoch grassierten Armut und Bettelei. Die Stadt hatte sich noch nicht von den Folgen des Ersten Weltkrieges erholt, als sie mit der Kriegsniederlage und dem Auseinanderbrechen des Österreichisch-Ungarischen-Reiches in verschiedene Nationen ihre Stellung als Metropole einer großen Nation verlor und stattdessen die unproportional große Hauptstadt eines kleinen Landes wurde. Arbeitslosigkeit breitete sich aus. Viele Industrieunternehmen mußten schließen. Manche Gewerbe verschwanden einfach. Ich erinnere mich an das letzte Jahr unseres Wiener Aufenthaltes, als mein erstes Kind geboren wurde. Wir beschäftigten eine Frau in mittleren Jahren, die uns im Haushalt helfen sollte. Ihr Mann war vor und während des Krieges Sattler gewesen. Mit dem Verschwinden der Kavallerie wurde seine Arbeit nicht mehr benötigt. Seit 1918 fand er keine Beschäftigung.

Mein Kollege war irgendwie verwirrt durch meine besorgte Reaktion. „Aber die Menschen haben keine Arbeit, weil sie nicht arbeiten wollen", widersprach er. „Unter all den Leuten, die von der wirtschaftlichen Depression nach dem Krieg betroffen sind, gibt es solche, die Arbeit finden." Da schwangen psychoanalytische Untertöne in diesen Argumenten mit.

Letztlich unterstellte er, daß das Leben eines jeden nur von emotionalen und psychologischen Faktoren abhängig sei. Persönliche Gesundheit wurde an der Fähigkeit des Einzelnen gemessen, sich an die bestehenden Bedingungen anzupassen. Ich bemerkte das Fehlen jeglicher Sozialkritik und den entschiedenen Mangel an Mitgefühl. Sollten diese Einstellungen psychoanalytische Werte repräsentieren oder war dies das Denken eines jungen Studenten, dessen Begeisterung für die Psychoanalyse sein nüchternes Urteilsvermögen beeinträchtigt hatte? Unglückseligerweise bestätigten das Leben und die nachfolgende Geschichte der Psychoanalyse meine bösen Ahnungen, daß die Werte jenes jungen Psychiaters damals die soziale Haltung vieler Analytiker charakterisierten. Solche Einstellungen waren besonders unter den klassischen Analytikern verbreitet. Natürlich gibt es auch unter Analytikern humanitär eingestellte Personen. Tatsächlich ist die soziologische Dimension in gewissen Dissidentenschulen mit psychoanalytischem Hintergrund ein wichtiger Teil der Theorien. Selbst die therapeutische Effizienz von Empathie ist anerkannt worden.

In den frühen Tagen der Psychoanalyse lag jedoch der Schwerpunkt – sowohl theoretisch als auch therapeutisch – ganz auf dem individualistischen Ansatz. Die Aufmerksamkeit war auf die innerpsychische Dynamik gerichtet. Die Bedeutung von sozialen und kulturellen Faktoren auf die Psychologie des Einzelnen hatte noch wenig Aufmerksamkeit auf sich gezogen. Man betrachtete sein Schicksal als weitgehend festgelegt durch konstitutionelle Faktoren und durch Auswirkungen der frühen Beziehungserfahrung.

Bill und ich wuchsen beide in liberal eingestellten Familien auf, in denen humanitäre Belange eine große Rolle spielten. Die Ideale, anderen zu helfen und sie zu unterstützen waren wichtig. Aus meiner frühesten Kindheit erinnere ich mich, daß mein Vater in der Forschung als Chemiker in einem großen Industriebetrieb arbeitete. Er sprach mit Empörung über die Bedingungen, unter denen die Arbeiter zu leiden hatten. Es hatte beispielsweise einen schrecklichen Betriebsunfall gegeben, bei dem ein Arbeiter in einen großen Bottich mit Schwefelsäure gefallen war und sich dabei schwere, beinahe tödliche Verätzungen zugezogen hatte. Es gab keine Versorgung, weder für seine Arbeitsunfähigkeit noch für den Unterhalt seiner Familie. So waren die vorherrschenden Bedingungen vor dem Ersten Weltkrieg. Ich habe sehr früh gelernt, daß solche Ungerechtigkeiten korrigiert werden sollten. Ich habe schon als Kind beobachtet, wie meine Eltern sich mit den Angelegenheiten derjenigen befaßten, die weniger begünstigt waren als sie selbst.

Deshalb erwartete ich eine ähnlich humanitäre Einstellung von Menschen, die sich in sogenannten „helfenden Berufen" befanden. Ich lernte in meiner

Analyse, oder zumindest versuchte mich meine Analytikerin davon zu über-
zeugen, daß Analytiker einfach menschlich seien, daß ihre persönlichen
Werte in Bezug auf ihr therapeutisches Geschick oder ihre Effizienz keine
Rolle spielten, und daß meine Erwartungen, wie sie von meinen
Familienidealen herrührten, neurotische Übertragungsmanifestationen seien.
Zwar räume ich ein, daß zu dem Zeitpunkt, als ich meine Ich-Ideale in die
Psychoanalyse investierte, meine Erwartungen an deren Repräsentanten
überhöht gewesen sein mögen, doch halte ich weiterhin das Praktizieren von
Psychotherapie für etwas ganz anderes als die mechanische Anwendung
einer Technik. Es ist die Errichtung und kreative Nutzung einer Beziehung
zwischen zwei Menschen, in der der Therapeut von einem bestimmten
Wissen Gebrauch macht. Diejenigen, die ihren Lebensunterhalt verdienen,
indem sie anderen dienen, haben die Verpflichtung, sich um das menschliche Wohlergehen zu kümmern – sowohl beim Einzelnen als menschlichem
Wesen als auch in der Gesellschaft, die ihn formt. Sie haben die Verantwortung, hohe ethische Standards für ihr eigenes Verhalten in Beziehung zu
anderen aufrechtzuerhalten.

Mein Idealismus war eindeutig an der falschen Stelle plaziert. Eine Stimmung
von Zynismus gewann in der Wiener Bevölkerung die Oberhand. Die
Menschen in der psychoanalytischen Welt bildeten im großen und ganzen
keine Ausnahme. Viele Jahre später, als Helene Deutschs Biographie von Paul
Roazen erschien[1], war ich beeindruckt von der Beschreibung ihres jugendlichen Idealismus. Damals, um 1930, als Bill und ich mit ihr in Kontakt standen, schien es so, als sei nur die äußere Hülle dieses Idealismus zurückge-
blieben. Sie hatte gerade noch genug Charme und nach außen gewendetes
Interesse an anderen, um sie in ihre Netze zu ziehen. Ihre Persönlichkeit vermittelte mir das, was Roazen „die Aushöhlung liberaler Vorstellung" und den
Zusammenbruch der menschlichen Werte in der Zivilisation des Wiens vor
und nach dem Ersten Weltkrieg beschrieb. Das war genau das Wien, mit
dem Bill und ich 1930 in Berührung kamen. Wir kamen aus einer ganz anderen Kultur, die in ihrem Geist völlig unterschiedlich war. Die Wirtschaftskrise
hatte in den Vereinigten Staaten noch nicht ihren Tribut gefordert. Viele
Amerikaner waren noch freundlich, optimistisch und menschlich. Sie wurden von den Europäern im allgemeinen für naiv gehalten. In den Augen der
Psychoanalytiker war diese Naivität neurotisch. So fand ein Zusammenstoß
statt zwischen unseren Werten, wie sie vor unserem Hintergrund und aus
unserem nationalen Geist verständlich waren und denjenigen der Wiener
Analytiker, deren Bitterkeit, Zynismus und galliger Humor in großem Ausmaß das Ergebnis der Niederlage ihres Landes im Ersten Weltkrieg waren.

Diese Unterschiede in den Haltungen, Einstellungen und Werten hätten keine Quelle für Konflikte, Enttäuschungen und Desillusionierungen sein müssen, wären sie in ihren geschichtlichen und kulturellen Dimensionen verstanden worden. Stattdessen vernachlässigten die Analytiker, bei denen wir Verständnis und Weisheit suchten, vollständig die Auswirkungen des sozialen Netzwerkes auf die Persönlichkeit und preßten uns in eine diagnostische Beurteilung, die in einer fälschlich verallgemeinernden Theorie der persönlichen Entwicklung begründet war. Was uns anbetraf, die wir mit Nöten und Erwartungen gekommen waren, war es nicht immer leicht, sicher zu sein, welches nun die richtige Realitätswahrnehmung war.

Eines Tages, während einer meiner ersten analytischen Sitzungen, zog ein Paradezug mit Musikkapelle die Bergstraße entlang, und seine Klänge drangen in die Stille des Behandlungszimmers. „Würden Sie gern zum Fenster gehen und sich das anschauen?", fragte Anna Freud. Irgendwie überrascht von dieser unorthodoxen Bemerkung erhob ich mich von der Couch und begleitete sie zum Fenster. Ich wußte, daß der Umzug mit dem Ergebnis der jüngsten Stadtverwaltungswahl zusammenhing, war aber noch nicht vertraut mit den sozialen und politischen Ereignissen in Bezug auf die Wahl und mit der Position der verschiedenen Kandidaten hierbei. „Was wird der Ausgang der Wahl für die Stadt bedeuten?", fragte ich Anna Freud, als wir nebeneinander standen. „Überhaupt nichts", antwortete sie. „Nichts bringt jemals Veränderung."

Vielleicht nahm ich ihre Antwort zu ernst und zu wörtlich, aber ihr Pessimismus bezüglich der Möglichkeit sozialer Veränderung brachte mich aus der Fassung. Überdies hatte ich mich gerade auf das Abenteuer einer Persönlichkeitsveränderung eingelassen. Konnte ich sicher sein, daß jemand mit so wenig Glauben an die Möglichkeit menschlichen Fortschritts genügend Vertrauen in die Möglichkeit von individuellem Wachstum und Wandel hatte, um mich durch den schwierigen Prozeß einer Analyse zu begleiten? Mein Mißtrauen an diesem Punkt war unbegründet. Anna Freud zeigte sich menschlich besorgt um das Wohlergehen ihrer Patienten und setzte mehr Vertrauen in die Möglichkeit des Persönlichkeitswachstums als viele andere Analytiker. Ich denke, daß ihre Arbeit mit Kindern zu diesem Vertrauen in die menschliche Entwicklung beitrug.

Trotzdem, wenn es um Urteile über die Menschlichkeit im allgemeinen ging, schien sie den Zynismus ihres Vaters, gemischt mit einem Zug von Menschenfeindlichkeit, zu teilen. Bei einer anderen Gelegenheit, als ich von der liberalen politischen und sozialen Gesinnung meiner Eltern sprach, fiel Anna Freud aus ihrer üblichen vorgeschriebenen analytischen Rolle und erzählte mir einen in der damaligen Zeit kursierenden Witz über den Kommunismus: In den ersten Tagen nach der Revolution bat ein Bauer jemanden, ihm den Kommunismus zu erklären. Die Antwort war folgende: „Schau, das ist eine Angelegenheit des Teilens. Wenn du zwei Mäntel hast, gibst du einen deinem Nachbarn." Der Bauer nickte bekräftigend. „Wenn du zwei Paar Schuhe hast, teilst du, indem du ihm ein Paar gibst." Wieder stimmte der Bauer zu. „Wenn du zwei Schweine hast, gibst du eines deinem Nachbarn." „Nein, nein," protestierte der Bauer. „Warum nicht", wurde gefragt: „Weil ich zwei Schweine *habe*", antwortete er. Die Geschichte sollte die Existenz des menschlichem Altruismus in Zweifel ziehen. Während ich mit Anna Freud übereinstimmte, daß der Kommunismus aus vielen Gründen – sozialen, psychologischen und philosophischen – kein erstrebenswertes sozioökonomisches System darstellt, teilte ich nicht den damaligen Standpunkt innerhalb des psychoanalytischen Zirkels, daß Altruismus nur eine Reaktionsbildung auf feindselige Impulse sei. Diese Überzeugung war nicht nur versteckt in Anna Freuds Erzählung enthalten, sondern wurde mit brutaler Sicherheit von meinem ersten Kontrollanalytiker, Hermann Nunberg, zum Ausdruck gebracht.

6. Der Kontrollanalytiker

Sie wurde „Kontrollanalyse" genannt. Das bedeutete, daß die Arbeit eines Ausbildungskandidaten (mit einem Patienten aus der Ambulanz) von einem älteren Analytiker überwacht wurde. Natürlich waren Studenten (Ausbildungskandidaten) schon immer „kontrolliert" worden: durch die Erwartung, daß wir in unseren eigenen Analysen Interpretationen, ohne zu hinterfragen, annehmen sollten, durch die einschüchternde Atmosphäre in den Kursen und Seminaren und durch die hierarchische Struktur des Ausbildungsinstitutes, die die Wiener Sozialstruktur spiegelte, in die sie eingebettet war. Ich fühlte die Rivalität unter den Analytikern und ihre Verachtung für jüngere Kollegen ebenso wie für Patienten. Alles war weit entfernt von einer demokratischen oder egalitären sozialen Struktur, weit davon entfernt, befreiend zu wirken. Es entmutigte den freien und kreativen Ausdruck der eigenen Gedanken, Ideen und Gefühle.

Hermann Nunberg war die archetypische Verkörperung von allem, was diese psychoanalytische Subkultur in Wien charakterisierte. Vielleicht kam das zum Teil daher, daß er kein Wiener war, sondern aus einer kleinen Stadt in Polen stammte. Möglicherweise versuchte er sich anzugleichen, indem er eine Haltung von intellektueller Überlegenheit einnahm und seine eigenen Unterlegenheitsgefühle in Form sichtbarer Verachtung auf andere projizierte. Roazen[1] beschreibt ihn korrekt als einen irgendwie bösartigen, bitteren Mann. Zu der Zeit, als ich ihn als meinen ersten Kontrollanalytiker wählte, war ich mir nicht im klaren über seine wahre Natur, obwohl Bill schon ein merkwürdiges, wenn nicht gar komisches Erlebnis mit ihm gehabt hatte, was mich hätte aufmerken lassen sollen.

In Wien war es für ausländische Studenten üblich, daß sie von zwei Fakultätsmitgliedern des Ausbildungsinstitutes interviewt wurden. Bill wählte Hermann Nunberg als einen der Interviewer, weil er ein Empfehlungsschreiben von einem entfernten Vetter an ihn besaß. Offenbar hatten sich die beiden als junge Leute in Polen gekannt, als sie in irgendwelchen revolutionären Gruppen politisch aktiv waren. Bill, der diese Verbindung nicht hatte ausnutzen wollen, war mit Nunberg nicht gleich nach unserer Ankunft in Kontakt getreten. Er benutzte die Gelegenheit des geforderten Interviews, um ihn aufzusuchen.

An dem betreffenden Tag traf Bill in der Nunbergschen Wohnung ein (in Wien waren die Wohnungen und Praxen der Ärzte und Analytiker meist miteinander verbunden). Er wurde zunächst in ein kleines Wartezimmer gebeten, dann in einen größeren Raum, in dem ein kleiner Mann, der kaum eine Begrüßung murmelte, hinter einem riesigen Schreibtisch saß. Ohne etwas zu sagen, deutete er auf einen Stuhl auf der anderen Seite des Schreibtisches. Bill setzte sich hin. Die beiden Männer saßen sich gegenüber. Sie sahen sich für eine lange Weile an. Schließlich sagte Bill in Reaktion auf die Absurdität dieser Situation und mit charakteristischem Humor: „Nu?" (eine jüdische Veränderung des deutschen „nun", im Amerikanischen etwa „well" oder genauer „Und was nun"). Das brach das Eis, aber noch immer ohne Lächeln begann Nunberg das Interview. Ich erfuhr nie, was wirklich gesagt wurde. Die ganze Angelegenheit war mehr oder weniger eine Formalität. Selbst die Wiener würden uns trotz ihrer antiamerikanischen Gefühle nicht nach New York zurückgeschickt haben, wenn das Interview unbefriedigend verlaufen wäre.

Zu diesem Mann also wollte ich nun zu meiner ersten Kontrollstunde gehen. Neben der Tatsache, daß Hermann Nunberg in dem Ruf stand, ein hervorragender psychoanalytischer Theoretiker zu sein, hatte meine Entscheidung wirtschaftliche Gründe. Unsere Mittel waren begrenzt, unsere finanzielle Situation heikel. Ich würde Englischunterricht geben müssen (ich hatte eine Anerkennung als Erzieherin und ein Lehrzertifikat für den Staat von Pennsylvania), um unsere Lage zu verbessern. Gerade zu dieser Zeit wollte Dr. Nunberg Englisch lernen. Ihm war eine Stellung in Philadelphia angeboten worden. Er sollte dort ein psychoanalytisches Ausbildungsinstitut gründen. Das würde sowohl Lehr- und Verwaltungsaufgaben mit sich bringen als auch das Analysieren einer Anzahl junger Psychiater in englischer Sprache. Es schien eine vorteilhafte Situation für uns beide zu sein. Er würde mich die Psychoanalyse lehren als Entgelt für meinen Englischunterricht.

Sehr bald bemerkte ich, daß das ganze ein großer Fehler war. Dieses Erlebnis lehrte mich viel über Analytiker und über die Wiener Gesellschaft. Das psychoanalytische Verständnis kam viel später – vieles davon als Ergebnis meiner eigenen Erfahrung.

Die erste Patientin, die ich Gerda nennen will, war mir von der Ambulanz überwiesen worden. Sie war eine emotional unstabile junge Frau Mitte zwanzig, deren Leben von sexuellen Bedürfnissen getrieben wurde und die unter ihren unbefriedigenden Sozialbeziehungen litt, vor allen Dingen ihren Männerbeziehungen. Sie war selbst an heutigen Standards gemessen promiskuitiv. Zu jener Zeit, in den frühen dreißiger Jahren, war dies Ausdruck einer ernsthaften Charakterstörung. Sie war wirklich unglücklich und an einer grundlegenden Veränderung ihrer Persönlichkeit ernsthaft interessiert. Sie hatte eine Arbeit als Wirtschaftssekretärin und kam fünf Mal in der Woche nach ihrer Arbeitszeit zu mir. Gerda also war nun der erste Mensch, mit dem ich therapeutisch arbeitete. Es war eine neue Rolle für mich. Ich war wirklich sehr ängstlich. Monate später, als wir beide miteinander entspannter umgingen, verriet Gerda mir den Eindruck, den sie im Erstinterview von mir gehabt hatte: Ich schien ihr ängstlicher als sie selbst gewesen zu sein. Sie mag wohl Recht gehabt haben. Aber trotz unserer Ängste voreinander taten wir beide, was wir nach den Maßstäben der klassischen Psychoanalyse tun sollten: Sie legte sich auf die Couch und versuchte, ihre Gedanken frei schweifen zu lassen und sie so genau wie möglich ohne Beurteilung mitzuteilen. Ich für meinen Teil fühlte mich unter Druck, die verborgene unbewußte Bedeutung zu erfassen, die, wie ich gelehrt worden war, unumstößlich hinter der bewußten Kommunikation des Patienten liegen mußte. Nichts war einfach nur wahr und richtig, wie es berichtet wurde. Meine „Einsichten" teilte ich Gerda mit, in der Hoffnung, daß sie sie „annehmen", mit ihnen etwas anfangen können würde, und daß sie ihr letztendlich helfen mochten, ihr Verhalten zu ändern. Mein Eindruck war, daß diese „Einsichten" meist daneben trafen, weil ich in Nöten war, unbewußte Impulse zu entdecken, um die Theorien zu bestätigen, anstatt mich mit der Patientin in einem offenen Gefühlsgeflecht in Beziehung zu setzen. So wäre ich frei genug gewesen, die Bedeutung dessen zu erfassen, was die Patientin mir wirklich mitteilte. In der Tat, in meinem selbstbewußten Versuch, das auszuführen, was unter guter Analyse verstanden wurde, gelang es Gerda und mir nicht, als zwei menschliche Wesen miteinander in Berührung zu kommen. Dies hatte zur Folge, daß die Analyse von geringem therapeutischen Nutzen war. Ich machte mir nach jeder Sitzung Notizen und berichtete Hermann Nunberg, was sich während der Woche ereignet hatte. Ich besitze noch einige von diesen Berichten. Als ich sie wieder las, wurde mir sehr deutlich, warum ich der Patientin so wenig helfen konnte. Mein rigides Befolgen der Regeln – keine Fragen zu beantworten, keine Abweichung von der Regel zu erlauben, der Versuch, ihr das sexuelle Ausagieren zu verbieten, das Schaffen einer hierarchischen Beziehung zwischen uns (z. B. rauchte ich selbst, während es der Patientin verboten war zu rauchen), schuf die kämpferischen Widerstände und negativen Übertragungsreaktionen, die dann die Hauptthemen der Analyse wurden. Das war die Psychoanalyse, wie ich sie zu jener Zeit lernte und in gewissem Maß auch die Art, wie ich sie selbst erfuhr.

Meine Gespräche mit Dr. Nunberg schienen meine Vorstellung von der strengen, unnachgiebigen Prozedur, die die psychoanalytische Behandlung darstellte, nur zu bestärken. Er war keine Persönlichkeit mit Ausstrahlung. Ich kann mir noch meinen ersten Eindruck von ihm und seinem Zuhause in lebhafte Erinnerung rufen. In den frühen dreißiger Jahren war ein gewisser tschechoslowakischer Innenarchitekt vom Bauhaus namens Plischke sehr bekannt in Wien. Viele Psychoanalytiker ließen sich ihre Wohnungen und Praxen von ihm einrichten. Seine Arbeiten gaben eine Vorahnung des modernen Designs. Die Nunbergsche Wohnung war in diesem Stil eingerichtet. Bei meinem ersten Besuch wurde ich durch einen Wohnraum geführt, der mehr einer Gefängniszelle glich als einem Wartezimmer. Einzige Lichtquelle war ein schmales Fenster in Augenhöhe einer kleinen Person. In dem Raum stand ein schmaler runder Glastisch auf Metallfüßen, daneben ein Leinwandsessel mit Metallrahmen. Ich kann mich nicht erinnern, Zeitschriften oder ähnliches gesehen zu haben. In dieser Stimmung von Isolationshaft war ich meinen eigenen Gedanken und Spannungen überlassen.[2] Bald öffnete sich eine Tür, die ich vorher kaum bemerkt hatte. Ein kleiner Mann mit einem großen Kopf erschien. Er setzte sich in Richtung auf sein Arbeitszimmer in Bewegung, das so ausladend war wie sein Wartezimmer einengend. Wenn ich irgendwelche Zweifel in Bezug auf den Unterschied im Status zwischen Doktor und Patient oder Lehrer und Student gehabt haben sollte, wurde dieser sofort zerstreut. Hier war sofort klar, wer oben war und wer unten. Das räumliche Setting schien eine Projektion von Hermann Nunbergs Überlegenheit und Verachtung für den Rest der Menschheit zu sein.

Als seine blaugrauen Augen mich über den riesigen Schreibtisch hinweg anstarrten, begann ich, von meiner Patientin zu berichten. Er wurde unruhig, als ich ihm die Promiskuität und ihr sexuelles Agieren beschrieb. Plötzlich schrie er auf: „Koitieren oder analysieren! Sie müssen ihr jede sexuelle Aktivität verbieten!" Ich verstand nicht ganz, was dieses Verbot erreichen sollte. Es war doch genau das Symptom, weswegen die Patienten psychoanalytische Hilfe suchte. Ich sagte nichts, aber beschloß, seine Instruktionen nicht in die Tat umzusetzen. Meine Aufzeichnungen enthüllen dennoch eine klare Tendenz, auch in weniger weitreichenden Dingen Verbote zu erteilen. Beispielsweise verbot ich Gerda eine Reise mit einem Mann, weil ich sie ihrer Analyse für abträglich hielt und befürchtete, sie könne zu neuer Enttäuschung und Frustration führen.

Meine Arbeit mit Dr. Nunberg erstreckte sich über einige Monate und fand wöchentlich statt, war aber nicht sehr erfreulich. So gab es gewisse unvergeßliche Glanzstücke an Zynismus, die mir zu der Frage Anlaß gaben, was dieser Mann in einem therapeutischen Beruf wollte. „Sie glauben doch nicht wirklich", stellte er eines Tages die Behauptung auf, „daß Patienten Ihnen die Wahrheit sagen, daß sie all die Gedanken sagen, die ihnen in den

Sinn kommen?" Vielleicht nicht, oder nicht immer, aber das macht doch nichts aus, dachte ich. Es gab doch immer noch genug Informationen, mit denen man arbeiten konnte. Freundlichkeit oder Freundschaft waren nach Dr. Nunberg niemals primär ursprüngliche Reaktionen. „Altruismus" insistierte er, „ist immer eine Reaktionsbildung auf feindselige Impulse. Es gibt keine primäre Uneigennützigkeit." Diese Einstellung war in psychoanalytischen Kreisen nicht ungewöhnlich und stand im Gegensatz zu meiner Auffassung vom Menschen und den Werten, nach denen ich versuchte zu leben. Nunberg muß gedacht haben, daß es heuchlerisch sei, auf andere Rücksicht zu nehmen – er könne also genausogut die unfreundliche, feindselige Person sein, die er wirklich war und auf diesem Wege seine Unfreundlichkeit rechtfertigen. Sein Ungeist begann in mir zu arbeiten. Darüber hinaus lernte ich nicht viel, da unsere Standpunkte und Werte über das Leben und über den Menschen meist miteinander im Streit lagen. Es war innerhalb des ersten Monats unserer gemeinsamen Arbeit, als er den Versuch machte, in mein privates Gefühlsleben einzudringen und mir unterstellte, daß meine analytische Arbeit meine persönlichen Konflikte widerspiegele. Ich entschied mich für einen Wechsel. Der beschleunigende Vorfall ereignete sich sehr früh in meiner Arbeit mit Dr. Nunberg und sehr früh in der Behandlung meiner Patientin – zu früh, um die Art der Interpretation geben zu können, die ich seiner Meinung nach hätte machen sollen – und sicherlich zu früh für ihn, um sich irgendein abschließendes Bild von mir gemacht haben zu können.

Ich berichtete über einige Sitzungen mit meiner Patientin, die in Dr. Nunberg den Eindruck erweckt haben mußten, daß sie homosexuelle Impulse bei der Patientin enthüllen. „Und warum übersahen gerade Sie die Homosexualität?" fragte er mit versteckter Andeutung. Im Klartext: mein Verwickeltsein in meine eigenen unbewußten homosexuellen Impulse stünden der klaren Wahrnehmung dieser Impulse bei der Patientin im Wege oder würden sie sogar noch kräftig anheizen. Ich werde niemals wissen, ob das Material meiner Patientin tatsächlich homosexuelle Impulse aufzeigte oder nicht. In einer psychoanalytischen Deutung kann niemals diese objektive Gewißheit sein, die Dr. Nunberg in Anspruch nahm, und die er in seinen Schlußfolgerungen als gerechtfertigt ansah in Bezug auf das, was er als meine eigene Unzulänglichkeit betrachtete. Er wußte eigentlich gar nichts über meinen Hintergrund oder über mein Gefühlsleben. Seine Anspielung basierte lediglich auf der Annahme, daß ich die tiefere Bedeutung einiger Gedanken, Gefühle und des Verhaltens meiner Patientin, über das ich berichtet hatte, übersehen hätte. In seinen Augen konnte dieses von ihm behauptete Übersehen nur daher rühren, daß bei mir ähnliche eigene Impulse unterdrückt worden seien.

Ich war mit meinen sexuellen Wünschen in all ihren Variationen ziemlich vertraut. Sie waren der Gegenstand vieler Analysestunden gewesen. Trotzdem, diese frühe Folgerung, daß sie störend in meine analytische Arbeit eingreifen sollten, stellte eine Bedrohung für eine junge Studentin wie mich dar und machte mich erneut irgendwie unsicher, wessen Realitätswahrnehmung nun richtig sei.

Ich sprach mit Anna Freud über meine Vorbehalte Dr. Nunberg gegenüber. Wir beide waren uns darin einig, daß es besser sei, zu einem anderen Kontrollanalytiker zu gehen. Ich begann mit Greta Bibring zu arbeiten. Sie war zu jener Zeit eine der jüngeren Wiener Analytikerinnen. Sie wurde erst bekannter, nachdem sie in den frühen vierziger Jahren in die Vereinigten Staaten ging und sich der Bostoner Psychoanalytischen Gesellschaft anschloß. Mit ihr fuhr ich wesentlich besser. Aber was war mit Dr. Nunbergs Englischunterricht? Offensichtlich stand seine Meinung über mich als Englischlehrerin im Gegensatz zu meiner eigenen Meinung von ihm als Lehrer in Psychoanalyse. Er wagte weiteren Unterricht bei mir. Nachdem wir unsere anfängliche Verabredung noch einmal überdacht und besprochen hatten, drückte Dr. Nunberg den Wunsch aus, bei mir weiterhin Englischunterricht zu nehmen und mich wie jeden anderen Lehrer dafür zu bezahlen.

Die Atmosphäre im Englischunterricht war von der Formalität der psychoanalytischen Kontrollsitzungen völlig verschieden. Sie wurde nicht in Dr. Nunbergs Praxis abgehalten, sondern in einer Art Familienraum, der an das Kinderzimmer angrenzte, in dem Nunbergs kleine Tochter Mena wohnte. Hier machte ich auch die Bekanntschaft von Dr. Nunbergs Frau, Margareta, und bei einer anderen Gelegenheit von Frau Professor Freud, Martha, die gerade zu einem kurzen Besuch gekommen war. Der Nunbergsche Haushalt wurde durch diesen Besuch geehrt, weil Margareta Nunberg Dr. Oskar Rees Tochter war, eines nahen Freundes Sigmund Freuds. Ich erinnere mich, daß die Unterhaltung sich bei dieser Gelegenheit ausführlich mit Kinderkrankheiten befaßte. Martha Freud erinnerte sich an die Sorgen, die ihr die Kinder, besonders die Töchter, mit ihren häufigen Atemwegserkrankungen gemacht hatten.

Eines Tages hatte ich Gelegenheit, Frau Nunberg, mit der ich mich ein bißchen angefreundet hatte, nach einer bestimmten Information zu fragen, deren Inhalt mir entfallen ist. Sie selbst konnte mir keine Auskunft geben, wollte aber Berta Bornstein anrufen, die sie mir vielleicht geben könne. Berta Bornstein, die später eine bekannte Kinderanalytikerin wurde, war bereits damals eine anerkannte Analytikerin der jüngeren Generation. Sie war als unverheiratete Frau, die aus der Tschechoslowakei nach Wien gekommen war, jedoch ohne sozialen Status und verfügte nicht über die angesehenen Verbindungen wie Margarete Nunberg, die ihr Achtung bei den älteren Kollegen eingetragen hätten. Ich werde nie den Ausdruck von Vergnügen auf Frau Nunbergs Gesicht vergessen, als sie die Nummer von Berta Bornstein wählte und, deren Überraschung vorwegnehmend, sagte: „Sie wird denken, daß ich sie einlade." Dieser soziale Sadismus paßte zu dem psychoanalytischen Sadismus, dem ich in Dr. Nunbergs Praxis begegnet war.

In unseren Englischstunden war ich offensichtlich in der Position der Erzieherin aus Freuds berühmten „Fällen." Der Hausherr hielt es nicht für ungebührlich, mit mir zu flirten. Als wir Seite an Seite am Tisch zusammensaßen, Dr. Nunberg die Konjugationen der unregelmäßigen Verben niederschrieb, bewegte sich das Ende seines Bleistiftes langsam und deutlich auf meine rechte Brust zu. Der Stift erreichte sein Ziel. Als Dr. Nunberg sie sacht berührte, sah er mich mit einem albernen, lasziven Grinsen an. Ich war bestimmt nicht prüde, aber es gab nichts in diesem kindischen Verhalten eines säuerlichen Mannes, das mich in irgendeiner Weise in inneren Aufruhr versetzt hätte. Ich gab ihm in bestimmter Weise zu verstehen, daß wir mit dem Unterricht fortfahren sollten.

So lernte ich, daß es bei Psychoanalytikern unterschiedliche Verhaltensmaßstäbe gab – einen für Patienten, die während der Analyse die Abstinenz durchleiden mußten, einen anderen für Ausbildungskandidaten, die keine verirrten Wünsche haben durften und einen dritten für ältere Analytiker. Sie durften ohne Gewissensbisse adoleszent sein, besonders wenn sie nicht in der Rolle des Analytikers waren.

Dr. Nunberg lernte so viel Englisch, daß er in Philadelphia, wo meine Eltern weiterhin lebten, seine amerikanische Karriere aufbauen konnte. In meinem „Unterricht" erzählte Dr. Nunberg von seinen Plänen auszuwandern. Da ich das Fremdheitsgefühl als Ausländer selbst kannte und auch wußte, wie einfühlsam meine Eltern mit neu angekommenen Einwandern sein würden, da sie ja diese Erfahrung ebenfalls hinter sich hatten, bot ich ihm an, ihm die Adresse meiner Eltern zu geben und ihnen von der Ankunft der Nunbergs zu schreiben. Das Angebot wurde angenommen. In der Folge hörte ich von meinen Eltern, daß die Nunbergs sich mit ihnen in Verbindung gesetzt hätten.

Mein Vater war ein ungewöhnlich freundlicher und gebender Mann. Meine Mutter war eine ethisch eingestellte Frau, die sich verpflichtet fühlte, in gewisser Weise die Freundlichkeit zurückzuzahlen, die sie als Neuankömmling in einer kleinen Stadt im Mittelwesten durch die dortigen Menschen erfahren hatte. Sie hatte die nachbarschaftliche Hilfe der Amerikaner nie vergessen und schätzte das Land wegen seiner Großzügigkeit. Meine Eltern nahmen die Nunbergs unter ihre Fittiche, da es zu jener Zeit keine anderen Analytiker in Philadelphia gab und die Nunbergs wirklich isoliert waren. Sie halfen ihnen, Unterkunft und medizinische Hilfe zu finden, führten sie bei ihren Freunden ein und empfingen sie oft in ihrem Hause. Ob Dr. Nunberg diesen „Altruismus" als eine neurotische Reaktionsbildung gegen feindselige Impulse betrachtete, wie er ihn mir während der psychoanalytischen Arbeit definiert hatte, weiß ich nicht. Was ich weiß, ist, daß er ihn während der vielen Jahre ihres Aufenthaltes in Philadelphia erfreut angenommen hat. Bei einer Gelegenheit bot Dr. Nunberg als Geste der Anerkennung an, meine Mutter unentgeltlich zu analysieren. Meine Mutter wies dieses Angebot vorhersehend und weise zurück. Als die Nunbergs Philadelphia verließen, um in New York zu leben, schenkte Frau Nunberg meiner Mutter eine feingearbeitete, wertvolle Brosche.

Es gab sicherlich in dem Charakter der Nunbergs einen Sinn für Verbindlichkeit, aber wenig Einfühlsamkeit und Wärme. Sie machten keinen Versuch, den Kontakt mit meinen Eltern aufrechtzuerhalten, und als mein Vater einige Jahre später starb, gab es nur ein kurzes Telefongespräch, in dem meiner Mutter das Beileid ausgesprochen wurde. Obwohl ich in New York ganz in der Nähe lebte, drückten sie ihre Anteilnahme mir persönlich gegenüber nicht aus.

Viele Jahre sind seit diesen Ereignissen vergangen. Manchmal tauchte Hermann Nunbergs Name in Zusammenhang mit seinen Arbeiten während meines Studentenunterrichtes auf. Dann dachte ich an meine Erfahrungen mit ihm und an sein Unvermögen, den Anforderungen einer idealen therapeutischen Persönlichkeit zu genügen.

In den vielen Jahren meiner Arbeit mit Menschen wurde es mir immer klarer, daß die Effektivität einer Behandlung in jedem therapeutischen Prozeß, selbst in mehr sachbezogenen Dienstleistungen wie der Tätigkeit eines Zahnarztes, niemals ausschließlich vom technischen Können des Arztes abhängt. Therapie ist sehr viel mehr als die Anwendung einer Technik an einem lebenden Objekt. Sie schließt die Beziehung zweier Menschen zueinander ein, die gekennzeichnet ist durch grundsätzliches Vertrauen. Diese Beziehung ist sehr subjektiv. Diese Subjektivität ist nicht nur wirksam in dem subjektiven Aspekt der Theoriebildung oder im subjektiven kreativen Ausdruck, sondern auch in der Art und Weise der Interaktionen zwischen zwei Menschen. So gesehen lädt die psychotherapeutische Beziehung dem Therapeuten sogar mehr Verantwortung für die Schaffung

Otto Rank

einer vertrauensvollen Beziehung auf als andere mehr „objektive" therapeutische Maßnahmen. Die meisten Menschen, die psychologische Hilfe
suchen, versuchen Zerstörungen oder Unzulänglichkeiten in ihrer Persön-
lichkeitsstruktur, die durch gefühlsmäßiges Versagen in ihrer Familie verursacht wurden, zu heilen. Sie brauchen die Chance einer neuen, guten,
positiven und vertrauensvollen Beziehung mit einer anderen Person, die

ihren Glauben an die Möglichkeit wieder aufrichtet, daß es warme, gebende, menschliche Beziehung gibt. Heinz Kohut und vor ihm Otto Rank haben gezeigt, daß das Vorbild für diese therapeutische Haltung eine gute Mutter-Kind-Beziehung ist. Eine autoritäre Annäherung oder die rigide Anwendung einer Technik oder eines Gedankensystems widersprechen diesem Vorbild. Anstatt sich an die Bedürftigkeit des Patienten zu wenden, drücken sie nur das Bedürfnis des Therapeuten aus, seine Theorie zu beweisen oder sein Machtstreben zu befriedigen.

Unglücklicherweise stand Dr. Nunberg nicht allein mit seinem Verhaftetsein an die Forderungen der klassischen Freudsche Theorie, selbst wenn das Material, das der Patient bot, dem Gedankensystem ins Gesicht schlug. Er war auch nicht abgeneigt, sich mit den hierarchischen, snobistischen Praktiken der Wiener Gesellschaft anzufreunden, die die Psychoanalytiker so begierig übernommen und so häufig über ihre humanistischen Werte gestellt hatten.

Ganz anders ging es in dem Haus und der Praxis von Frau Bibring zu. Es war sowohl ein „Heim" als auch eine Praxis. Sobald man an ihrer Tür klingelte, die in ihre große, ausgedehnte Wohnung führte, wurde man von einem freundlichen Mädchen eingelassen und hörte aus der Entfernung die Stimmen kleinerer Kinder. Ich kannte Greta Bibring von einigen beruflichen Treffen im Institut her. Sie war eine kleine, interessiert blickende Frau mit dunklen Augen und kohlschwarzem Haar. Ihre Lebendigkeit, geistige Beweglichkeit und ihr Sinn für Humor traten sofort in Erscheinung, wenn sie an einer Diskussion teilnahm.

Sie war freundlich und liebenswürdig zu mir und erschwerte mir meine Anfängerversuche in der psychoanalytischen Arbeit nicht unnötig. Sie war im Gegenteil sehr ermutigend, brachte Beispiele aus ihrer eigenen Arbeit, die veranschaulichten, wie langsam und entmutigend die Arbeit mit Patienten sein konnte und wie schwierig es war, Veränderungen zu erreichen. Ich erinnere mich an die Geschichte eines jungen Mannes, den sie behandelte. Er hatte sich in dem erwarteten Übertragungssinn in sie verliebt. Über Monate hin versuchte sie, ihm den symbolischen Gehalt dieses Gefühls zu erklären und ihn zu überzeugen, daß diese Gefühle nicht ihr als Person galten, sondern der Person, für die sie als Analytikerin stand, der Mutter oder vielleicht der Schwester. Aber alles hatte keinen Erfolg. Schließlich sagte sie dem Patienten aus Verzweiflung, sie würde ihre Ehe aufgeben und einer dauerhaften Beziehung mit ihm zustimmen. Er reagierte mit außerordentlicher Panik, und das „Verliebtheitsgefühl" verschwand. Für Greta Bibring war dies der Beweis für die inzestuöse Natur seiner Gefühle, die theoriegemäß ursprünglich aus Erfahrungen in der Familie stammten, nachfolgend unterdrückt worden waren und dann in der Behandlung als „Verliebtheit" in die Analytikerin wieder zum Vorschein gekommen waren.

Zu der Zeit, als Dr. Bibring mir diese Geschichte erzählte, war die Gütigkeit ihrer Interpretation für mich nicht annähernd so wichtig wie die Tatsache, daß sie ein Stück ihrer eigenen Erfahrung mit mir geteilt hatte. Sie teilte auch andere Dinge mit mir: Geschichten über ihre eigenen Kinder oder über die Sommerferien. Als dann mein Sohn Michael geboren wurde, gab sie mir Ratschläge über den Umgang mit kleinen Kindern. Meine Beziehung zu Greta Bibring hatte eine warme, menschliche Tönung, die in krassem Gegensatz zu der autokratischen Behandlung stand, die ich bei Hermann Nunberg erfahren hatte.

7. Einladung zur Regression

Die Couch stellt meist eine Einladung zur Regression dar. Regression ist ein Kernstück des psychoanalytischen Spiels, sowohl in der Meinung des Patienten als auch der des Therapeuten. Wie ich bereits bemerkt habe, enthält das Liegen auf der Couch in Gegenwart einer unsichtbaren Autoritätsfigur (denn der Analytiker sitzt hinter der Couch) einen verführerischen Anreiz zu Passivität und Abhängigkeit. Fraglos wiederholt diese Situation ähnliche aus der frühen Kindheit, wie etwa, wenn man nach einer enttäuschenden oder schmerzlichen Erfahrung während des Tages zu Bett gebracht wurde mit dem Versprechen, daß es morgen wieder gut oder sogar besser sein werde. Man liegt mit dieser Erwartung auf einen „besseren Tag" im Leben auf der Couch, in der Hoffnung, daß der mächtige Analytiker es wieder „gut machen kann". Natürlich hat nicht jeder eine solch starke Erwartung, aber der Wunsch, jemand möge einen umsorgen, nach einem schauen, einen beschützen, frei von Konflikten, ist in einem gewissen Ausmaß bei allen Menschen vorhanden. Die Hoffnung, daß dies wenigstens in der psychoanalytischen Situation teilweise realisiert werden kann, ist daher natürlich. Man ist willig, sogar eifrig, in Erwartung einer solchen Erfüllung zu regredieren.

Der Analytiker ist aus verschiedenen Gründen auf die Regression des Patienten festgelegt – aus theoretischen und technischen Gründen, die das klinische Vorgehen rechtfertigen. Da das Ziel der Behandlung die Aufdeckung des Unbewußten ist, in dem Sinne, es dem Ich bewußt und annehmbar zu machen, muß die analytische Situation diesen Prozeß erleichtern. Die Regression, zu der die Couch einlädt, ist genau deswegen wünschenswert, weil sie die Phantasietätigkeit anregt und bei dem Patienten die Kindheitswünsche wieder aufleben läßt, wie ich es gerade beschrieben habe. Es wird so ein künstlicher Rahmen geschaffen, der Kindlichkeit induziert. Die Wünsche, die in dieser Situation entstehen, werden auf die Person des Analytikers gerichtet und oft auf sie projiziert. Dann wird dem Patienten aufgezeigt, daß er in diesen Kindheitswünschen und Phantasien gefangen, ja sogar an sie fixiert ist. Solche Interpretationen enthalten oft Andeutungen von Tadel, denn es ist tatsächlich ungesund und neurotisch, unerwachsen zu sein. Indem das Erwachsensein als Ziel herausgestellt wird, womit man eigentlich keine Schwierigkeiten gehabt hätte, kommt es zu einer unbemerkten, manchmal sogar ausgedrückten Verurteilung von allem, was Kindlichkeit ist. Ich erfuhr dies selbst in meiner Angst vor Hunden.

Der große deutsche Schäferhund, der Teil des Empfangskomitees war, das mich anläßlich meines ersten Besuches im Freudschen Haushalt begrüßte, teilte üblicherweise den Analyseraum mit dem Patienten. Tatsächlich ist es schwer zu sagen, ob er seine Herrin Anna mit dem Patienten teilte oder ob er die Patienten mit Anna teilte. Mit ihrer ausdrücklichen Erlaubnis spielte er eine wichtige Rolle in vielen Analysen, besonders bei Kindern, mit denen Anna arbeitete. In meiner Analyse spielte er sicherlich eine Hauptrolle – zunächst durch seine Abwesenheit. Mit Rücksicht auf meine Phobie verbannte Anna Freud Wolf während meiner Sitzungen aus dem Raum. Sie tat dies jedoch nicht ohne Ressentiment, denn manchmal beschwerte sich Wolf bellend und winselnd im Korridor außerhalb ihres Raumes. Eines Tages sagte sie aus tiefer Identifikation mit seinem Kummer zu mir: „Wirklich, Sie behandeln ihn, als ob er ein Tiger wäre."

Aber es war nicht die Herabsetzung meiner Ängste und meiner selbst, die mich anspornte, meine Phobie zu überwinden. Sie war eine lebenslange Plage für mich gewesen, die in meiner frühesten Kindheit begann. Tatsächlich kann ich mich an keine Zeit während meiner Kindheit erinnern, in der ich frei von dieser Angst war – mit einer Ausnahme, die ich gleich beschreiben werde. Ich kann auch nicht sagen, wann sie begann. In jenen Tagen, als ich Kind war, wurden Hunde in den Straßen der Stadt nicht an der Leine gehalten. Wenn ich beim Spazierengehen mit meiner Mutter einen Hund nur einige Blocks weiter erblickte, griff ich nach ihrem Kleid und klammerte mich fest. Sie schätzte das nicht und beschwichtigte oder beruhigte mich niemals. Ich erinnere mich an eine Situation, in der sie sich mir zuwandte und sagte: „Du denkst niemals, daß der Hund auch mich beißen könnte."

Natürlich wollte ich als junge Erwachsene frei von der Last dieses Kindheitserbes sein. Während der Zeit meiner Analyse war ich stark motiviert, diese Angst zu überwinden. Der Zufall wollte es, daß einige amerikanische Freunde in Wien zu der Zeit einen schönen freundlichen weiblichen Collie besaßen. Dieses junge Paar hatte auch ein Baby. Ich erinnere mich, bemerkt zu haben, daß in den Interaktionen der vier Familienmitglieder keine Angst herrschte. Tinkerbell, wie der Hund genannt wurde, war wirklich ein Familienmitglied. Ich begann, mich mit der Colliehündin anzufreunden. Ich streichelte sie, gestattete ihr, mich zu lecken und an mir hochzuspringen. Wir wanderten alle gern im Wiener Wald. Da Tinkerbell das Symbol für meine Befreiung geworden zu sein schien, besetzte ich sie mit Gefühlen. Eine kleine Liebesaffäre begann.

Natürlich berichtete ich von diesen glücklichen Ereignissen in meiner Analyse. Anna Freud deutete meine Phobie. Wieder beschrieb sie Wunsch und Furcht als zwei Seiten derselben Medaille. In ihren Augen bekräftigte meine beginnende Beziehung zu Tinkerbell ihre Sicht, daß meine Furcht das Nebenprodukt und die Abwehr eines verbotenen Wunsches sei. Im Freudianischen Denken war der eigentlich verbotene Wunsch der sexuelle, der dem gegengeschlechtlichen Elternteil galt. Man fürchtete die strafende Reaktion des gleichgeschlechtlichen Elternteils oder die Zensur des eigenen Bewußtseins. Das würde heißen, daß ich den deutschen Schäferhund fürchtete, weil er durch den Prozeß der Verschiebung und Ersetzung zum Symbol für meinen Vater geworden war, für den ich erotische Gefühle gehabt haben mußte. Mit anderen Worten: Tatsächlich fürchtete ich Wolf nicht, sondern in Wirklichkeit liebte ich ihn. Das war der Inhalt von Anna Freuds Interpretationen. Zur Zeit meiner Analyse glaubte ich diese Deutung halb, so etwa wie jüngere Kinder noch den Glauben an den Nikolaus haben, gerade zu einem Zeitpunkt, wenn sie bereits an seiner Existenz zu zweifeln beginnen. Ich brauchte diesen Glauben. Im Rückblick denke ich, daß die Tatsache, daß es mir möglich war zu glauben, wichtiger für das Überwinden meiner Phobie war als die tatsächliche Richtigkeit der Deutung. Ich entschied, daß es an der Zeit sei, Wolf in das Behandlungszimmer zu lassen.

Ich erinnere mich an diesen Tag deutlich. Ich lag auf der Couch und wiederholte in meinen Gedanken einen Satz, den Satz der analytischen Intervention: „Es gibt nichts zu befürchten. In Wirklichkeit liebe ich diesen Hund." Anna Freud öffnete die Tür, Wolf rannte eilfertig herein und steuerte direkt auf die Couch zu: „Wer ist dieses Wesen, das mich für so lange Monate von dem mir angestammten Platz verbannt hat?", mag er wohl gedacht haben, denn sein Verhalten war voller Hundeneugier. Die Vorderpfoten auf dem Couchrand gestemmt, beschnüffelte er mich sorgfältig von Kopf bis Fuß, während ich unbeweglich und steif dalag und versuchte, meine Angst unter Kontrolle zu halten. Ich wartete nur darauf, daß das Martyrium zu Ende sei.

Von diesem Tag an war Wolf im Analysezimmer. Wir tolerierten uns gegenseitig, aber ich konnte mich in seiner Anwesenheit nie vollständig entspannen oder ihm ganz vertrauen. Gelegentlich streichelte ich ihn leicht und zögernd, aber da war gewiß kein Gefühl der Zuneigung, so wie ich es für Tinkerbell fühlte. Schließlich mögen sich nicht alle Menschen in gleicher

Weise. Warum sollte es mit Hunden anders sein?
Was war es dann, was meine Angst verringerte? Zur Zeit meiner Analyse
hat mich diese Frage nicht sehr beschäftigt. Ich wußte, daß ich die damalige Deutung nicht ganz glaubte, war aber dankbar für jede Erklärung,
weil sie der mütterlichen Verachtung, meine Angst sei eine inakzeptable
Schwäche, den Boden entzog. Und so benutzte ich die Deutung wie ein
magisches Amulett, das meinen Willen unterstützte, die Furcht zu überwinden.

Die Magie war jedoch nicht ganz rein. Sie war gelegentlich umwölkt durch
Anna Freuds Subjektivität, die mich manchmal an die Haltung meiner
Mutter mir gegenüber erinnerte. Eines Tages gab ich meinem Wunsch
Ausdruck, selbst einen Hund zu besitzen. Diesen Wunsch konnte ich, wie
ich wußte, in unserer gegenwärtigen Lebenssituation nicht realisieren. Er
stellte aber eine solche glückliche Veränderung in meinen Gefühlen dar, daß
ich ihn beachtenswert fand. Anna Freuds Antwort war merkwürdig: „Sie
wollen doch nicht wirklich einen großen Hund, nicht wahr?", fragte sie
mich. Ich hatte noch nicht über die Größe oder die Art des Hund nachgedacht. Wenn ich ihre Frage damals wirklich überdacht hätte, hätte ich wohl
einen mittelgroßen Hund gewählt, wie ich es tatsächlich viele Jahre später tat.
Was mich damals verletzte, war die irgendwie kritische Unterstellung, daß
ich meine Phobie noch nicht ganz überwunden hätte. Um die Effizienz ihrer
Deutung zu bestätigen und zu beweisen, daß ich die Gedanken an die verbotene Liebe zu meinem Vater akzeptiert hatte, hätte ich den Wunsch nach
einem Mammuthund gehabt haben müssen – ein Hund, der symbolisch mit
dem mächtigen Vaterbild korrespondiert hätte, wie es in der Phantasie des
Kindes bestanden haben mochte.

Anna Freuds Skepsis bezüglich der Auflösung meiner Phobie und der Ur-
sprünglichkeit meines Hundewunsches erinnerte mich an ein frühes Erlebnis
mit meiner Mutter. Ich war etwa acht oder neun Jahre alt, und wir verbrachten einen Teil des Sommers in einem Camp für Jugendliche. In diesem Camp
gab es kleine Farmhäuschen, die an Erwachsene vermietet waren – einige an
Familien. Es gab jedoch keine Kinder in meinem Alter. Es war ein langer, ver-
regneter und einsamer Sommer. Mein Spielgefährte war ein kleiner, brauner,
kurzhaariger Hund, zwei- oder drei Monate alt, den ich irgendwo auf dem
Gelände entdeckt hatte. Offensichtlich gehörte er zur Einrichtung, denn niemand forderte ihn ein oder verwehrte es mir, ihn tagsüber in unser Häuschen
zu bringen. Ich tollte mit ihm herum, schmuste mit ihm, erprobte meinen

Mut, indem ich mich bei unseren Balgereien von ihm zwicken ließ. Meine Mutter saß passiv daneben und nahm an meinem Spiel nicht teil; vor allen Dingen nahm sie keinen Anteil an meinem Vergnügen, das ich mit diesem kleinen Geschöpf hatte, das mir half, meine Hundeangst zu überwinden. Meine Zuneigung zu ihm wurde immer stärker. Als sich der Zeitpunkt unserer Abreise näherte, fragte ich meine Mutter, ob ich ihn behalten dürfte. Sie verneinte. Obwohl ich ihre genauen Worte nicht mehr erinnere, blieb mir die allgemeine Atmosphäre dieser Ablehnung in Erinnerung. Es war das erste Mal, daß ich den Verdacht hatte, daß nicht ich, sondern sie sich vor Hunden fürchtete, vielleicht nicht gerade fürchtete, aber zumindest sich mit ihnen unwohl fühlte. Ihre Ablehnung enthielt den Hinweis, daß ich mich mit dem Hund noch nicht so wohl fühlte, daß ich die Sorge für ihn auf mich nehmen könne – die Last würde auf sie fallen. Es brächte überhaupt zu viele Probleme mit sich.

Wenn ich jetzt Jahre später auf diese kleine Kindheitsepisode zurückblicke und mir die Atmosphäre in meiner Analyse vergegenwärtige, die diese Erinnerung weckte, stoße ich auf eine wichtige Parallele: auf das Versäumnis meiner Mutter und später von Anna Freud, an meiner Bemühung, die Angst zu überwinden, Anteil zu nehmen und sich mit meinem Erwachsenwerden zu identifizieren. Anna Freud war in der psychoanalytischen Situation nicht die teilnehmende Beobachterin, sondern stand in ihrem Versuch, das „psychologische" Material einzuschätzen, um die unbewußten Impulse „zu fassen zu bekommen", außerhalb der Situation. In ihrer Deutung fing sie einen Fisch, den sie vorher unbewußt ins Wasser geworfen hatte. Was meine Mutter anbelangte, entstammte ihr Unvermögen, sich mit meinen Wünschen nach Wachstum und Reife zu identifizieren, ihrer eigenen Trennungsangst: Sie wollte mich, ihr einziges Kind, fest und in kindlicher Abhängigkeit gebunden halten. Ich sollte eine Ausdehnung ihrer selbst sein. Aber da gab es ein großes Problem für sie – und für mich. Unbewußt war sie dazu verurteilt, all meine Fehler und Schwächen so wahrzunehmen, als seien es ihre eigenen – Projektionen jener Aspekte ihrer Persönlichkeit, die sie bei sich ablehnte. Sie hatte, Ärger ausgenommen, ihre Gefühle stark unterdrückt und nahm nicht wahr, daß meine Ängste Widerspiegelungen ihrer eigenen waren. Sie haßte und pflegte zugleich solche Widerspiegelungen, da sie uns beide, Mutter und Kind, zusammenbanden. Meine Mutter und Anna Freud hatten ein starkes Interesse daran, meinem eigenständigen Wachstum entgegenzuwirken – jede in ihrer eigenen Weise und aus unterschiedlichen

Gründen: Anna Freud mußte die Gültigkeit der väterlichen Theorie bezüglich der Struktur einer phobischen Reaktion in ihren stereotypen Deutungen beweisen, meine Mutter fürchtete sich vor meiner Ablösung. Ich begann zu empfinden, daß keine von beiden verstanden hatte, wer ich wirklich war.

Anna Freud

8. Unorthodoxe Interventionen

In den Analysestunden mit Anna Freud gab es nicht nur Kritik und Mißverstehen. Es gab Zeiten, in denen sie ungewöhnlich freundlich, hilfreich und verständnisvoll war. So war sie ausgesprochen feinfühlig in Bezug auf unsere finanziellen Schwierigkeiten. Sie half mir, als Englischlehrerin Arbeit zu finden. Eine Zeit lang hatte ich eine Stelle als Ersatzlehrerin in einer kleinen Schule in einem Wiener Vorort inne. Diese war, wie ich glaube, von ihr und einer engen Freundin und späteren Kollegin, Dorothy Burlingham, gegründet worden. August Aichhorn, der als Analytiker für seine hervorragende Arbeit mit schwierigen Jugendlichen bekannt war, leitete während meiner Zeit dort die Schule, unterrichtete aber nicht selbst.

Ich hatte mich mit der jungen Frau verabredet, die ich vertreten sollte (bis ihr Baby geboren war und sie in der Lage sein würde, die Arbeit an der Schule wieder aufzunehmen). Die Schule lag in dem Vorort Hietzing im hinteren Teil eines Privathauses, das Eva Rosenfeld gehörte, einer Freundin der Freud-Familie. Es war ein kleines, ansprechendes Holzgebäude, das Ähnlichkeiten mit den einklassigen Schulhäusern des kolonialen New England aufwies. Es war ein zweistöckiges Gebäude mit vier kleinen Räumen, zwei auf jedem Stockwerk. Ich trat ein, schaute mich um und fragte jemanden, der mir über den Weg lief, nach der Englischlehrerin. Eine gutaussehende, schwangere junge Frau trat aus einem kleinen Büro. Als sie näher kam, blieb mir der Mund vor Staunen offen stehen: „Sally Serçon", rief ich aus. Sie war meine Sportlehrerin gewesen, als ich die Universität von Pennsylvania besuchte. „Nicht länger Sally", antwortete sie „und nicht länger Serçon." „Ich heiße nun Joan Homburger. Ich möchte Ihnen meinen Wikinger-Ehemann vorstellen." Und sie stellte mir jenen Mann vor, der Erik Erikson wurde, aber einige Zeit unter dem Namen Erik Homburger Erikson bekannt wurde.

Aus den Hunderten von Studenten der Gymnastikklassen an der Universität von Pennsylvania würde mich Joan nicht wiedererkannt haben, wäre da nicht die Tatsache gewesen wäre, daß sie mit mir und einigen anderen Studenten eine kleine Tanzaufführung eingeübt hatte im Zusammenhang mit der Eröffnung der Philadelphia Sesquicentennial Fair. In den Jahren danach war sie nach Europa gekommen, um Tanz zu studieren, zunächst bei Mary

Wigman in Deutschland und dann an der Hellerau-Schule in Wien. Ein glücklicher Zufall, die Psychoanalyse und Erik Homburger, der, wie sich herausstellte, ebenfalls von Anna Freud analysiert worden war, brachte uns in einer kleinen Schule wieder zusammen.

Ich hatte Freude daran, die Kinder zu unterrichten, deren Englischkenntnisse ziemlich begrenzt waren. Sie konnten manchmal sehr vergnügt werden angesichts einer Lehrerin, die sich selbst oft nur in stockendem Deutsch verständlich machen konnte. Jedoch stellte uns das auf gleichen Fuß, was für die Stimmung in der Klasse sehr gut war. Freuds Enkel war dar-

Erik Homburger Erikson

unter, ebenso die Kinder von Dorothy Burlingham. Ich denke an sie alle mit Zuneigung. Es war eine glückliche Zeit, noch gerade bevor der tragische Höhepunkt des Dritten Reiches viele Lebensläufe änderte und erschütterte.

Auch nach Joans Rückkehr auf ihren Lehrerposten hatte ich die Gelegenheit, Michael Burlingham, das jüngste der Burlingham-Kinder, weiter zu unterrichten. Er war als Kind aus den Vereinigten Staaten nach Wien gekommen. Im Alter von sechs oder sieben Jahren sprach er eine entzückende und amüsante Mischung aus Deutsch und Englisch. Ich war sehr angetan von Michael. Unmerklich begann er eine Rolle in meiner Analyse zu spielen, mein Kinderwunsch wurde geweckt, und ich benannte meinen ersten Sohn nach ihm. Der entzückende kleine Junge unternahm mit mir lange Spaziergänge im Schönbrunner Park und sprach die ganze Zeit Englisch.

Zur Weihnachtszeit war es Anna Freuds und Dorothy Burlinghams Gewohnheit, kleine Geschenkpäckchen für einige arme Kinder in Wien vorzubereiten. Diejenigen von uns, die mit der Schule in Beziehung standen, wurden eingeladen, beim Einpacken dieser Geschenke in Dorothy Burlinghams Wohnung zu helfen. Ich war auch dabei. Ich nahm wahr, daß diese Familiarität eine höchst unorthodoxe Situation war. Es machte mich irgendwie selbstbewußt. Aber im Rückblick muß ich es Anna Freud zurechnen, die so natürlich und entspannt, zwischenzeitlich sogar jovial und humorvoll war. Es gelang ihr, eine Atmosphäre zu schaffen, in der die Freude im Mittelpunkt stand, anderen, weniger Glücklichen, helfen zu können. Anna Freuds enge Verbindung zur Burlingham-Familie erwies sich für mich in unerwarteter Weise als eine Hilfe. Es ging um Nahrungsmittel. Seit wir in Wien angekommen waren, hatte ich Schwierigkeiten mit der Wiener Küche. Hier wurde mit zu viel Butter, Fetten und Zucker gekocht, was meinem Darm äußerst unbekömmlich war. Wegen der damaligen Wohnungsknappheit in Wien und wegen unseres begrenzten Haushaltsbudgets konnten wir lange Zeit keine Wohnung mit Küchenbenutzung mieten. So waren wir gezwungen, auswärts in billigen Lokalen zu essen, was für meine Gesundheit schlimme Folgen hatte. Als ich in einer Analysesitzung über eine Magenverstimmung klagte, sagte Anna Freud, sie wisse von ihrer amerikanischen Freundin, wie schwierig es für manche Amerikaner sei, sich an die Wiener Küche zu gewöhnen. Sie empfahl mir ein Reformhaus, in dem wir Lebensmittel kaufen konnten, die wir gewohnt waren. Als wir später eine eigene Küche hatten, war dieser Rat eine beträchtliche Hilfe.

Ich bin immer dankbar gewesen, daß Anna Freud meine Symptome nicht für psychosomatisch hielt, sondern die Realität der körperlichen Gegebenheit anerkannte. Dies war selten in der psychoanalytischen Gemeinschaft, in der sowohl Analytiker als auch Patienten gleichermaßen dazu neigten, alle Körperbeschwerden emotionalen Konflikten zuzuordnen. Sicherlich gibt es bei fast allen Körperbeschwerden begleitende emotionale Faktoren. Sie sind aber nicht so häufig primär psychosomatisch determiniert, wie Personen mit psychoanalytischer Orientierung dachten. Anna Freud war fest in der Realität verankert. Eine physische Erkrankung war grundsätzlich und in erster Linie körperlich. Kinder waren arm wegen der sozialen Bedingungen und nicht, weil ihre Eltern arm sein wollten, wie Kurt Eissler mich belehren wollte. Es gab in Anna Freuds Charakter eine erfrischend praktische und pragmatische Seite.

Die Beziehung zum alltäglichen Leben erfuhr ich in unserer Interaktion als normal und natürlich und hielt dies für selbstverständlich. Viele Jahre später erzählte ich meinen Studenten in den Vereinigten Staaten von solchen Ereignissen in der Absicht, ihre Anstrengungen um eine steife professionelle Haltung im Gegenübersitzen aufzulockern. Sie waren überrascht und schockiert. Wie konnte Freuds Tochter so „unorthodox" sein? Sie vergaßen, daß selbst Freud oft auf die Bedürfnisse seiner Patienten in „verbotener"

Weise reagierte. Manchmal gab er ihnen etwas zu essen, manchmal Ratschläge in Bezug auf wichtige Lebensentscheidungen, manchmal half er ihnen finanziell oder eine Anstellung zu finden. Aber ihm als Gründungsvater konnten diese Überschreitungen vergeben werden – er wußte ja, was er tat.

Es ist wichtig zu wissen, was man tut. Es ist besser, als blindlings technische Regeln zu befolgen. Anna Freud wußte das genau. Als sie mir die Lehrerstelle an der Hietzinger Schule vermittelte, war ihre einzige Bedingung, ich solle in meinen Analysesitzungen aufrichtig alle Gedanken, Gefühle und Reaktionen, die ich über Menschen und Ereignisse an der Schule hätte, mitteilen. Da ich niemals ein Problem mit der Aufrichtigkeit, sondern eher mit der Diplomatie hatte, war den Zwecken der Analyse gut gedient.

Eines Tages war die Atmosphäre in der analytischen Sitzung eher durch Unterhaltung geprägt als durch freie Assoziationen. Wir kamen auf die Kinderanalyse zu sprechen. Anna Freud erzählte einiges über ihre Anfänge bei der Arbeit mit Kindern. Natürlich hatte es vor ihren eigenen Bemühungen keine psychoanalytische Therapie mit Kindern gegeben. Ihr erster Fall wurde ihr von der Ambulanz überwiesen. Es handelte sich um einen kleinen Jungen, etwa sieben Jahren alt, der an schweren nächtlichen Angstanfällen litt. Sie bat ihn, sich auf die Couch zu legen, setzte sich hinter ihn so wie in der Erwachsenenanalyse. Sie wies ihn an, ihr alles zu sagen, was ihm in den Sinn käme. Er schwieg, wie man sich leicht vorstellen kann. Tatsächlich vermutete Anna Freud, daß der einzige Grund für das Kind, überhaupt zu kommen, darin bestand, daß er die Milch und die Plätzchen mochte, die sie ihm zu jeder Sitzung anbot. Nach vielen Tagen ereignete sich ein Vorfall, der sie hoffen ließ, er könne das Eis brechen und ihm etwas Verständnis von dem vermitteln, was es bedeute, introspektive Prozesse mitzuteilen.

Man hörte außerhalb ihres Behandlungszimmers das laute Rascheln von Papier. Sicherlich mußte das Kind einige Phantasien haben, was dies bedeuten könne. Sie fragte es – ich bin ganz sicher – in der Hoffnung, daß es signifikantes psychoanalytisches Material mitteilen würde, das sich auf konflikthafte Gefühlserfahrungen innerhalb der Familie bezog, wie etwa, daß er Zeuge des Geschlechtsverkehrs zwischen seinen Eltern geworden war. Stattdessen sagte der Junge: „Etwas wird eingewickelt, um es ins Pfandhaus zu bringen." Diese ergreifende Antwort sagte mehr über die sozioökonomische Situation im Wien jener Zeit aus und über die Armut im Elternhaus des Kindes als über einen intrapsychischen Konflikt. Vielleicht waren seine Ängste tatsächlich mehr solche des Überlebens. Er mag sie bei seinen Eltern gespürt, intuitiv wahrgenommen und sich mit ihnen identifiziert haben. Ob Anna Freud diese Dinge bei dem Kind weiter verfolgte oder nicht, weiß ich nicht. Ich glaube, die Anekdote endete mit der Bemerkung des Kindes das Pfandhaus betreffend. Damals waren die Psychoanalytiker so darauf aus, unbewußte libidinöse Impulse und Konflikte aufzuspüren, daß sie den Auswirkungen der aktuellen sozialen und ökonomischen Realitäten auf das Gefühlsleben des Einzelnen wenig Aufmerksamkeit schenkten. Um Anna Freud jedoch Gerechtigkeit widerfahren zu lassen, muß ich hinzufügen, daß sie sich der Wichtigkeit der äußeren Realitäten des Lebens bewußter war – besonders bei Kindern – als die meisten Analytiker. In ihren Veröffentlichungen beschreibt sie, wie Kinder, anders als Erwachsene, keine starken Übertragungsbeziehungen zu ihren Analytikern entwickeln, d. h. daß sie auf die Person des Analytikers nicht jene gewöhnlich unbewußten machtvollen Gefühle und Wünsche projizieren, die bei allen Menschen in der frühen Kindheit entstehen und – getrieben von Konfliktnot – in der psychoanalytischen Situation wiedererscheinen. Kinder sind in ihrem Alltagsleben noch zu sehr in der Beziehung zu ihren Eltern verankert und drücken ihre Konflikte direkt in der Interaktion mit den Eltern aus. Daher ist ihre Tendenz, Erfüllung ihrer Bedürfnisse bei einem Elternersatz (Analytiker) zu suchen, nicht so ausgeprägt wie bei erwachsenen neurotischen Patienten. Sicherlich ist dieser Unterschied zwischen Erwachsenen- und Kinderanalysen – ein Untersuchungsgegenstand, der zu widersprechenden Meinungen auf dem Gebiet der Kinderanalyse geführt hat – nicht absolut. Es gibt Kinder, besonders wenn sie elterliche Fürsorge stark entbehren mußten, die starke Beziehungen nach dem Eltern-Kind-Muster mit Lehrern, Analytikern und anderen eingehen, die sich für die Rolle umsorgender Eltern eignen.

Meine ersten Erfahrungen mit der Psychoanalyse von Kindern sammelte ich gegen Ende meines zweiten Ausbildungsjahres in beinahe ähnlicher Weise wie Anna Freud. Es handelte sich um einen kleinen Jungen von etwa sieben Jahren, der mir von der Ambulanz überwiesen wurde. Er war Bettnässer. Seine Mutter, sehr arm, war verzweifelt über die Waschprobleme und die zusätzliche Arbeit, die ihr dieses Symptom verursachte. Er war das einzige Kind. Sein Vater war ungelernter Arbeiter. Die Familie lebte in einem Raum mit Küche, wie das oft der Fall in kleinen Familien aus der Arbeiterklasse war. Das Kind schlief in einem Kinderbett im Schlafzimmer der Eltern.

Bei meinem ersten Zusammentreffen mit dem kleinen Oskar war ich beeindruckt von der Ängstlichkeit des Kindes. Sein kleiner zerbrechlicher Körper schien vollständig verschwinden und nur eine Erinnerung seines Gesichtes hinterlassen zu wollen. Ihm war jedoch gesagt worden, er solle höflich und respektvoll sein. Außer den konventionellen Wiener Grußworten sagte er fast überhaupt nichts. In seiner Gegenwart beschrieb die Mutter das Bettnässen und die häuslichen Mittel und Prozeduren, die seine Eltern angewandt hatten, um das Bettnässen zu unterbinden, jedoch ohne Erfolg. Es waren freundliche Menschen, und obwohl dieses Symptom für sie lästig war, sprach die Mutter nicht hart von ihrem Kind. Für sie war er, vom Bettnässen abgesehen, ein guter Junge. Sie hatte keine Einsicht in die Möglichkeit, daß dieses Symptom durch emotionale Konflikte hervorgerufen sein könnte. Die Tatsache, daß sie ihn nicht beschämte, bewies, daß sie intuitiv erfaßte, daß da etwas war, das außerhalb der Kontrolle des Jungen lag.

Ich erinnere mich an meine Versuche, ihr zu erklären, was ein intrapsychischer Konflikt ist und das analytische Vorgehen zu beschreiben, in dem wir versuchen würden, durch Gespräch und Spiel zu verstehen, was das Kind wirklich bedrücke. Wir verabredeten, daß Oskar zweimal in der Woche zu mir kommen sollte.

Ich erstand etwas Spielmaterial. Oskar und ich begannen in der folgenden Woche tapfer damit, uns miteinander bekannt zu machen. Wir betraten beide eine uns unbekannte Welt. Jeder war in seiner Weise ängstlich. Wir fanden Trost in einem Zusammensetzspiel. Oskar fing an, alle Arten von Maschinen aufzubauen. Sie schienen Projektionen imaginierter Maschinen zu sein, die in seiner Phantasie ein aktives und unabhängiges Leben führten. Als er zwischen zwei größere Holzstücke kleinere Verbindungsstücke einfügte, versuchte ich, über die mageren Informationen, die ich aus seinem Leben auf Nachfragen erhalten hatte und aus meinem theoretischen Wissen – richtig oder nicht – einen Bedeutungszusammenhang mit dem Bettnässen zu finden. Als wir so an einem Tisch saßen – Oskar baute, ich dachte nach und versuchte, auf meine Weise Stücke zusammenzufügen – bemerkte ich, daß durch die bloße Präsenz des Kindes in mir erotische Gefühle ausgelöst wurden. Ich hatte sie völlig unter Kontrolle, und sie veränderten nichts an der Art unserer Interaktion. Aber sie verwirrten mich. Ich fühlte ein sehr starkes Verantwortungsgefühl, zu verstehen, was es damit auf sich habe. Ich beschloß, mit Anna Freud darüber zu sprechen, obwohl meine Analyse den Ausbildungsanforderungen nach beendet war.

Wir trafen uns, und ich beschrieb die Situation mit dem kleinen Oskar und meine merkwürdigen mir nicht angemessen erscheinenden Gefühle. „Nun, es ist nicht gerade klassisch", sagte sie nicht weiter beunruhigt, „aber das kommt vor, und solange Sie sich dieser Gefühle bewußt sind, und sie sich ihnen stellen können, gibt es wirklich nichts zu befürchten." Ich habe ihre ruhige, nicht richtende, nahezu beiläufige Antwort immer zu schätzen gewußt. Ich glaube, daß dieses menschliche Annehmen dessen, was wir beide für unangemessen und unakzeptabel hielten, therapeutisch wirksamer war, als jede Einsicht in die unbewußte Dynamik meiner Reaktionen hätte sein können. Das Gefühl ließ nach. Ich setzte meine Arbeit mit Oskar fort bis kurz vor meiner Heimkehr in die Vereinigten Staaten.

Rückblickend vermute ich, daß mein Körpergefühl ein Gegenübertragungsgefühl darstellte. Das Kind hatte große Schwierigkeiten, sich verbal mitzuteilen. Es hatte versucht, mir ohne Worte etwas über seine sexuellen Gefühle zu sagen. Ich hatte auch damals, als ich mit Oskar arbeitete, verstanden, daß die engen Wohnverhältnisse und der daraus resultierende Mangel an abgegrenztem eigenen Raum die sexuellen Phantasien des Kindes stimuliert hatten. Es hatte masturbiert und deswegen Schuldgefühle. Das Bettnässen war ein Ersatz für Masturbation oder eine Begleiterscheinung. Es war mir in meiner Behandlung mit Oskar gelungen, diese Schuld und Angst zu reduzieren. Ich sagte ihm, daß Masturbation eine normale Erscheinung sei und bei Kindern seines Alters häufig vorkomme. Er habe keine schrecklichen Folgen zu befürchten. Sein Bettnässen ließ nach, obwohl es nicht gänzlich verschwand. Ich bedauerte, daß ich diesen Fall nicht weiter verfolgen konnte. Aber auch bei meiner späteren Arbeit mit Kindern machte ich die Erfahrung, daß Kinderanalysen aus allen möglichen äußeren Gründen häufig beendet werden, sobald im Verhalten des Kindes eine Veränderung erreicht ist, so daß der weitere Umgang mit ihm für die Eltern akzeptabel oder tolerabel ist. Man hat dann vielleicht nicht vollständig verstanden, was nun genau den Schwierigkeiten des Kindes zugrunde lag. Möglicherweise ist es aber auch richtig, dem normalen Wachstums- und Anpassungsprozeß zu erlauben, erneut die Führung zu übernehmen.

9. Tiefe Empörung

Wenn ich mir über etwas unverrückbar im klaren war, so war es meine Reaktion auf Helene Deutsch. Als sie uns in New York interviewte, war sie außerordentlich charmant – nahezu verführerisch. Sie entschied über unser analytisches Schicksal: Sie würde Bill in Analyse nehmen und ich, wegen meines Interesses an Kindern, sollte zu Anna Freud gehen. Das war natürlich für uns angenehm. Es war tatsächlich mehr, als wir erhofft hatten. Wir fühlten uns akzeptiert, verstanden und waren aufgeregt. Im Verlauf des Gespräches mit Dr. Deutsch hatten wir unsere finanzielle Situation klargelegt. Wir hatten eine bestimmte Geldsumme für unsere Analyse zur Verfügung. Bezogen auf die Kosten, die Dr. Deutsch uns nannte, würde das Geld ungefähr 1 1/2 Jahre ausreichen, gerade also für den größten Teil der damals geforderten zwei Ausbildungsjahre. Wir hatten den Eindruck, daß Dr. Deutsch dies zu verstehen schien und damit einverstanden war, Bills Analysekosten zu senken, so daß der vorhandene Betrag für zwei Jahre reichen würde. Als wir jedoch in Wien ankamen, erklärte sie, daß dies nicht die Verabredung sei. Bill mußte ihr den vollen Stundensatz bezahlen. Das war kein glückverheißender Anfang. Bill war besonders beeindruckt gewesen von ihren Vorlesungen in New York. Er hatte damals den Eindruck gewonnen, sie habe keine materialistische Einstellung. Wie ich in einem früheren Kapitel erwähnte, berichtete sie von ihrer Arbeit mit einer jungen Frau, deren finanzielle Situation sich im Verlauf der Behandlung verschlechtert hatte. Sie hatte gesagt: „Natürlich brechen wir nicht die Behandlung mitten in der Entwicklung ab, nur weil der Patient nicht zahlen kann." Diese Darstellung ihrer professionellen Integrität hatte Bill tief beeindruckt, weil sie seinen eigenen idealistischen Einstellungen zu entsprechen schien. Nach Bills unerfreulichem Erlebnis mit Dr. Brill, der ihn im Hinblick auf seine Berufswahl durch den Hinweis entmutigt hatte, er könne als Zahnmediziner mehr Geld verdienen, waren wir beide reif für eine ideelle Erfahrung. Wir rückten daher die Wiener Analytiker ins Zentrum dieser Idealisierung. Das machte natürlich das Mißverständnis oder die Meinungsverschiedenheit über die Geldregelung mit Helene Deutsch um so schmerzvoller für Bill.

Man kann mit einiger Sicherheit sagen, daß wir mit unrealistischen Erwartungen in Wien ankamen. Vor allem sind Analytiker auch nur Menschen. Manche sind geldgieriger als andere. Einige haben Charaktere und Werte, die unserem Wesen mehr entsprechen würden als andere. Aber das Idealisierungsbedürfnis, das zu diesen Erwartungen führt, kommt nicht aus heiterem Himmel. Dieses Bedürfnis spiegelt einen tiefen menschlichen Kampf um Erwachsenwerden und Reifung,[1] indem eine bestimmte Beziehung zu einer anderen Person die Nahrung für die Entwicklung des Selbst bereithält.

Da das Bedürfnis nach Idealisierung in unserem Falle zweifellos übersteigert war, konnte sein hypertropher Charakter nicht in einer Atmosphäre überwunden werden, in der man wenig Respekt von der idealisierten Person empfing und in der man sogar mit Verachtung behandelt wurde. Das war die Situation zwischen Bill und Helene Deutsch. Ihre Ablehnung Bill gegenüber kam einige Zeit nach diesem ersten Ereignis zum Ausdruck in einer Anekdote, die mir von einem zuverlässigen Kollegen im Verlauf unseres Aufenthaltes in Wien erzählt wurde. Helene Deutsch hatte über Bills Analyse geplaudert.

Diese Klatschgeschichte entstand in der stark antiamerikanisch getönten Atmosphäre, wie sie auch die Analytiker miteinander teilten und sich öfters darüber austauschten. „Die armen Kinder tun mir leid, die morgens an ihre Schultische zurückkehren und Zigarettenasche in ihren Tintenfässern finden", sagte der eine Analytiker zum anderen, um sich gegenseitig ihr Leid über die ungehobelten Amerikaner zu klagen, die zur psychoanalytischen Ausbildung nach Wien gekommen waren. Die psychoanalytischen Seminare wurden meist abends in Schulklassenräumen abgehalten. In jenen Wiener Tagen rauchte fast jeder stark. Niemand dachte daran, Aschenbecher bereitzuhalten. Die amerikanische Sitte, die Tintenfässer als Aschenbecher zu benutzen und nicht wie die Europäer die Asche einfach auf den Boden fallen zu lassen, war sicher keine angemessene Lösung. An diesem kleinen Beispiel sollte aber aufgezeigt werden, wie unzivilisiert die Amerikaner waren. Diese Einstellung teilten die Wiener mit vielen Europäern. Helene Deutsch nahm aktiv an diesen Diskussionen teil. Als Beweis und Rechtfertigung für ihre Vorurteile erzählte sie ein Beispiel – oder etwas von dem sie dachte, es sei ein Beispiel – aus der Analyse meines Mannes und nannte auch seinen Namen. In den frühen dreißiger Jahren war die Kleidung noch nicht so zwanglos wie es jetzt üblich ist. Es gab einige Menschen wie Bill, die die Bequemlichkeit der Formalität vorzogen. Er trug nie Sockenhalter. Er knöpfte seine Weste auf, bevor er sich auf die Couch legte. Beides schien Helene Deutsch zu stören, ja sogar ihren Abscheu zu erregen. Diese objektive und humane Analytikerin beschwerte sich bei ihren Kollegen: „Es ist abscheuerregend", sagte sie, „diese haarigen Männerbeine zu sehen, wenn er sich auf die Couch legt. Er trägt keine Sockenhalter, und wenn er sich hinlegt, rutschen seine

Hosen hoch und entblößen einen Teil seiner haarigen Beine." Diese Geschichte erfuhr ich von einer Kollegin, die diese Bemerkung gehört hatte und die sich bei mir auch über die Amerikaner beschweren wollte. Der Scherz über Bills haarige Beine stellt einen Mangel an Diskretion dar, zeigt die Trivialität ihrer Sorgen und die Tiefe ihrer Fehlwahrnehmungen und Vorurteile.

Es gab gar keine haarigen Beine! Bill hatte nicht ein einziges Haar auf seinen Beinen. Als er ein Kind war, wurde er von seiner Mutter aus Angst vor Spreizfüßen wöchentlich in die Klinik geschleppt. Hier wurden seine Beine mit Klebepflastern vom Knie bis zu den Zehen umwickelt. Die Hintergrundstheorie war, eine solche Unterstützung könne letztendlich die Form seines Fußgewölbes beeinflussen. Jede Woche wurde das Klebepflaster abgerissen und erneuert. Diese wiederholte schmerzhafte Prozedur muß schließlich die Haarfollikel zerstört haben, denn Bills Beine waren weich, weiß und so haarlos wie die eines Babys.

In einer klassischen Analyse wird man als Patient oder Ausbildungskandidat angewiesen, auf die konkreten Details einer Situation zu achten, um Verständnis für die tiefe Bedeutung der zugrundeliegenden Psychodynamik zu gewinnen. Die „Geschichte von den haarigen Beinen" mag unbedeutend sein für den Prozeß, der darauf zielt, dem Menschen zu helfen, sich selbst zu verstehen und letztendlich andere zu verstehen. Aber was sagt dies über die Analytikerin aus, in die wir so viel Hoffnung und Vertrauen gesetzt hatten? Näherte sich das Ausmaß ihrer Mißinterpretation einer Erfindung, oder war ihre Enttäuschung so groß, daß die verzerrte Wahrnehmung schon fast halluzinatorisch war?

Wenn ich versuche, die merkwürdige Disharmonie zu verstehen, die zwischen Bill und Helene Deutsch bestand (wir nannten sie gewöhnlich die „schöne Helene" nach Helena von Troja), kann ich mir nur vorstellen, daß sie riesig enttäuscht voneinander waren. Als sie zu Anfang ihrer Beziehung im Roosevelt-Hotel in New York zusammentrafen, waren sie beide voller Erwartung. Ohne Zweifel schätzte Helene diesen angenehmen, energiegeladenen jungen Mann in Anzug und Krawatte, der von der Psychoanalyse so begeistert war. Sie konnte ihn sich als Schützling vorstellen. Diesen Mann, der der psychoanalytischen Lehre so ergeben war, könnte sie vielleicht in ihrem Sinne formen und so ihr eigenes Image noch erhöhen. Darüber hinaus war er eine wichtige Einnahmequelle. Es war ein großer Vorteil, in Dollars bezahlt zu werden. Bill könnte sie vielleicht sogar an andere Amerikaner weiterempfehlen. Wer weiß? Bill war von ihrer Brillanz und Schönheit gefangengenommen, von ihrem Prestige und ihrer Position, die sie

Helene Deutsch, 1967

als Leiterin des Ausbildungsinstitutes in Wien innehatte. Er war auch während ihrer Vorlesung durch etwas für sie eingenommen worden, was er für ihre Integrität hielt und vor allem durch die Tatsache, daß sie ihn als Ausbildungskandidaten angenommen hatte. Welche Enttäuschung! Bill konnte nicht frei assoziieren und daher auch nicht das klassisch ödipale Material liefern, auf das Helene so begierig wartete. In gewisser Weise war er in ihrer Gegenwart gehemmt. Er konnte sich nicht entspannen. Möglicherweise spürte er früh ihre Neigung, beurteilend zu sein. Vielleicht waren diese Gefühle auch vermischt mit sexuellen Phantasien, durch die er so verwirrt wurde, daß er sie nicht beschreiben konnte. Dann wiederum ist es möglich, daß das, was Helene als „Kaffeehausgespräch" bezeichnete, gar nicht ein solches war, sondern tiefere Bedeutungen enthielt. Sie plagte sich nicht damit ab, es zu entschlüsseln. Auf jeden Fall fand sie ihn bedürftig vor und – entweder in Reaktion auf das, was sie als seine Unfähigkeit wahrnahm oder als Ausdruck gewisser autoritärer Seiten ihrer eigenen Persönlichkeit – konnte sie nicht die Ermutigung, das Verständnis und die Empathie bereitstellen, die Bill so dringend benötigte. Stattdessen ging sie auf Distanz und wies ihn zurück, manchmal sogar in sadistischer Weise. Das Ergebnis war ein

Stillstand, was Bills Analyse betraf. Als absolut parteiische Beobachterin war ich empört. Schließlich war es mein Ehemann, der nicht verstanden, falsch wahrgenommen, schlecht behandelt, das Opfer vorurteilsbeladener Projektionen wurde! War nicht der Analytiker verantwortlich dafür, sich selbst so gut zu kennen, daß das Ausdrücken eigener emotionaler Reaktionen auf den Patienten vermieden werden konnte? Das war sicherlich das, was wir gelehrt wurden. Das war genau der Grund, warum wir uns einer sogenannten Lehranalyse unterziehen sollten.

Meine Entrüstung, von der ganzen Vehemenz meiner Jugend getragen, fand wortreichen Ausdruck in meiner eigenen Analyse. Hier wiederum wurde das ganze als neurotische, feindselige Reaktion angesehen und gedeutet: Ich sei wahrscheinlich eifersüchtig auf die attraktive weibliche Analytikerin meines Mannes. Wieder der überall gegenwärtige Ödipus, dessen Opfer immer nur der Patient ist! Als „neurotisch" in jenen Tagen eingestuft zu werden, bedeutete, als minderwertig gebrandmarkt zu sein.[2] Dieses Wort wurde unter analytischen Kollegen herabsetzend gebraucht, um Abneigung oder Feindseligkeit auszudrücken. Es war ein analytisches Übel. Im Laufe der Zeit hat sich dies geändert. Heutzutage wird man von der Etikettierung „schizophren" oder im günstigeren Fall „Borderline" heimgesucht. Aber neurotisch genannt zu werden war vielleicht gar nicht – oder vielleicht gar nicht in erster Linie – der Grund für meine flammende Empörung. Es war vielmehr die scheinheilige Verdrehung der Realität und die arrogante Unterstellung, daß der Analytiker den Schlüssel zur Wahrheit in seiner Hand hielt.

Wenn auch Bills und mein Bedürfnis nach Idealisierung in der Tat übertrieben war und zu unrealistischen Erwartungen geführt hatte – es war nicht einseitig. Diese Erwartungen existierten in den Gemütern der Analytiker genauso. Sie kamen nicht unvoreingenommen auf uns zu, mit der Einstellung, in uns zu investieren, sondern eher mit der Erwartung, daß wir sie mit „Material" aus unseren freien Assoziationen versorgen würden, um so ihre Theorien, denen sie sich verpflichtet fühlten, zu bestätigen. Das war nicht nur eine unwissenschaftliche Haltung auf einem Gebiet, das einen Platz in der Wissenschaft für sich beanspruchte, es beraubte darüber hinaus den einzelnen Patienten seiner Einzigartigkeit, ja sogar der eigentlichen Wesenhaftigkeit seines Selbst. Meine Empörung war nicht nur die emotionale Frucht der Desillusionierung, sondern auch eine Reaktion auf die fälschliche Inanspruchnahme einer Objektivität – auf die wahllose Anwendung eines Stereotypes, das versuchte, jeden Patienten in eine standardisierte psychologische Theorie einzupassen. Diese Kritik ist nicht neu. Sie ist viele Male gegen die Psychoanalyse gerichtet worden. Ihre Auswirkungen an der eigenen Person zu erfahren, kann einen unauslöschlichen Eindruck hinterlassen. Bei mir verstärkte es eine bereits vorhandene Fähigkeit zur Entrüstung und zur Auflehnung gegen Ungerechtigkeit, Scheinheiligkeit und Realitätsverdrehung unter dem Deckmantel der Selbstbestätigung. Bei Bill führte das ganze zu einer Depression und der sie begleitenden Apathie. Es vergrößerte eher die Leere, die er durch die psychoanalytische Ausbildung eigentlich hatte füllen wollen. Das ganze Unternehmen ließ ihn eher beraubt als erfüllt zurück.

Sein ganzes Leben hindurch erfuhr Bill von seinem Vater wenig Verständnis für seine Ziele und Werte. Sein Vater hätte sich einen Sohn gewünscht, der ihm selbst ähnlich war. Bill, der vom physischen Standpunkt aus eine schwierige frühe Kindheit durchgemacht hatte, war eine ständige Enttäuschung für den Narzißmus seines Vaters. Es gibt keinen Zweifel, daß Bill in der Person von Freud und in seinen Anhängern einen Vater suchte, den er idealisieren und dessen Werte er teilen konnte. Unglücklicherweise wiederholte seine Erfahrung mit Helene Deutsch lediglich die Beziehung zu seinem Vater. Ihr Narzißmus wurde durch seine Unfähigkeit, die Gültigkeit der Theorien, auf die sie sich festgelegt hatte zu beweisen, verletzt. Sie wies ihn in ähnlicher Weise ab, wie sein Vater es getan hatte.

In der psychoanalytischen Theorie ist es der Patient, der die Verantwortung für eine derartige Wiederholung trägt, was in dem vieldiskutierten Phänomen der Übertragung ausgedrückt ist. Übertragung heißt, daß der Patient seine Bedürfnisse, Wünsche und Wahrnehmungen auf die relativ objektive Person des Analytikers projiziert. Hat nun Bill tatsächlich Helene Deutsch nur als Verkörperung seines zurückweisenden Vaters – also als Ergebnis solcher Projektionen – wahrgenommen, oder hat sie ihn selbst tatsächlich auch abgelehnt? Oder inszenierte er unbewußt in ihr genau die Ablehnung, die er fürchtete? Die Antwort ist wahrscheinlich eine Mischung aus allen drei Möglichkeiten. In der klassischen analytischen Situation jedoch wird das Schwergewicht immer auf die Projektion gelegt, auf die Realitätsverzerrung des Patienten. Die Realität der Zurückweisung durch den Analytiker wird verleugnet und der Patient einer Gehirnwäsche unterzogen, bis hin zu dem Glauben, daß seine Wahrnehmungen verzerrt seien. Es ist wie in dem Märchen „Des Kaisers neue Kleider" – alles auf Kosten der Schwächung der Selbstwahrnehmung und des Vertrauens in die eigene Realitätswahrnehmung. Das ist genau der Punkt, der meinen Zorn weckt, das genau ist der Grund für meine Empörung.

Bei der Wahl seiner Analytikerin war Bill nicht vom Glück begünstigt. Während des letzten Studienjahres in Wien hatten wir in unserem

Psychologiestudium an der Universität das Stadium erreicht, in dem wir an unseren jeweiligen Dissertationen arbeiteten, um uns für den Dr. phil. zu qualifizieren. Bill hatte die Idee zu einem sehr originellen Projekt in der Kinderforschung gehabt. Es handelte sich um eine Studie über die Entwicklung der Neugier, was zu der Zeit sehr innovativ war. Er brach ein, als es an der Zeit war, die Ergebnisse niederzuschreiben, weil er eine Schreibhemmung entwickelte. Er geriet mit seiner Dissertation in ernsthafte Schwierigkeiten. Obwohl die geforderte Ausbildungsanalyse beendet war, suchte er Helene Deutsch wegen dieser Hemmung auf, die dem erfolgreichen Abschluß seines Studiums im Wege stand. Mit der für sie charakteristischen Uneinfühlsamkeit und Empathielosigkeit, die sie Bill die ganze Zeit über entgegengebracht hatte, brachte Helene Deutsch Licht in die ganze Angelegenheit. „Viele Leute haben Schwierigkeiten mit ihren Dissertationen." Das ist in der Tat wahr, aber viele Leute bekommen auch irgendeine Art Hilfe, wenn sie in ernsthafte Schwierigkeiten geraten. Für uns war – neben Bills psychologischen Schwierigkeiten – die Zeit ein Problem. Bis jetzt waren wir vier Jahre in Wien gewesen. Unsere Geldmittel erschöpften sich. Die politische Situation in Europa war unstabil. Es war für uns von äußerster Wichtigkeit, unsere Studien zum Abschluß zu bringen und in die Vereinigten Staaten zurückkehren zu können. Zu diesem kritischen Zeitpunkt gab es aus der psychoanalytischen Ecke keine Hilfe für uns. Mit der Hilfe von Charlotte Bühler aber und besonders von Paul Lazarsfeld, der uns unschätzbare Hilfe bei der statistischen Datenbewältigung gab, und einiger praktischer Hilfe von mir, konnte Bills Dissertation letztendlich zum festgesetzten Zeitpunkt beendet werden.

Nicht lange nach der Fertigstellung von Bills Arbeit bestanden wir unser letztes Promotionsexamen an der Universität, brachten unsere psychoanalytische Ausbildung zum Abschluß und konnten nach einer Abwesenheit von 4 1/2 Jahren in die Vereinigten Staaten aufbrechen. Wir hatten viele Erfahrungen gesammelt und viel gelernt: Manches Akademische, manches über uns selbst, über das Leben und die Natur des Menschen. Aber versiegte meine Empörung? Verlor ich den Glauben in die Psychoanalyse? Die Antwort kann nicht in einem einfachen ja oder nein erfaßt werden.

Ich war nie davon überzeugt, daß Empörung in sich selbst „neurotisch" ist. Ihr Ausdruck zu geben, ist jedoch effektiver, wenn man nicht zu emotional ist. Grundsätzlich meine ich, daß Empörung ein Garant für das Festhalten an Werten ist. Der Anspruch, Psychoanalyse sei wertfrei, ist ein Mythos. Sie ist keine objektive Prozedur oder Technik, die gelernt und angewandt werden kann, so wie z. B. ein Arzt eine chirurgische Operation lernen kann. Es ist eine Beziehung zwischen zwei Menschen, deren Persönlichkeiten und Werte für den Ausgang ihrer Interaktionen eine Hauptrolle spielen – davon hängt die therapeutische Effektivität ab. Die klassische Psychoanalyse stellte sich selbst als spekulativ dar, offen für die Erforschung und die geistige Verarbeitung neuer Informationen, die sich durch neue Erfahrungen ergaben. Aber sie führte auch zur praktischen Anwendung. Allzu oft wußte der Analytiker „die ganze Wahrheit" über den einzelnen Patienten und versuchte, sie ihm aufzudrängen. Wir wurden mit einer Psychologie versorgt, deren Wertesystem auf Objektivität beruhen sollte. In der Realität wurden wir durch die Subjektivität bei ihrer Anwendung zum Opfer gemacht. Es war diese Inanspruchnahme der Unterstellung von „Wahrheit" im Namen einer Objektivität, die Blindheit für die Möglichkeit alternativer Erklärungen und die Verdammung abweichender Standpunkte, die meine Empörung hervorriefen. Ich habe allen Grund zu der Annahme, daß meine Empörung darüber nie aufhören wird.

Was die Psychoanalyse angeht, möchte ich behaupten, daß sie in sich genügend valide ist, um Modifikationen zuzulassen. Sie verdient es, sich weiterzuentwickeln. In ihrer rigiden klassischen Form jedoch bleibt sie ein Dogma. Der Glaube, der mein Idealisierungsbedürfnis in meiner Jugend gekennzeichnet hat mit seinem Insistieren auf einen gewissen Absolutismus und Perfektionismus hat sich in das Vertrauen in einen Entwicklungsprozeß gewandelt, der durch Wachstum und Reifung gekennzeichnet ist.

10. Analytische Erfahrungen

Meine Analyse bei Anna Freud liegt mehr als 50 Jahre zurück! Wie ist es möglich zu erinnern, was damals vor sich gegangen ist? Erstaunlicherweise gibt es jedoch viel, was mir in lebhafter Erinnerung geblieben ist. Natürlich kann ich nicht einen Bericht darüber liefern, worüber ich an jedem einzelnen Tag gesprochen habe. Ich erinnere mich aber an Hauptereignisse. Einige von ihnen habe ich bereits beschrieben. Dann ist mir die Erinnerung von Gefühlen geblieben, die mich überwältigten. Es gab zwei Hauptthemen, die immer wieder in meiner Analyse anklangen: Erotik und Trennung.

Vielleicht war mein jugendliches Alter, vielleicht die Tatsache, daß ich gerade frisch verheiratet war, die soziale Reputation der Psychoanalyse – sie befasse sich hauptsächlich mit der Sexualität – oder vielleicht eine Mischung aller drei Komponenten der Grund für meine im Verlauf der Analyse immer wieder auftauchende Beschäftigung mit meinen sexuellen Erfahrungen. Es war so, als ob die Orgasmusfähigkeit das absolute und unfehlbare Maß für Normalität sei. Die sexuellen Wurzeln der Psychoanalyse finden sich in den „Studien zur Hysterie". Sie hinterließen in den dreißiger Jahren ihre Spuren in der psychoanalytischen Theorie und Praxis. Im Lichte der Veränderung der sexuellen Sitten und Verhaltensweisen scheinen die Einstellungen aus der damaligen Zeit, in der ich mich der Analyse unterzog, wie geschichtliche Artefakte. Wir haben uns sicherlich von einer Gesellschaft, in der die sexuelle Unterdrückung riesig war, hinbewegt zu einer, in der die sexuelle Freiheit überbordend geworden ist. Als praktizierende Analytikerin bemerke ich, daß die jungen Leute heutzutage weniger Konflikte mit dem sexuellen Akt als solchem haben, als vielmehr die Schwierigkeit, sich an ihren Partner gefühlsmäßig zu binden. Der heutige Kampf geht um Entfremdung. Sehr oft ist das sexuelle Erleben von den emotionalen Wurzeln abgespalten. Der sexuelle Akt selbst ist nur im reinen physiologischen Sinne befriedigend, aber leer in Begriffen menschlicher Gefühle. Ich glaube, daß in den frühen Tagen der Psychoanalyse Sexualität mehr verboten und unterdrückt und mit mehr konflikthaften Emotionen belastet war. Ambivalenz und Angst spielten eine Rolle bei der Hemmung der freien Übersetzung von erotischen Gefühlen ins Körperliche. In den analytischen Sitzungen wurde daher oft von der Art und

Herkunft feindseliger Gefühle gesprochen, aber vor allem, wie in meinem Fall, von der Angst.

Ich hatte nicht nur Hundeangst. Meine Kindheit war mit Ängsten aller Arten beladen, manche waren legitim in der Realität dieser Zeit verankert, so wie die Angst vor Krankheitserregern und Krankheiten in einer Zeit vor der Entdeckung der Antibiotika und andere als Erbe der nicht zugelassenen Ängste meiner Mutter. Sie war in ein fremdes Land mit einer neuen Sprache und ungewohnten Sitten gekommen. Sie hatte vorher keinen Haushalt führen müssen. Sie hatte sich an vieles zu gewöhnen und vieles neu hinzuzulernen. Sie war ängstlich und argwöhnisch, Fremden gegenüber mißtrauisch, immer besorgt, daß man sie übervorteilen könne. Das Verhalten meiner Mutter übertrug die Ängste auf mich. Ich erinnere mich an meine eigene Scheu und Angst vor Menschen als kleines Kind, meine Angst vor Autoritätsfiguren, vor allem meine Angst, daß ich etwas nicht richtig einschätze, daß ich einer Aufgabe nicht gewachsen sein könne. Ich hatte Angst, nicht zu wissen, was in einer neuen Situation zu tun sei. Obwohl mir Autoritäten auch das Gegenteil bezeugten, mich im allgemeinen ganz kompetent fanden, blieb ich weiterhin mit ängstlichen Erwartungen zurück. In der analytischen Situation erwartete Anna Freud, daß ich „Material produzieren" würde. Fünf Mal in der Woche sollte ich Introspektion üben, frei assoziieren und meine Gedanken und Gefühle mitteilen. Ich erinnere mich ganz deutlich an meine Angst in den ersten Tagen meiner Analyse, wenn ich zur Berggasse 19 ging, ich würde überhaupt nichts sagen können. „Worüber will ich heute sprechen?" Wenn ich nichts zu sagen wüßte, mir nichts Besonderes oder Bedeutendes einfiele, war ich im Widerstand! Ich würde für unwert befunden werden, und das war ein Urteilsspruch!

Glücklicherweise gab es immer die Sexualität – ein Gegenstand, der sicherlich für einen Analytiker von Interesse war, und noch besser, auch mich interessierte. Daheim wuchs ich mehr und mehr in meine Rolle als Frau, und ich begann, meine tiefsitzende Angst vor meinem Kinderwunsch zu überwinden. Man könnte fast sagen, es sei eine Angst gewesen, die mich meine Mutter gelehrt hatte. Sie war eine Frau, die unglücklich mit ihrem Lebenslos war und ihre Rolle als Hausfrau nicht liebte, vielleicht auch nicht ihre Rolle als Mutter. Von meiner frühesten Kindheit an sprach sie über die Schrecken der Geburt. Als ich älter wurde und mit ihr über ihre Erfahrung bei meiner Geburt sprach, verstand ich die Wurzeln ihrer Angst. Das Ausmaß ihrer Unwissenheit über Schwangerschaft und Geburt – die zum Zeitpunkt meiner Entbindung noch größer war – scheint fast unglaublich. Sie war ein Beispiel sowohl für ihr Puritanertum als auch für die tiefen sozialen

Veränderungen, die stattgefunden hatten, seit sie eine junge Frau war. Sie wußte gar nichts über die Anatomie oder Physiologie des Vorganges bei Schwangerschaft und Geburt und wie manche Eingeborene stellte sie keine Verbindung her zwischen Geschlechtsverkehr und Empfängnis. Was meine eigene Geburt anbelangt, war sie nicht nur lang und schwierig, sondern auch noch dadurch kompliziert, daß sie infolge einer Thrombose, die sie nach der Geburt entwickelte, Monate nach der Entbindung krank war. Das führte dazu, daß meine Mutter ihr Leben lang vorsichtig mit anstrengenden körperlichen Belastungen und Bewegungen war. Tatsächlich trug sie mich nie. Ich erinnere mich nicht, jemals auf ihrem Schoß gesessen zu haben. Meine Kindheit war angefüllt mit Schuldgefühlen, überhaupt geboren worden zu sein und der Angst, eine Frau wie meine Mutter zu werden. Ich habe die bewußte Erinnerung, daß ich im Alter von zwölf Jahren den Entschluß faßte, niemals ein Leben wie das meiner Mutter zu führen. Das schloß auch das Kinderbekommen mit ein. Nach meiner Analyse änderte sich das. Wenn ich aber auf meine analytische Erfahrung zurückblicke, scheint es mir nicht so zu sein, daß mein Kinderwunsch und die sich anbahnende Überwindung der Angst vor der Geburt in erster Linie das Ergebnis von Einsicht in die konflikthafte Identifizierung mit meiner Mutter gewesen sei oder gar das Ergebnis der Konkurrenz mit meiner anscheinend keuschen Analytikerin. Ich halte diesen Erfolg eher der sich entwickelnden Freundschaft mit Elizabeth, einer jungen amerikanischen Frau mit zwei kleinen Kindern zugute. Sie hatte eine erdhafte Annäherung ans Leben und einen freieren Ausdruck und Umgang mit der Sexualität als ich zu dieser Zeit. Sie versorgte mich mit einem Modell von Lebensbehauptung und Umgang mit Freuden und Fährnissen, das in meiner Analyse fehlte. Mit ihr habe ich mich in gewissem Maße identifizieren können.

Anna Freud muß meine Zuneigung zu Elizabeth gespürt haben und empfand sie als Konkurrenz in der Beziehung zu ihr, denn sie reagierte stark, nahezu unprofessionell auf ein triviales Ereignis. Elizabeth hatte mir ein hübsches Seidenkleid gegeben, das ihr zu klein geworden war. Ich erinnere mich gut: Schwarzer Silberdruck mit kleinen gelben Blumen, enganliegend und ziemlich elegant aussehend an einer schlanken jungen Figur. Eines Tages – ich erinnere mich nicht mehr aus welchem Grund – trug ich das Kleid in meiner analytischen Sitzung. Ich spürte, daß es der Gelegenheit nicht ganz angemessen war und sagte irgend etwas darüber, berichtete, daß dies ein Geschenk von Elizabeth sei. Mit bemerkenswerter Emotionalität und hörbarer Erleichterung sagte Anna Freud: „Ich dachte mir, daß das nicht ihr Kleid ist. Es ist nicht Ihr Stil und nicht Ihr Geschmack." Die Bemerkung ließ mich in Konflikten zurück, obwohl ich nichts sagte. (Ich muß gemerkt haben, daß ich meine Gedanken nicht ohne Bestrafung hätte aussprechen können.) In Wirklichkeit liebte ich das Kleid, obwohl es sich von meinem üblichen Stil unterschied. Es war genau diese Veränderung, die ich genoß. Anna Freuds Mangel an Fröhlichkeit, ihre Unfähigkeit, sich gehenlassen zu können, auch nur ein klein wenig Eitelkeit zu zeigen, setzte meinen diesbezüglichen natürlichen Neigungen einen Dämpfer auf. Sie stand, zumindest für mich, für die Verwirklichung von Sinnlichkeit und Sexualität als Identifikationsfigur nicht zur Verfügung. In dieser Hinsicht wiederholte sie die diesbezüglich entmutigenden Persönlichkeitsanteile meiner Mutter.

Nichtsdestoweniger entstand bei mir eine sehr starke Bindung an sie, und ich wurde übermäßig abhängig von ihr. Wenn ich bedenke, daß ich fünf Tage in der Woche eine ganze Stunde mit ihr verbrachte und unter anderem über meine tiefsten Ängste und Bedürfnisse sprach, scheint es mir nur natürlich, daß ich eine mächtige Zuneigung zu der Person faßte, die all meine Gefühle aufnahm. Diese Art analytische Situation verführt dazu, ein solches Band zu bilden. In der Sprache der Psychoanalyse „aktiviert das analytische Setting die Übertragung". Jedoch ist die Beziehung weit davon entfernt, eine einfache Wiederholung der kindlichen Erfahrungen des Patienten zu sein. Sie enthält sehr viel mehr Realität, und ihre Charakteristika hängen sowohl von der Natur der Persönlichkeit des Analytikers ab als auch von den Hoffnungen, Zielen, Kämpfen und Werten des Analysanden. Die Patienten sind nicht nur dazu gezwungen, die Vergangenheit zu wiederholen. Sie hoffen auf eine neue Zukunft und besetzen ihre Analytiker mit der Erwartung, daß diese Hoffnung sich erfüllt.

Es gab viel an Anna Freud, was mich anzog. Zur Zeit meiner Analyse war sie eine gutaussehende junge Frau von ungewöhnlicher Feinheit, die Bescheidenheit, Freundlichkeit und Aufrichtigkeit ausstrahlte. Ich nahm sie als integere Person wahr, einzigartig in ihrer Zielstrebigkeit. Ich suchte bei ihr Unterstützung und Rückversicherung. Daher war die Trennung während der drei Sommermonate, wenn ich keine Analyse hatte, beängstigend für mich. Es ist schwer, genau zu sagen, was ich fürchtete. Ich hatte die Empfindung vager Schwere, eine halbbewußte Wahrnehmung, daß ich noch nicht stark oder unabhängig genug sei, auf mich allein gestellt zu sein. Ich war verheiratet. Bill und ich waren fast immer zusammen. Wir teilten unser Studium, diskutierten neue Ideen, mit denen wir bekannt wurden, genossen das kulturelle Leben der Stadt und die Schönheit der österreichischen Landschaft. Für unseren ersten Sommer in Österreich hatten wir einen Rucksackausflug von Wien nach Salzburg geplant. Wir wollten die meiste Zeit wandern, in kleinen Dorfgasthäusern oder Bauernhöfen übernachten und für die weniger interessanten Strecken den Zug benutzen. Es war ein Ausflug, an den ich mich gerne erinnere. Wir lernten das Land in der Weise kennen, die nur eine

Anna Freud

Fußwanderung eröffnen kann. Im Rückblick ist eine kleine Geschichte, die ich mit meinem Kontrollanalytiker, Hermann Nunberg, erlebte, amüsant zu erwähnen. Er war in fast allen Dingen pessimistisch. Bei der Erörterung dieser Reise hielt er unsere Idee, durch das Land zu wandern, für eine wilde Idee, die Realisierung für unmöglich. Wir würden sicherlich nicht in der Lage sein, die Anstrengungen, die Unbequemlichkeiten und die Ermüdung auszuhalten. Diese Art, Veränderung und Abenteuer zu entmutigen, wenig Vertrauen in den Ausgang einer neuen Unternehmung zu setzen, wenig Zutrauen in die menschliche Fähigkeit für Wachstum und Anpassung, charakterisierte viele starre Wiener Analytiker und spiegelte sich in dem Mangel an Optimismus wider, den sie auch an die Patienten herantrugen. Eine derartige Einstellung half mir nicht, meine Ängste zu überwinden. Bill mußte hart daran arbeiten, mich zu überzeugen, daß alles gut gehen, und daß wir den Landausflug genießen würden und das Gefühl von Freiheit, wenn man alle

seine Besitztümer auf dem Rücken trägt und weder Zeitplan noch Ver-
pflichtungen hat. Während wir von niemandem eine besondere Ermutigung
erfuhren, halte ich es Anna Freud zugute, daß sie mich zumindest nicht entmutigte, diese Reise zu unternehmen.

Nichtsdestoweniger ließ mich die Sommerunterbrechung der analytischen
Routine mit Verlassenheitsgefühlen zurück, die man nur mit dem Gefühl
eines kleinen Kindes vergleichen kann, wenn es vorübergehend seine Mutter
in einem überfüllten Kaufhaus aus dem Blick verliert. Es dauerte eine lange
Zeit, bis ich die Trennungsangst überwunden hatte, die zum größten Teil das
Erbe einer überbehüteten Kindheit war. Nicht in meiner Arbeit mit Anna
Freud wurde ich „erwachsen." Aber das ist eine andere Geschichte für ein
späteres Kapitel.

Gegen Ende meiner Analyse entdeckte ich, daß ich schwanger war. Das war ein
Trost für mich. Ich wußte, daß bald die letzte Trennung von Anna Freud
anstand, und als Ergebnis meiner analytischen Arbeit wollte ich gerne ein Kind
haben. Es war wohl im Herbst oder Winter 1931, daß ich in Vorbereitung für
eine mögliche Schwangerschaft einen Gynäkologen aufsuchte, um sicher zu
gehen, daß vom physiologischen Standpunkt aus alles in Ordnung sei. Dr. Blau
war mir von Dr. Wittels' Frau empfohlen worden. Sie beschrieb, daß er bei den
Frauen der oberen Mittelklassekollegen sehr beliebt wäre. Er habe beruflich
einen außergewöhnlich guten Ruf. Obwohl ich mir die Einzelheiten seiner
Praxiseinrichtung nicht mehr ins Gedächtnis rufen kann, erinnere ich mich an
einen Eindruck von Üppigkeit. Er war, wie ich es heute nennen würde, ein
Modearzt. Der Mann selbst war eindeutig einer jener Individuen, die die
Menschen durch einen oberflächlichen Charme gewinnen, denen es aber nicht
immer gelingt, den Sadismus hinter einem überzeichneten Lächeln zu verbergen. Aber er war geschickt und vermittelte berufliches Vertrauen. Nachdem er
mich untersucht hatte, stellte er mit vollständiger Sicherheit, ohne Ein-
schränkung und ohne die leichteste Andeutung von Mitgefühl fest, daß ich niemals Kinder würde haben können, weil ich einen infantilen, d. h. einen unter-
entwickelten Uterus hätte.

Ich war wie zerstört. Wenn ich von meiner jetzigen Perspektive als
Großmutter auf diese Erfahrung zurückblicke, bin ich für meine skeptischen
Neigungen dankbar. Während ich heranwuchs, war ich vertrauensvoll und
glaubte den Autoritätsfiguren, auch wenn ich die Rigidität der Werte meiner
Mutter oft hinterfragte und ihre konventionelle Einstellung sexuellem
Verhalten gegenüber in Frage stellte. Bills psychoanalytische Erfahrung mit
Helene Deutsch und in geringerem Umfang meine eigene mit Anna Freud
ermutigten meine Neigung zu zweifeln und zu hinterfragen und reduzierten

das Ausmaß, in dem ich mich lenken ließ, die „Wahrheiten" zu beachten, die von idealisierten Autoritäten vorgebracht wurden. Meine Zweifel an Dr. Blaus „Wahrheit" milderten die Wucht seiner schrecklichen Voraussagen über meine Möglichkeit, Kinder haben zu können. Seit dieser längst vergangenen Zeit habe ich weitere falsche Propheten in der medizinischen Welt erlebt. Während ich gelernt habe, ihnen nicht vollständig zu glauben, läßt einen die bloße Unsicherheit des Lebens selbst ein wenig ernüchtert zurück angesichts der arroganten Gewißheit solcher Voraussagen.

Meine Verfassung nach dem Treffen mit Dr. Blau läßt sich am besten so beschreiben: Eine Mischung aus Ungläubigkeit und Angst. Als ob ich das Gegenteil beweisen wollte, wurde ich einige Monate nach dieser Untersuchung und nur einige Monate vor der Beendigung meiner Analyse schwanger.

Die Beendigung meiner Analyse war nicht genau auf meine emotionale Bedürftigkeit abgestimmt oder auf den Fortschritt, den ich gemacht hatte. Sie hatte vielmehr mit der Erfüllung der Ausbildungsbedingungen zu tun, die Analyse sollte mindestens zwei Jahre dauern. Hätte unsere finanzielle Situation es erlaubt, hätte ich die Analyse bei Anna Freud wahrscheinlich fortgesetzt. Sie war aber während des zweiten Jahres meiner Analyse, als unsere Mittel zur Neige gingen, schon sehr großzügig zu mir gewesen. Sie hatte oft überhaupt keine Forderung erhoben und mir schließlich meine ganzen Schulden erlassen. Ich fühlte sehr deutlich, daß ich sie unter diesen Umständen nicht um noch mehr bitten konnte. Ich sah dem kommenden Sommer mit Zittern entgegen. Wie würde ich es fertigbringen, selbständig zu sein? Wie würde ich die neue Lebenssituation mit einem Kind meistern? Ich war beides – glücklich über meine Schwangerschaft und erschreckt durch sie.

Zufällig fiel die Beendigung meiner Analyse mit dem Umzug in eine neue Wohnung zusammen. Wir waren in Wien häufig umgezogen, in erster Linie bedingt durch die Wohnungsknappheit. Dann durften Ausländer selbst keine Wohnung mieten. Sie mußten in Untermiete wohnen, d. h. Räume in der Wohnung eines Wiener Bürgers mieten. Da wir Küchenbenutzung brauchten und die Vermieter in Wien nicht gerade für ihre Freundlichkeit bekannt waren, war es nicht immer einfach, unsere praktischen Bedürfnisse mit einer angenehmen Umgebung und einer liebenswürdigen Vermieterin in Einklang zu bringen.

Ich erinnere mich an den starken Wunsch nach einem eigenen Heim zur Zeit unseres ersten Umzuges. Wir mußten das prächtige Viertel, das Verwandte unserer Freunde in den Vereinigten Staaten für uns ausgesucht hatten, verlassen. Die Suche nach einem Quartier war deprimierend. Alles, was für uns in Betracht kam, waren Zimmer in den Wohnungen der unteren Mittelklasse-familien, die bessere Tage gesehen hatten. Wegen der Niederlage nach dem Ersten Weltkrieg, der Inflation und der Arbeitslosigkeit mußten sie Räume vermieten. Verständlicherweise waren diese Menschen verbittert und voller Groll, was das Leben mit ihnen traurig und schwierig machte. Ihre Wohnungen waren dunkel und schäbig geworden, die schweren Vorhänge ausgefranst, erinnerten aber an bessere Zeiten.

Einmal hatten wir eine günstige Gelegenheit, eine Wohnung zu mieten, die wir ganz für uns haben würden. Sie lag jedoch in dem Arbeiterviertel Ottakring. Es war kein Slum. Es gab eine saubere adrette Nachbarschaft in kleinen bescheidenen Häusern, manche mit hübschem Garten. Einige Häuser waren unterteilt in mehrere Wohnungen, und die ganze Gegend am Rande der Stadt war mehr ein Vorort.

Als ich Anna Freud erzählte, wir hätten in Ottakring eine einfache, aber adrette Wohnung gefunden, die uns die Möglichkeit eröffnete, für uns alleine zu wohnen, antwortete sie erschreckt: „Aber Sie können doch nicht in Ottakring wohnen." Ich fragte sie nach dem Grund. Sie hielt mir die Tatsache entgegen, daß Ottakring ein Arbeiterviertel mit rauhen Sitten sei, und es für Amerikaner unangemessen sei, dort zu leben. Ihre Worte hatten den Effekt, mich etwas besorgt zu machen, obwohl ich bezweifele, daß wir irgend etwas zu befürchten gehabt hätten. Ich war betroffen von dem extremen Klassendenken. Sie hatte Mitgefühl mit den Sorgen der Armen, der Unter-privilegierten und der nicht so Begünstigten, besonders wenn es sich um Kinder handelte. Sie tat vieles, um ihnen zu helfen. Eindeutig wollte sie aber nicht gemein mit ihnen werden.

Als Fremde in der Stadt konnten wir die Zuverlässigkeit ihrer Einschätzung, wie sicher und bequem wir als Ausländer in Ottakring gewohnt hätten, nicht beurteilen. Wir hörten auf sie und wählten Räume in einer großen Straße im Zentrum der Stadt, nahe dem Donaukanal und der gegenüberliegenden Montessori-Schule. Es war ein ziemlich altes Haus. Die Wohnung gehörte einem ältlichen ungarischen Herrn, so daß wir zumindest nicht das Gefühl hatten, unser Leben würde von einer verdrossenen Vermieterin „überwacht". Wir hatten ein geräumiges Schlafzimmer, ein Kabinett. Es war ein kleiner Raum in der Art, wie man sie in New York als „hall bedroom" kennt, mit Küchenbenutzung. Das Kabinett wurde unser Arbeits- und Studierzimmer. Alles ging gut, bis einige Nachbarn unter uns ihre Wohnung ausräucherten und so alle Tierchen vertrieben, die das Gebäude mit uns allen teilten. Diese unerwünschten Mitbewohner nisteten sich bequem in unseren Matratzen ein und attackierten uns nachts. Ich bin offensichtlich ziemlich allergisch gegen

Insektenstiche. Morgens stand ich rotgeschwollen und mit Stichen übersät auf. Es galt als beschämende Angelegenheit, Wanzen zu haben, als Ausdruck, unsauber zu sein. So leugnete unser Vermieter deren Existenz und unternahm überhaupt nichts in dieser Angelegenheit. Wir mußten ausziehen! Ich beklagte mich in meinen analytischen Sitzungen über diese Wanzen, zugegebenermaßen mit einiger Empörung. Für mich war das wieder eine jener Zumutungen, unter denen man in Wien zu leiden hatte. Anna Freud antwortete: „Aber jedermann hat Wanzen!" Ich erinnere mich, daß nun ich an der Reihe war, entsetzt zu sein, denn ich assoziierte mit Wanzen auch Unsauberkeit. Damals habe ich erfahren, daß die Mauern nahezu jeden wirklich alten Gebäudes in alten europäischen Städten mit Wanzen infiziert waren, die von guten Hausverwaltern und Kammerjägern immer wieder bekämpft wurden; sich über sie zu beschweren, wäre dem Vorwurf einem New Yorker gegenüber gleichgekommen, Kakerlaken in der Küche zu haben. Die New Yorker bekämpften sie, um eine Überbevölkerung zu verhindern, aber sie waren tatsächlich ein Teil der City-Szene und möglicherweise ein Bestandteil jeder Hafenstadt. Was mich daran von meinem damaligen Standpunkt aus interessiert, sind die Gefühle und Werturteile, die solche lästigen alltäglichen Gegebenheiten begleiten. In der analytischen Situation bedeuten diese Urteile für Analytiker und Patient gleichermaßen die Erbschaft aller Grunddimensionen des kulturellen und sozialen Hintergrundes, den ein Individuum erfahren hat und der die Basis für die extreme Subjektivität einer Meinung bildet. Jeder Analytiker hätte die Bedeutung von Wanzen und Kakerlaken im kulturellen Wertesystem des Patienten besser kennen müssen, bevor er zu Entschlüssen über seine oder ihre Ängste vor diesen Kreaturen kam, seien sie normal oder extrem gewesen. Wie immer die mangelhafte Verständigung zwischen Anna Freud und mir in Bezug auf den kritischen Punkt der Wanzen auch war – wir mußten ausziehen. Das bedeutete packen, hochheben, bücken, tragen.

Ich war im dritten Monat schwanger, eine kritische Zeit, wie ich später erfuhr. Wir hatten eine vergleichbare Wohnsituation in einem neueren Gebäude in einer eleganteren Gegend der Stadt gefunden und unseren Umzug gerade beendet, als ich zu bluten anfing. Ich hatte eine Fehlgeburt. Ich begriff erst einige Tage später, daß ich nicht in der Lage sein würde, den Fötus bei mir zu behalten. Die übliche nachfolgende Behandlung wurde nicht von Dr. Blau vorgenommen, sondern geschah in der Obhut von Dr. Keller, einem älteren Wiener Gynäkologen der alten Schule – sanft, freundlich und ritterlich. Es war eine traumatische Erfahrung für mich – meine Analyse hatte geendet und das Gespenst, keine Kinder haben zu können, erhob sich wieder. Was, wenn Dr. Blau doch Recht gehabt hatte? Ich mußte abwarten, um es herauszufinden. Es lag ein langer Sommer vor uns, in dem ich mit Bills Hilfe und Ermutigung hoffte, mein Gleichgewicht wiederzufinden.

Glücklicherweise waren wir in der Lage, den Sommer in einem Ort zu verbringen, mit dem wir sehr vertraut waren – Grundlsee. Auf unserer Rucksackwanderung im vorangegangenen Sommer waren wir durch diese Gegend im Salzkammergut gekommen, am Rand der wunderschönen österreichischen Berge, die praktisch die ganze romantische Stadt Salzburg umgeben. Grundlsee selbst liegt an einem nicht zu großen österreichischen Bergsee. An einer Seite reicht eine Bergkette ganz nahe an das tiefe, grüne, kalte Wasser heran. Dies erinnerte mich an die Berge, die bis an das Meer der Norwegischen Fjorde hinuntersteigen. Es war so, als ob jemand einen Smaragd aus dem Himmel hätte fallen lassen, der in der kleinen grünen Schüssel gelandet war, die durch die umringenden, dicht bewaldeten Berge gebildet wurde.

Die Idee für diesen Platz war in unseren Gedanken schon geboren worden, bevor wir den See gesehen hatten. Wir hatten gehört, daß Freud seine Sommerferien oft hier verbrachte. Der Wanderausflug des vorhergehenden Sommers, verbunden mit Neugier und dem Vertrauen, daß Freud sicher einen schönen und ruhigen Fleck ausgesucht haben würde, machte Grundlsee zu unserem Bestimmungsort. Am Eingang zum See lag die Försterei, in der wir abgestiegen waren. Es war ein bequemes Bergbauern-,chalet, und die Familie hieß uns herzlich willkommen. In meinem verletzlichen Zustand war ich froh, in einer familiären Umgebung geborgen zu sein.

Es war ein merkwürdiger Sommer. Ich käme in arge Bedrängnis, wenn ich meinen Gemütszustand beschreiben sollte. Ich erinnere mich, Freuds Traumdeutung gelesen zu haben. Ich konnte mich nur schwer konzentrieren. Ich hatte noch Beschwerden von der Ausschabung. Ich mußte gegen eine hypochondrische Besorgtheit um meine körperliche Verfassung ankämpfen. Ganz damit beschäftigt, war ich nur teilweise in der Lage, die Schönheit und den Frieden zu genießen. Ich war deprimiert, wenn auch nicht schwer. Ich spürte Angst und Ungewißheit wegen der Zukunft. Ich fühlte mich von meiner Analytikerin verlassen. Ich war nicht ganz sicher, ob ich nicht auch vom guten Schicksalsgeist im Stich gelassen würde.

Ich schrieb an Anna Freud. Ich schrieb von meiner Fehlgeburt und meiner allgemeinen Gemütsverfassung. Sie antwortete in einer irgendwie tröstenden, aber kühlen Art. Sie ermutigte mich, in die Zukunft Vertrauen zu setzen. So wenig es auch war, ich erinnere mich, daß es mir etwas half.

Viele Jahre später in New York bemerkte eine mir befreundete Wiener Analytikerin, als sie vom Verlust meines ersten Kindes hörte, in klassisch analytischer Art: „Was für eine hartnäckige masochistische Person Sie gewesen sein müssen!" Sie fuhr fort, die Bedeutung ihrer Bemerkung zu erklären. Sie breitete sich in ihrer Deutung darüber aus, meine Krise sei der eigensinnige Ausdruck meines Ärgers über die Beendigung der Analyse gewesen. Für Analytiker gab es offensichtlich keine andere Realität als die des Unbewußten, als begleite und beeinflusse es unser Leben gewöhnlich in irgendeiner dämonischen, selten in einer guten Weise. Was mich anbetraf, war mir natürlich klar, daß gefühlsmäßige Zustände körperliche Antworten hervorrufen können, aber ich war nicht überzeugt davon, daß Ärger über das Ende meiner Analyse eine solch gewaltige Körperveränderung hervorgerufen haben könnte. Ich mag ängstlich und unsicher gewesen sein, ich war aber weder hysterisch, noch litt ich an Konversionssymptomen. Wieder schimmerten die Wurzeln der Psychoanalyse aus den Studien über Hysterie wie ein Petticoat unter dem Überwurf des Wissens in dem einseitigen Denken meiner Kollegen hervor.

In seltsam regredierter Verfassung kam ich nach Wien zurück, um die Arbeit mit meiner ersten analytischen Patientin zu beginnen. Ich beschrieb Gerda in Verbindung mit meinem Erlebnis bei Dr. Nunberg, der meinen Fall supervidierte. Die Gemütsverfassung, mit der ich die Analyse begann – nach meinen eigenen Verlusten und Enttäuschungen – war sicher nicht optimal, weder für die Patientin noch für mich. Die Erinnerung an meine Angst aus dieser Zeit hat mich für die Ängste von Studienanfängern einfühlsam gemacht. Gerade war mir das Gefühl vermittelt worden, daß die Fehlgeburt durch in mir arbeitende unbewußte dämonische Kräfte, die ich noch nicht erfolgreich gemeistert hätte, ausgelöst und Ausdruck meiner neurotischen Persönlichkeit und daher mein Fehler sei.

Darüber hinaus hatte ich als Neuling in der Psychoanalyse das Gefühl, schuldig zu sein für alles, was ich sagte, für alles, was ich nicht sagte. Es muß einen „richtigen" Weg geben, jemanden zu analysieren, dachte ich. Wenn ich nur diesen Weg lernen könnte! Es wurde von mir erwartet, daß ich die analytische Haltung einnahm, in eine distanzierte und objektive Rolle schlüpfte. So war ich niemals ich selbst und konnte mich nicht in einer entspannten und natürlichen Weise mit einem anderen menschlichen Wesen in Beziehung setzen, was vielleicht hilfreicher für die Patienten gewesen wäre. Alles Persönliche mußte hinter dem analytischen Schweigen verborgen werden. Und ich hatte viel Angst zu verbergen.

In der Zwischenzeit machte Gerda keine Fortschritte. Sie fuhr fort in ihren sexuellen Abenteuern und Kämpfen mit ihrem mehr oder weniger festen Freund. Sie war anspruchsvoll und mißgelaunt, lehnte insbesondere die ältere Generation ab – Eltern, Vorgesetzte, Autoritätsfiguren im allgemeinen. Sie war eine Vorwegnahme der Hippies der sechziger Jahre. Ich versuchte, mich ihr mit dem, was ich gelehrt worden war, anzunähern: Ich deutete ihr die ödipale Rivalität mit ihrer Mutter, ihren Neid auf die ältere Schwester, vor allem ihren Peniswunsch. Es war kein Wunder, daß sie sich wünschte, ein Junge zu sein. Sie hatte wenig Achtung vor Frauen. Sie sprach von ihrer Mutter als einer dummen, indifferenten und indolenten Frau. Dasselbe hörte und erfuhr sie, wenn sie die Frauen ihrer Umgebung betrachtete – in der Familie, bei der Arbeit und in der Gesellschaft allgemein. Die psychoanalytische Theorie traf mit der sozialen Einstellung jener Zeit zusammen. Und ich war damals als Neuling der Lieferant dieser Theorien. Ich hatte mir zwar etwas Skepsis bewahrt, aber im allgemeinen glaubte ich die Absurdität, wie Karen Horney[1] es nannte, daß eine Hälfte der menschlichen Rasse – die weibliche Hälfte – mit ihrem Los unzufrieden sei. Ich erklärte Gerda ihr Unglücklichsein in diesen Begriffen.

Wir machten wenig Fortschritte. Sie fuhr fort mit einer schwierigen Klagespirale. Als ich meine Aufzeichnungen über Gerda, die ich immer noch habe, noch einmal durchsah, wurde mir klar, daß meine stillschweigende Weigerung, mich mit ihr in Beziehung zu setzen, Anteil am analytischen Prozeß zu nehmen, ihre Fragen zu beantworten, mehr von mir selbst zu geben als den Versuch, ihre sogenannten freien Assoziationen zu interpretieren, ein Haupthindernis gewesen sein könnte. Ihre hartnäckige Weigerung, ihr eigenes Leben in irgendeinem tieferen Sinne mit mir zu teilen, wurde natürlich als Widerstand interpretiert. Von meinem jetzigen Standpunkt aus halte ich ihren Widerstand gegen dieses Unternehmen für Stärke. Zum Beispiel: Sie war Raucherin, was in jenen Tagen nichts Ungewöhnliches war. Die Anweisungen Dr. Nunbergs befolgend, verbot ich ihr das Rauchen während der analytischen Sitzungen. Das mochte in sich selbst gerechtfertigt sein, aber ich rauchte selbst manchmal in ihren Sitzungen. Was tat ich damit? Ich brachte damit sicherlich zum Ausdruck: „Sie sind der Patient. Sie müssen die analytischen Spielregeln befolgen. Ich bin durch die Initiation gegangen und bin nun privilegiert, das zu tun was mir beliebt." Damit rekonstruierte ich die hierarchische Situation, die die Kultur, in der sie aufwuchs, charakterisierte und gegen die sie ankämpfte. Es war ein Patt. Kein Wunder, daß kürzlich ein Freund, der die

Unangemessenheit des Ausdrucks „Patient" oder „Klient" für eine Person, die Hilfe in der emotionalen Intimität einer analytischen Beziehung suchte, vorschlug, stattdessen den Ausdruck „Besucher" zu gebrauchen!

Damals während Gerdas Analyse spürte ich, daß etwas falsch war. Aber ich wußte nicht was, und ich wußte auch sicherlich nicht, wie ich es hätte anders machen sollen. Glücklicherweise tat ich nicht das, was oft getan wurde, und was in einem gewissen Sinn Dr. Deutsch mit Bill gemacht hatte – nämlich den Patienten für unanalysierbar zu erklären. Ich nahm die Verantwortung für das Patt auf mich, nicht im Sinne des Verständnisses, daß das, was ich tat, falsch sein könnte, sondern eher im Sinne, daß ich mich tadelnswert fühlte, schuldig und unterlegen. Ich fragte mich, ob ich je in der Lage sein würde, analytische Arbeit zu leisten. Mein Gefühl von Mangelhaftigkeit und Frustration, verbunden mit den Gefühlen von Unzulänglichkeit und Verlust, das durch meine Fehlgeburt verstärkt wurde, versetzte mich in eine traurige Gemütsverfassung. Es mußte etwas unternommen werden.

11. Erneute Analyse

In den Tagen unseres starken Glaubens und unserer Ergebenheit in die Psychoanalyse dachten wir wahrhaftig, daß alle emotionalen Probleme durch die Analyse gelöst werden könnten. Natürlich versuchte man, zunächst allein an sich zu arbeiten, aber wenn das nicht gelang, konnte man Zuflucht zur Analyse nehmen. Ein Jahr war seit meiner Fehlgeburt vergangen, und ich hatte eindeutig meine seelische Balance noch nicht wiedergefunden. Darüber hinaus hatte ich nicht das Gefühl, mit meiner Arbeit oder meinem Studium besonders gut voranzukommen. So war es für mich nur logisch, daß ich zu dem Entschluß kam, erneut um analytische Behandlung nachzusuchen. Ich rief Anna Freud an und machte einen Termin aus.

Ich muß gestehen, daß ein Teil von mir meinen eigenen Beweggründen mißtraute. Blieb ich in meinem Unglücklichsein und einigen körperlichen Beschwerden stecken, um wieder dahin zurückkehren zu können, wovon ich so schwer geschieden war? Wollte ich nur wieder mit der Person, von der ich mich so ungern getrennt hatte, zusammensein? Aber wie dem auch sei. Selbst wenn das der Fall war, ich brauchte sicherlich Hilfe. Ich besprach alles mit Anna Freud, die sich, ohne zu zögern meiner Meinung anschloß. Auch sie meinte, ich könne von einer weiteren Analyse profitieren. Es stand nicht zur Diskussion, daß ich zu Anna Freud zurückkehren würde. Es wäre nicht weise gewesen, zu dem Menschen zurückzukehren, von dem ich mich unter so großen Schwierigkeiten getrennt hatte. Darüber hinaus konnte ich ihr Honorar nicht mehr bezahlen. Die Geldmittel in Dollars für die Analyse waren aufgebraucht. Ich würde aus unserem regulären Budget in österreichischen Schillingen bezahlen müssen. Ein derartiger Betrag reichte für Anna Freuds Honorar nicht aus. Die Frage der Bezahlung war jedoch nicht die entscheidende Überlegung. Anna Freud, die um meine Trennungsschwierigkeiten wußte, fragte, ob ich einen bestimmten Analytiker im Sinn hätte. Ich erwähnte Siegfried Bernfeld, den ich bei öffentlichen Vorträgen gehört hatte. Er hatte mir in seiner Persönlichkeit, seinen Interessen an sozialen Problemen, überhaupt in seinen Standpunkten gefallen. Anna Freud gab ihrer Meinung ziemlich bestimmt Ausdruck, daß Dr. Bernfeld nicht die geeignete Wahl für mich sei.[1] Sie schlug Willi Hoffer vor. Ich willigte ein, ihn aufzusuchen.

Ich hatte Dr. Hoffer im Institut bei Zusammenkünften gesehen und einige Kommentare von ihm gehört. Ich kannte ihn aber nicht so genau. Er hatte bei mir den Eindruck eines freundlichen, bescheidenen Mannes, etwa fünfundvierzig Jahre alt, hinterlassen, etwas scheu – oder war es Überbescheidenheit oder Unsicherheit? Zuweilen zogen sich seine Stirnmuskeln in einer ticähnlichen Bewegung zusammen. Ich war mir nicht ganz sicher, ob dies im Takt des Lidschlags geschah. All dies schien Ausdruck seiner Scheu zu sein. Ich fühlte mich nicht sofort von ihm angezogen. Ich konnte mir aber vorstellen, ihm soweit zu vertrauen, um meine Analyse bei ihm fortzusetzen. Als ich ihn wegen einer Verabredung anrief, war er sehr herzlich, und wir verabredeten einen Termin.

Willi Hoffer

An dem vereinbarten Tag wurde ich in ein einfaches, fast leeres Wartezimmer geführt – im Bauhausstil eingerichtet, wie es bei jüngeren Analytikern dieser Zeit Mode war. Nach einigen Minuten erschien erneut das Dienstmädchen und bedeutete mir, der Doktor sei nun bereit, mich zu empfangen. Sie geleitete mich in das Eßzimmer, wo der Tisch für zwei Personen gedeckt war. Eine große Silberschale mit Erdbeeren – es war Juni, die Zeit in Wien für äußerst köstliche und große Erdbeeren – und eine andere Schale mit gefüllter Schlagsahne standen dort. Dr. Hoffer zeigte auf einen Platz am Tisch und lud mich ein niederzusitzen. Ich war überrascht und verwirrt. Hatte er die Absicht meines Besuches mißverstanden? Ich wollte nicht unter Vorspiegelung falscher Tatsachen hier sein. Ich erklärte ihm, ich sei gekommen, um über den Beginn einer Analyse mit ihm zu sprechen. Ich fügte hinzu, ich hätte nicht erwartet, daß Analytiker ihre Patienten zu Erdbeeren mit Schlagsahne einlüden. „Warum nicht", sagte Willi Hoffer und „was ist falsch daran, mit seinem Analytiker Erdbeeren mit Schlagsahne zu essen?" Später erklärte er, er habe angenommen, ich suche ihn wegen einer Supervisionsvereinbarung auf. Er habe aber einen Analyseplatz frei und würde sich freuen, mit mir zu arbeiten. Wir aßen unsere Erdbeeren, während Dr. Hoffer weiter darüber sprach, was es bedeute, mit einem jüngeren Kollegen analytisch zu arbeiten. „Es ist, als wären Sie allein,

Sie sinnen laut über sich nach. Gelegentlich werde ich etwas erhellen, was Ihnen entgangen ist", schloß er. Der Sinn seiner Bemerkung war eindeutig: Ich sollte meine eigene Analytikerin sein, und so einen Großteil der Einsicht durch mich selbst gewinnen können mit minimaler Hilfe durch ihn. Seit meiner Ankunft in Wien hatte mich kein Analytiker von gleich zu gleich behandelt, gewiß nicht in beruflicher und kaum in menschlicher Hinsicht. Seine Haltung war vertrauenerweckend. Sie befreite mich ein wenig von dem niederdrückenden Gefühl der Unterlegenheit und unterwürfigen Abhängigkeit, mit dem ich seit Beginn meiner analytischen Studien belastet war. Ich verließ ihn mit einem guten Gefühl, voller Hoffnung, daß mir geholfen werde. Im Rückblick und im Licht nachfolgender Ereignisse frage ich mich manchmal etwas zynisch, ob ich nur deswegen zur Kollegin erhoben wurde, um das gemeinsame Essen der Erdbeeren mit Schlagsahne nachträglich zu rechtfertigen. Aber das ist unfreundlich, denn mein zweiter Analytiker hat mir wirklich geholfen. Er wuchs über das hinaus, was ein Anhänger der Orthodoxie erlaubt haben würde.

Bill und ich waren in diesem Sommer zu Ferien nach Norditalien aufgebrochen. Ich wußte, daß die Analyse bei Willi Hoffer im September beginnen sollte und fühlte mich sehr gut mit diesem Wissen. Was mich jedoch am meisten beschäftigte, war der Wunsch, wieder schwanger zu werden. Ich hatte in Wien durch den Rat von Joan Homburger-Erikson, der Frau von Erik Erikson, einen neuen Gynäkologen gefunden. Er war wegen meiner Möglichkeiten, Kinder haben zu können, überhaupt nicht pessimistisch. Er gab mir einige Hormontabletten und versicherte mir, daß ich in kurzer Zeit schwanger sein würde.

Mit unseren Tornistern, die die notwendigsten Kleider und einen kleinen Spirituskocher enthielten, bestiegen Bill und ich glücklich den Zug nach Mailand. Wir planten, unsere Ferien nach einigen Tagen in Mailand am Gardasee zu verbringen. Wir reisten nach Studentenart. Wir übernachteten in Privatquartieren, bereiteten unser Frühstück und unsere Zwischenmahlzeiten selbst zu und aßen unsere Hauptmahlzeiten in einem Restaurant. Am See besuchten wir die Insel Sirmione und die Stadt Torbole. Für Bill war es ein doppeltes Vergnügen. Er sah Plätze wieder, die er schon früher besucht hatte und konnte mich mit ihnen bekanntmachen. Für mich war es ein neues Abenteuer. Ich genoß es in vollen Zügen. Auf der Rückreise besuchten wir Venedig, wo wir am Lido zu ersten Mal seit vier Jahren einen kurzen Blick auf das Meer werfen konnten. Ich erinnere mich, wie aufregend es war, in der Adria zu schwimmen.

Von Venedig kehrten wir mit dem Zug nach Wien zurück. Es war eine lange Fahrt. Ich war erschöpft, und mir war irgendwie übel. Waren es die Hitze, das Bad im Meer am vorangegangenen Tag oder einfach die Anstrengungen der Reise? Einige Tage später, wir waren heil wieder in Wien angekommen, bemerkte ich, daß ich schwanger war. Es war eine freudige Entdeckung. Meine Glücksgefühle wurden etwas durch die Angst gedämpft, daß ich wieder eine Fehlgeburt haben könnte. Und so, ein Kind erwartend, begann ich mit meiner zweiten Analyse.

In vielerlei Hinsicht war meine Analyse mit Willi Hoffer anders als meine Arbeit mit Anna Freud. Wir sprachen Deutsch, was mir jetzt ziemlich geläufig war. Die ganze Atmosphäre war weniger formell und entspannter. Auch hier sprach ich in bezeichnender Weise zunächst über meine Ängste, in erster Linie der Angst um meine Gesundheit, obwohl sich meine Schwangerschaft ganz normal entwickelte. Aber ich war grundsätzlich besorgt. Ich war mit den Geschichten meiner Mutter über die schreckliche Geburt aufgewachsen. Dr. Hoffer beschwichtigte meine Ängste zum einen dadurch, daß er die Natürlichkeit von Lebensprozessen akzeptierte. Zum anderen erzählte er mir aus seinem eigenen Leben, besonders von eigenen medizinischen Erfahrungen. Er war der Sohn eines Landarztes. Als kleiner Junge hatte er seinen Vater bei Arztbesuchen mit Pferd und Wagen über Land begleitet. Ohne Zweifel hatte Hoffer in jungen Jahren viele „medizinische" Situationen gesehen, Geburten eingeschlossen. Er versicherte mir, daß ich zur Zeit der Geburt so beschäftigt sein würde, daß gar keine Zeit für Angst bliebe. Ob diese Aussage stimmte, war für mich zu der Zeit nicht wichtig. Ich fand sie beruhigend und hinterfragte ihren Wahrheitsgehalt nicht. Ich fühlte mich in meiner Angst akzeptiert, entnahm seiner Antwort eher eine Möglichkeit des Umgangs mit ihr und spürte keine Kritik. Bei Anna Freud hatte ich das Gefühl, daß meine phobischen Ängste unakzeptabel seien. Sicher, ich wollte sie auch loswerden, aber nicht, weil mein Analytiker sie mißbilligte, sondern weil sie mich belasteten.

Ich erzählte Dr. Hoffer, wie ich mich bei Anna Freud entwertet und nicht verstanden gefühlt hatte. Er bemerkte, daß sie tatsächlich in vielen Persönlichkeitszügen und Einstellungen mit meiner Mutter Ähnlichkeit haben müsse. Er fügte hinzu: Wenn der Charakter des Analytikers in der Realität Ähnlichkeit mit der Persönlichkeit des Elternteils habe, mit dem man die größten Konflikt gehabt habe, sei es schwer, die Lösung dieses Konfliktes zu erreichen oder die neurotischen Symptome zu überwinden. Der therapeutische Effekt für den Patienten während der klassischen Analyse soll durch die Einsicht zustandekommen, daß seine emotionalen Reaktionen auf den Analytiker unangemessen oder verzerrt sind, weil sie nicht Reaktionen auf die Realität der Persönlichkeit, des Verhaltens des Analytikers oder die analytische Situation sind, sondern Projektionen von Gefühlen aus der Kindheit des Patienten. Ein emotional gestörtes Kind, das eine strenge Mutter hatte, reagiert jedem Dogma, jeder Autoritätsfigur gegenüber so, als sei diese Person seine Mutter, ungeachtet dessen, ob der Lehrer nun streng zu ihm ist oder nicht. Ist der Lehrer jedoch wirklich eine strenge autoritäre Figur, in anderen Worten, ist da kein Unterschied zwischen der Mutter und dem Lehrer, dann kann man dem Kind schlecht aufzeigen, daß seine Reaktionen auf den Lehrer und die anderen Personen in der jetzigen Lebenssituation unangemessen sind und daß sie von früheren Erfahrungen mit einer strengen Mutter herrühren. Das kann sich genausogut im Hinblick auf die Person des Analytikers ereignen. In einem solchen Fall kann keine Einsicht in die Auswirkung der Kindheitserfahrung erreicht werden. Der therapeutische Effekt einer Behandlung ist unausweichlich begrenzt. Oft bemerkt der Analytiker jedoch seine Ähnlichkeit mit dem schwierigen Elternteil nicht und setzt seine Deutungen des Verhaltens des Patienten ihm gegenüber als unangemessene Realitätswahrnehmungen fort. Als Kind bleibt man angesichts einer überwältigenden und mächtigen Elternfigur mit einer Unsicherheit in der Realitätswahrnehmung zurück und neigt dazu, in masochistischer Weise die Wahrnehmung des betreffenden Elternteils (Analytikers) von der Realität und von sich selbst zu übernehmen. So wiederholte Anna Freuds *wirkliche* Verurteilung meiner phobischen Ängste die ähnliche Einstellung meiner Mutter und ließ mich in einem Zustand der Selbstablehnung zurück.

Während der Analyse mit Dr. Hoffer, die etwas über ein Jahr dauerte, kündigte er seine Heirat an. Er werde in eine andere Wohnung ins Zentrum der Altstadt ziehen. Ich wußte bis dahin nichts aus seinem Leben und gab meiner Neugier auf seine zukünftige Frau in den analytischen Sitzungen Ausdruck. Entgegen meinen Erwartungen sagte Dr. Hoffer: „Ich glaube, daß der Patient das Recht hat, die einfachsten biographischen Fakten von seinem Analytiker zu erfahren." Was sein persönliches Leben betreffe, sagte er bereitwillig, er sei geschieden, habe keine Kinder und werde sich nun wieder verheiraten. Er nannte mir den Namen seiner Frau. Sie war eine junge Nichtmedizinerin, Mitglied der Wiener Gruppe. Er sprach von ihr in einer besonderen Weise mit Bewunderung für die Art und Weise, wie sie ihre Praxis aufgebaut und sich ihren Platz in der analytischen Welt ohne irgendeine Unterstützung durch die Mächtigeren in der Wiener Vereinigung geschaffen hatte. Ich war davon angerührt. Dieses Thema kam in Verbindung mit meinen eigenen Ängsten auf, daß Bill und ich bei unserer Rückkehr keine Unterstützung von der New York Psychoanalytic Society haben würden, weil wir Nichtmediziner waren. Hoffer schien zuversichtlich, daß wir schon einen Weg finden würden, uns zu etablieren. Seine Zuversicht hat mir immer geholfen.

Ich erinnere mich an meinen ersten Eindruck von Hoffers neuer Wohnung. Die Ärzte in Wien hatten ihre Praxis im allgemeinen in ihren Wohnungen. Sie lag in der Dorotheergasse, in der Nähe des Graben, eine enge, altertümliche Straße mit Barockhäusern auf beiden Seiten. Man erreichte sein Stockwerk über einen Fahrstuhl mit Glaswänden, der so langsam und unsicher hochfuhr, als ob er eine ähnliche Unsicherheit im Fahrgast erzeugen wolle. Die Wohnung selbst war in demselben funktionalen Bauhausstil eingerichtet, der auch seine vorhergehende ausgezeichnet hatte – ein Stil, der mir gefiel. Aber hier zeugten die Zimmer mit dekorativen Gesimsen und gezierten Türfüllungen von ihrer barocken Herkunft. Der barocke Stil, der in der Wiener Architektur vorherrschte, hat mir nie gefallen. Er schien mir die soziale Hypokrisie zu symbolisieren, die für viele Wiener so charakteristisch war.

Dr. Hoffer nahm meine Meinung nicht freundlich auf. Er reagierte mit einer klassischen psychoanalytischen Deutung: Ich sei eifersüchtig auf seine Frau. Diese Feindseligkeit äußere sich in meiner Kritik an seiner neuen Wohnung. Wieder Ödipus! Ich protestierte energisch und argumentierte – gleichgültig wie offensichtlich es für ihn sei – ich hätte weder erotisches noch romantisches Interesse an ihm. Er antwortete, daß derartiges zweifellos unbewußt sei, so daß ich natürlich nicht darum wisse. Es gibt kein Argument gegen das Unbewußte! Das Thema wurde nicht weiter behandelt. Sein Selbstbewußtsein wurde durch das sichere Wissen gerettet, daß ich unbewußt in ihn verliebt sei. Ich war froh, den Diskussionsgegenstand fallenlassen zu können, in dem Wissen, daß ich in Wahrheit meinen Mann liebte und zu irgendeiner Zeit meinen Vater äußerst attraktiv gefunden haben könnte, den ich zutiefst liebte. Was Dr. Hoffer anbetraf, wußte ich, daß ich ihn als menschliches Wesen mochte und respektierte, daß er mich aber als Mann überhaupt nicht interessierte. Ich konnte seine Interpretation, ich hätte meine frühe Liebe zu meinem Vater auf ihn übertragen, nicht glauben. Er war mir in gewisser Weise und zu manchen Zeiten sehr hilfreich. Diese Möglichkeiten wollte ich nicht durch den Fehler, seine Grenzen nicht zu respektieren, aufs Spiel setzen.

Die kritischen ersten drei Monate der Schwangerschaft lagen erfolgreich hinter mir. Ich war begeistert, als ich die ersten Bewegungen des Babys spürte. Alles entwickelte sich normal. Ich war mit meinem Universitätsstudium

beschäftigt und besuchte auch Anna Freuds Kindertherapieseminar. Bill und ich arbeiteten an unseren Dissertationen. Wir wußten, daß wir nur noch ein Jahr Zeit hatten, um sie zu Ende zu bringen. Unsere Geldmittel erschöpften sich, uns stand nur noch eine begrenzte Zeit in Wien zur Verfügung. Im Hinblick auf mein primäres Interesse an der Psychoanalyse war meine Strategie bezüglich der Dissertation, ein Thema auszuwählen, das in keiner Weise mit den psychoanalytischen Vorannahmen in Konflikt geriet. Gleichzeitig sollte es die Anforderungen und Wünsche von Charlotte Bühler erfüllen, die meine Mentorin war. Für die letzte Überar-

Die „Kinderübernahmestelle" der Stadt Wien, an der die Kleinkinderbeobachtungen durchgeführt wurden

beitung würde ich ihre Zustimmung benötigen. Ich arbeitete an einer Entwicklungsstudie über die Vorlieben und das Verhalten jüngerer Kinder bei körperlichen Spielaktivitäten und organisierten Sportarten in verschiedenen Altersstufen, sowie an der Entwicklung ihrer Einstellungen Wettbewerben gegenüber. Dazu mußte ich auch Schulen besuchen. Ich beobachtete die Kinder in ihren Spielaktivitäten. Ich interviewte einzelne und verglich ihre subjektiven Reaktionen mit den durch Beobachtung gewonnenen Statistiken anläßlich einzelner Ereignisse: Laufen, Springen und Werfen in verschiedenen Stadien ihrer Entwicklung. Nach der ständigen Beschäftigung mit den eigenen Emotionen und dem eigenen Innenleben war es eine Erleichterung, mit solchen äußeren Verhaltensweisen umzugehen. Dr. Bühler benötigte diese Untersuchungsergebnisse für ein Buch über Entwicklungspsychologie, an dem sie gerade schrieb. Sie plante, meine Ergebnisse in ihre eigene Arbeit zu integrieren. Es erwies sich als eine befriedigende Situation für alle Beteiligten.

Bills Einfall für seine Dissertation war kreativer. Er untersuchte die Entwicklung der Neugier bei Kindern im Alter von 6 – 18 Monaten. Er benutzte eine mechanische Aufziehpuppe an einem Trapez, das er nahe am Kinderbettchen aufstellte. Er beobachtete und dokumentierte die Reaktion des Kindes. Er fand einen interessanten Entwicklungsverlauf. Mit sechs

Monaten war die Reaktion eher ängstlich. Das achtzehn Monate alte Kind versuchte, die Bewegung der Puppe nachzuahmen. War die Feder abgelaufen, versuchte es, durch Betätigung des Hebels diese Bewegung zu kontrollieren. Die Angst war durch den Wunsch, zu erforschen und zu meistern, ersetzt worden. Die Idee für diese Dissertation, anders als meine aus Zweckmäßigkeit geborene, war einzigartig und originell in jeder Hinsicht und wurde von Dr. Bühler begeistert aufgenommen. Aber bei Bill gab es oft eine große Kluft zwischen der kreativen Idee und ihrer Ausführung, vor allem, wenn sie das Schreiben mit einschloß. Hier hatte er eine Hemmung, die er sehr gerne überwinden wollte. Ich habe bereits seine Begegnung mit Dr. Deutsch wegen einer Fortsetzung der Analyse bei ihr beschrieben. Heute weiß ich nicht mehr, ob Helene Deutsch oder Willi Hoffer empfahl, Dr. Hans Lampl, einen aus Holland stammenden Psychiater, aufzusuchen. Er war kürzlich mit seiner Frau, Jeanne Lampl de Groot, aus Berlin in Wien angekommen. Er begann gerade erst, sich eine eigene Praxis aufzubauen. Daher würden unsere begrenzten Mittel mit einigen Schwierigkeiten seinen Honorarforderungen genügen.

Unglücklicherweise begann dieser zweite Analyseversuch schlecht für Bill. Es stellte sich heraus, daß Dr. Lampls Honorarforderung höher war, als wir es uns leisten konnten. Bill begann mit der Analyse, während wir ohne Erfolg versuchten, uns von Freunden in den Vereinigten Staaten Geld zu leihen. Aber zu Hause waren die Inflationsjahre. Die Freunde hatten kaum gespartes Geld, noch weniger für einen „Grund", für den sie keine Sympathie empfanden. In den frühen dreißiger Jahren gab es der Psychoanalyse gegenüber viel Skepsis. Bills Freunde dachten, er habe sich auf eine „Wildgansjagd" begeben. Die Psychoanalyse war in ihren Augen nur eine Laune. Sie hielten Bills berufliches Umsatteln für eine leichtsinnige, unverantwortliche Handlung. Was meine Freunde anbetraf, so hatten sie gerade ihren College-Abschluß gemacht. Sie kämpften selbst darum, ihren Platz in einer Zeit zu finden, in der sich das Land in ernsthaften wirtschaftlichen Schwierigkeiten befand. Dr. Lampl hatte für unsere Situation kein Verständnis und konnte nicht glauben, daß wir kein Geld aus den Vereinigten Staaten bekommen konnten – eine allgemein europäische Einstellung. Waren denn nicht alle Amerikaner reich? Was stimmte nicht mit dem Betreffenden, der nicht Zugang zu unbeschränkten Geldmitteln hatte? Hans Lampl blieb ungläubig und uneinfühlsam.

Seine Haltung dem Geld gegenüber war nicht das einzige Gebiet, auf dem er einen Mangel an Verständnis und Einfühlung zeigte. Während der wenigen kurzen Monate des Versuches, mit Lampl analytisch zu arbeiten, drückte Bill eine leichte Enttäuschung an Freud wegen dessen Puritanertums aus. Unter den Studenten am Institut war allgemein bekannt, daß Freud den Gebrauch von Kosmetika, besonders Lippenstiften, stark mißbilligte. So hielten weibliche Studenten, die zu Seminaren in das Freudsche Haus kamen – z. B. wurden Kinderseminare hier abgehalten – an der gewundenen Marmortreppe, die in die Freudsche Wohnung führte, an und entfernten alle Spuren von Lippenstift. Bill fand, daß dies doch eine unwichtige Angelegenheit sei und von Seiten des großen Mannes eine verurteilende Haltung! Bill brachte seine Enttäuschung an einer derartigen Einstellung des von ihm sehr bewunderten Mannes als idealisierter Vaterfigur zum Ausdruck. Schließlich war Freud doch der Mann, der mit der Konvention gebrochen hatte und die Sexualität als legitimen Untersuchungsgegenstand in das Verständnis für normale und pathologische menschliche Prozesse eingeführt hatte. „Denken Sie, Professor Freud würde Sie in ein ‚Bordell' einführen?", tadelte Lampl ihn. Diese Bemerkung vertiefte nur Bills Desillusionierung, nicht nur in Bezug auf Freud, sondern auch in Bezug auf den Mann, an den er sich als seinen Analytiker hatte binden wollen und von dem er sich nun total mißverstanden fühlte.

Bill war sicherlich kein Puritaner. Er war aber weder sitten- noch verantwortungslos in gefühlsmäßigen Beziehungen. In seinem Sexualleben war ein starkes emotionales und affektives Band wichtig für ihn. Dr. Lampls Bemerkung war verletzend. Sie bedeutete das Ende von Bills sogenannter Analyse und jeglichen Versuchs, psychoanalytische Hilfe für seine Schreibhemmung zu bekommen. Er stellte seine Dissertation mit meiner Hilfe und der von Paul Lazarsfeld fertig, einem Sozialpsychologen, der Sohn von Sophie Lazarsfeld, einer bekannten Anhängerin von Alfred Adler. Er war ein Statistiker und ein bemerkenswerter Forscher an der Fakultät der Psychologischen Abteilung der Universität. Er wurde später in den Vereinigten Staaten bekannt für seine Marktforschung. Lazarsfeld bearbeitete die statistischen Aspekte von Bills Untersuchung.

In meiner Analyse schrieb Willi Hoffer Lampls Bemerkung dem Umstand zu, daß er nicht so glänzend sei. Während ich Hoffers derartige Mitteilung als hilfreich und beruhigend empfand, meinem Selbstbewußtsein schmeichelnd, bin ich im Rückblick ein wenig überrascht, daß er sich die Freiheit herausnahm, einem Analysanden gegenüber eine solche Bemerkung zu machen, auch wenn er mich als jüngere Kollegin ansah. Ob es ein Postangestellter, eine arrogante Bedienung oder ein Universitätsangestellter war, in Wien versuchten alle, etwas Selbstbewußtsein dadurch zu gewinnen, daß sie andere herabsetzten. Man mußte fortwährend darum kämpfen, sein Selbstwertgefühl zu retten. Was diesen Punkt in meiner Beziehung zu Willi

Hoffer anbetraf, schien er meine besondere Verletzlichkeit zu verstehen und meine fortwährende Empörung über die Art und Weise, wie diese hierarchische Kultur auf dem individuellen Selbstwertgefühl herumtrampelte. Entweder war es das andienernde immer präsente „Küß die Hand, gnäd'ge Frau" oder „Sie müssen das Gitter zumachen." Mit dieser Bemerkung war ich bei meinem ersten Besuch in dem kleinen Schulhaus in Hietzing empfangen worden, in dem ich für eine Weile Englisch unterrichtete.

Trotz einiger Angst vor der Geburt war meine allgemeine Stimmung eher durch Freude und Zufriedenheit gekennzeichnet. Meine Schwangerschaft schritt völlig normal voran. Ich fühlte mich gut und erfüllt. In Wien wurde es jedoch unruhig. Das benachbarte Deutschland bewegte sich rasch auf die Übernahme durch die nationalsozialistische Partei zu. Im Februar 1933 brannte der Reichstag. Ich erinnere mich, daß wir an diesem Montagabend alle in der Freudschen Wohnung zum wöchentlichen Kindertherapieseminar versammelt waren. Die Studenten – Wiener wie Ausländer – diskutierten die Bedeutung dieses Brandes, der sich während des Tages ereignet hatte. Unheilverkündendes lag in der Luft. Wenn auch das Ausmaß des sich nähernden Holocaust nicht wahrgenommen wurde, fühlte doch jeder das destruktive Potential in dem mitleidlosen, vernichtenden Moloch, das das Deutschland jener Zeit war. Jedermann befürchtete Krieg und Österreichs Übernahme durch die Deutschen. Was das Feuer im Reichstag anbelangte, war allgemeiner Konsens, es sei von den Nazis selbst gelegt worden, damit die Schuld auf alle freien und radikalen politischen Parteien in Deutschland projiziert werden konnte. Die Bevölkerung sollte gegen sie aufgewiegelt und dahin gebracht werden, sich mit den reaktionären Zielen der Nazis zu identifizieren. Die Entwicklungen in Deutschland vorwegnehmend, hatten die Österreicher einige Monate vorher mit ihrem eigenen reaktionären Nationalismus geantwortet. Sie hatten die Christliche Sozialistische Partei unter dem Slogan „Österreich über alles, wenn es nur will" organisiert. Die Regierung der Stadt Wien war in den Händen der Sozialdemokratischen Partei. Ursprünglich eine Arbeiterpartei, hatte sie den Menschen in der Stadt viel Gutes gebracht: Güter und attraktive Häuser, medizinische Fürsorge, Kindergärten, Spielplätze und Parks. Eindeutig würde es zwischen den Christlichen Sozialisten und den Sozialdemokraten zum baldigen Konflikt und Kampf um die Macht kommen.

Der Konflikt brach in der Nacht auf den 12. Februar 1934 aus. Ich wurde mitten in der Nacht durch den Lärm von Maschinengewehrfeuer geweckt. Bill, der allgemein zum Überoptimismus neigte, dachte, es handele sich lediglich um ein Motorradrennen auf den kopfsteingepflasterten Straßen

Wien, 1938

Wiens. Der Morgen zeigte, daß ich Recht gehabt hatte. Die Christlichen Sozialisten hatten den Generalstreik ausgerufen, die Radiostation besetzt, das Kriegsrecht eingesetzt und schossen auf Zivilisten und Regierungshäuser. Der innere zentrale Teil der Stadt war vom Rest abgeschnitten. Alle Lebensmittelläden wurden von Menschen überschwemmt, die Vorräte einkaufen wollten. Niemand wußte, wie lange dieser Belagerungszustand und der Bürgerkrieg andauern würden.

Tatsächlich war es nur eine Angelegenheit von Tagen. Wir erfuhren durch ein Telegramm von meinen Eltern aus den Vereinigten Staaten, daß Dollfuß zum Kanzler ernannt worden war. Die Christlichen Sozialisten waren an der Macht. Einen Tag nach dem Angriff auf die Arbeiterhäuser flatterte das weiße Handtuch als Zeichen der Übergabe aus jedem Fenster im Karl-Marx-Hof, der uns nächstgelegenen Wohnanlage. So begann die schreckliche Götterdämmerung, die ganz Europa verschlang, den Rest der Welt mit hineinzog und im Zweiten Weltkrieg und dem Holocaust gipfelte.

Wir mußten einige ernsthafte Entscheidungen treffen. Ich war im siebenten Monat schwanger. Sollten wir in die Vereinigten Staaten zurückkehren oder uns der unsicheren Situation weiter aussetzen? Sollte ich hier entbinden? Wir steckten noch tief in unseren Universitätsstudien, mitten in der Fertigstellung unserer Dissertationen. In vier Monaten wollten wir unsere mündlichen Doktorprüfungen ablegen. Wenn wir jetzt abfuhren, könnten wir dies alles nicht zum Abschluß bringen und die für unsere berufliche Zukunft wichtigen Zeugnisse nicht bekommen. Wir entschieden, das Risiko auf uns zu nehmen und zu bleiben.

Wien, 1938

Nachdem der Ausnahmezustand aufgehoben worden war und die öffentlichen Transportmittel wieder fuhren, ging meine Analyse mit Hoffer weiter. Die Wochen vergingen. Ich wurde schwerer und ungeduldig. Obwohl ich die Bewegungen des Kindes in mir genoß, hatte ich Angst vor der Entbindung, vor dem mündlichen Abschlußexamen und vor unser Zukunft nach der Rückkehr in New York. Unsere Studententage gingen zu Ende. Wir standen unter Anspannung und Zeitdruck. Wir traten in eine neue Lebensphase ein. Wir würden eine Familie werden.

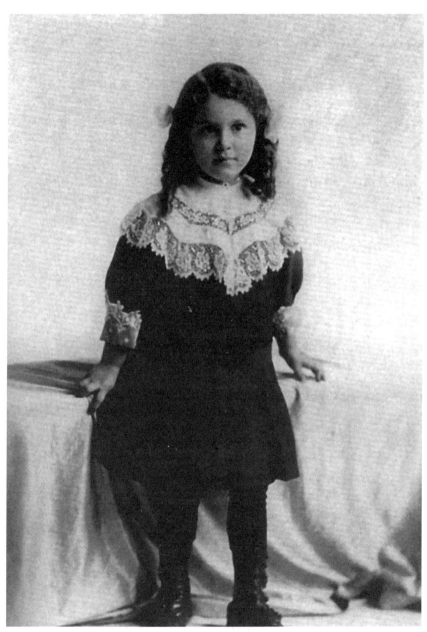

Mit 5 Jahren. Meine spätere Rebellion gegen eine überbehütende Mutter wird nur sichtbar in einem scheuen, etwas ängstlichen, aber entschlossenen Gesichtsausdruck.

William Menaker, etwa 5 Jahre alt mit seiner Mutter Rose

Meine Eltern Waldemar und Cecelia Astin 1931, beide etwa 50 Jahre alt. Russischer Herkunft, verließen sie ihre Heimat während der Jugendjahre, um in der Schweiz und in Deutschland zu studieren, bevor sie 1910 in die Vereinigten Staaten kamen. Waldemar arbeitete als Forscher in der chemischen Industrie. Cecelia hatte gerade ihr Medizinstudium begonnen, als sie heiratete. Die Mutterschaft unterbrach das Studium. Sie hat dies immer bedauert.

Eine junge Braut in New York 1930. Ich sehe glücklich der neuen Erfahrung in Wien entgegen.

Mein Bräutigam, William Menaker, kurz vor der Abreise nach Wien im Sommer 1930

Die Meldebücher der Universität

Mit „Tinkerbell", der wunderschönen Collie-hündin, die mir half, meine Phobie zu über-winden

In der örtlichen Tracht am Grundlsee in den öster-reichischen Alpen 1932. Nach den Anstrengungen unserer psychoanalytischen Erlebnisse in Wien genos-sen wir das Beisammensein in dieser wunderschönen Berglandschaft und waren damals sehr glücklich.

Es war wohl ein sonniger Frühlingstag in Wien 1931, als Bill dieses Bild auf dem Freyung – einer großen Straße in der Innenstadt machte.

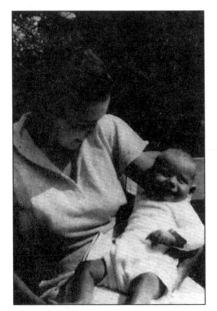

Die junge Mutter. Ich war stolz und glücklich mit Michael, als er mit sechs Wochen zum ersten Mal lächelte.

Helene Deutsch, 1920

*Anna Freud. So sah sie während
meiner Analyse aus.*

Unser Paßbild, das wir für die Rückkehr in die Vereinigten Staaten Ende 1934 anfertigen ließen.
Man merkt Bill und mir die Anstrengung und den Druck an, unter dem wir standen: Festgesetzter
Zeitpunkt für das Abliefern unserer Dissertationen, Abschlußexamen an der Universität, Abschluß
der analytischen Arbeit. Wir mußten uns auf Michael, das neue Familienmitglied, einstellen und
vor allem auf unsere Abfahrt in eine unbekannte Zukunft.

12. Die Erweiterung der Familie

Mein Sohn kam spät und rückwärts in die Welt, verursachte mir aber ein Minimum an Unbequemlichkeit. Der Arzt erfaßte die Situation und hielt mich den größten Teil des Vorganges über bewußtlos. Der Geburtshelfer hatte gesehen, daß das Baby in ungünstiger Lage war. Er hatte Bill davon in Kenntnis gesetzt, es mir aber nicht gesagt, wofür ich ihm sehr dankbar war. Ich brauchte nicht jede Einzelheit im voraus zu wissen. Zuviel Vorwegnahme hätte mir noch größere Angst verursacht. Ich sah meinen Sohn Michael das erste Mal im Krankenhauszimmer. Die Hebamme hielt ihn an den Füßen hoch und klopfte die Amnionflüssigkeit aus ihm heraus. Wegen seiner Steißlage hatte er etwas Flüssigkeit geschluckt. War dieses kleine, rote, baumelnde Wesen mit dem wunderschön geformten Kopf wirklich mein Kind? Mir wurde gesagt, er sei ein gesundes normales Kind und wöge acht Pfund. Als er dann endlich friedlich in seiner Korbwiege lag, konnte ich mich mit ihm in Beziehung setzen und seine Gesichtszüge in allen Einzelheiten in mich aufnehmen.

Er war ganz offensichtlich ein gut ernährtes Neugeborenes. Ich wunderte mich über seine rotblonden Augenwimpern und die gleiche zarte Farbe der blonden Löckchen, die sich auf seinem Kopf ringelten. Bill und ich waren dunkelhaarig, obwohl es auch Blondhaarige in der Familie gibt. Die Genetik bereitet einem viele Überraschungen. Es war wunderbar, ihn im Arm zu halten und seinen warmen weichen Körper an meinem zu spüren, wenn ich ihm die Brust gab. Er war ein eifriger Trinker. Ich konnte ihn nicht ganz zufriedenstellen. Jedoch hatte keiner von uns irgendwelche Probleme mit ergänzender Flaschennahrung.

Ich wußte überhaupt nichts über Babys. In den frühen dreißiger Jahren gab es noch keine Bücher vom Typ Dr. Spock, keine Kurse über natürliche Geburt und keine Seminare, die über Babypflege unterrichteten. Gehörte man in Europa zur Mittelklasse, war es üblich, für das Neugeborene die ersten vier bis sechs Wochen eine Kinderschwester einzustellen. Von ihr lernte die neue Mutter Kinderpflege. Ökonomisch gesehen gehörten wir nicht zur Mittelklasse. Wir waren Studenten, die sich auf ihre Abschlußexamina vorbereiteten und darum kämpften, ihre schriftlichen Arbeiten zu Ende zu führen.

Aber wir waren unter großem Druck und brauchten ein Maximum an Zeit für unser Studium. Daher stellten wir Elisabeth, eine Kinderpflegerin, ein. Von ihr lernte ich die technische Geschicklichkeit.

Mit einer frischgebackenen, unsicheren Mutter hat man sicher nicht immer ein leichtes Auskommen, genauso wenig wie mit einem jungen Mädchen, das sich selbst für einen Experten auf diesem Gebiet hält. Grundsätzlich ging es gut mit uns. Ich erinnere aber auch viele Anlässe, bei denen es zu Zusammenstößen kam. Einer davon kostete Elisabeth ihre Anstellung. An einem Nachmittag kamen wir in Vorbereitung auf unser Examen von philosophischen Vorlesungen zurück. Wir waren etwas später als gewöhnlich. Elisabeth hatte Michael in seinem Kinderwagen spazierengefahren. Dieser Kinderwagen war das einzige Stück Babyausstattung, das wir gekauft hatten, da wir in sechs Monaten abfahren wollten. Der Rest war improvisiert: Ein Koffer aus Korbgeflecht gab ein feines Bettchen ab. Die Babymatratze war auf Freuds Gesammelten Werken plaziert. Dadurch war die Matratze in einer gewissen Höhe, wenn ich Michael herausnehmen wollte. Ein kleiner hölzerner Waschzuber, ausgeschlagen mit einem Gummituch, das mit Wäscheklammern an der Wand ringsum befestigt war, gab eine ausgezeichnete Babybadewanne ab.

Es war ein wunderbar warmer Frühlingsnachmittag. Elisabeth hatte mit Michael im Park einen Spaziergang gemacht. Offensichtlich war alles friedlich verlaufen. Es war Zeit für die Heimkehr. Dann entdeckte Elisabeth, daß wir noch nicht zurückgekommen waren und sie nicht in das Appartement gelangen konnte. Wir fanden sie auf der Straße, ungeduldig auf- und abschreitend, in äußerst schlechter Laune. Sie warf uns unser Zuspätkommen vor, als wären wir unpünktliche Schulkinder und fügte hinzu: „Ich bekomme nie den Schlüssel." Das machte Bill wütend, dessen psychoanalytische Einstellung die Bemerkung in einem symbolischen Sinne verstehen ließ. Der Schlüssel war natürlich ein phallisches Symbol. Das junge Mädchen drückte Neid aus – Neid auf den Mann, der einen Phallus hat, auf ihn und Michael in diesem Falle – und Neid auf mich, die einen Mann und ein Kind hatte. Wir waren wirklich schlimm mit dem psychoanalytischen Virus infiziert – genauso wie unsere Mentoren von der Richtigkeit unserer Schlüsse überzeugt, unfähig, die anderen Realitätsfaktoren mit in Rechnung zu stellen, wenn wir mit etwas, das Ausdruck von unbewußten Impulsen zu sein schien, konfrontiert wurden. Elisabeth war in Bills Augen sicherlich keine tüchtige Kinderschwester. Kurz entschlossen entließ er sie. Wir bedachten nicht, daß ich nun die Windeln waschen mußte, bis wir Ersatz für Elisabeth beschaffen konnten. (Es gab damals noch keinen Windelservice und erst

recht keine Wegwerfwindeln.) Bill würde mit Michael in seinem Korbwagen spazierengehen müssen.
Schließlich gelang es uns, für Elisabeth Ersatz zu finden. In der Zwischenzeit lernten wir eine ganze Menge über Babypflege und freuten uns daran, die Entwicklung unseres Kindes beobachten zu können. Unsere Kollegen an der Universität und am Psychologischen Institut waren allesamt daran interessiert, sie mitzuverfolgen. Charlotte Bühler und Hildegard Hetzer hatten kurz zuvor eine Reihe von Kindertests entwickelt. Die jüngeren Fakultätsmitglieder sahen in Michaels Ankunft eine günstige Gelegenheit, sie an ihm auszuprobieren. Alle Beteiligten genossen den Vorgang. Es waren im

Charlotte Bühler

wesentlichen spielerische Wege, mit einem Baby umzugehen. Michael selbst mochte das Spiel und die Aufmerksamkeit gern. Er führte sich so gut auf, daß Liselotte Frankl, eine von Bühlers Assistentinnen scherzhaft voraussagte, er werde noch Präsident der Vereinigten Staaten werden – eine Unmöglichkeit, da er in Europa geboren war.

Es war eine vergnügte Zeit trotz des Druckes, unter dem wir wegen unserer Arbeit standen. Bill und ich freuten uns über Michaels Energie und Vitalität, seine wachsende Möglichkeit, die motorischen Funktionen koordinieren zu können, über sein erstes Lächeln, das eindeutig mit Wiedererkennen zusammenhing, an seiner Aufgewecktheit und an der Art, wie er buchstäblich und im übertragenen Sinne die Welt verschlang. Wir improvisierten ein Babyspielzeug, wie es später käuflich zu erwerben war. Wir spannten ein Seil quer über das Kinderbett und befestigten einige weiche Gummispielzeuge mit Fäden am Seil, gerade lang genug, damit Michael sie, auf dem Rücken liegend, erreichen konnte. Er lernte schnell, nach ihnen zu stoßen, so daß sie von ihm weg und wieder zu ihm zurückschwangen. Er quietschte vor Vergnügen. Die Laute, die vom anderen Raum zu hören waren, wenn er versuchte, seiner Freude Ausdruck zu verleihen, klangen wunderbar.

Mitten in diesem Vergnügen als stolze Eltern mußten wir auch ernsthafte Studenten sein. Meine Dissertation hatte ich vorgelegt. Es verblieb nicht viel Zeit zwischen Michaels Geburt am 19. Mai und der 2. Junihälfte, in der wir unsere Abschlußexamina für den Doktor in Psychologie ablegen wollten. Wir verstärkten unsere Lektüre, suchten uns unter den jüngeren Fakultätsmitgliedern Tutoren zum Lernen und zum Wiederholen. Sie waren mit den Themen, auf die Professor Bühler in den mündlichen Abschlußprüfungen am meisten Wert legte, vertraut. Darüber hinaus war Bills Dissertation noch nicht getippt. Diese Aufgabe begann ich noch während meiner Hospitalzeit nach der Geburt.

Unsere psychoanalytische Ausbildung ging auch weiter. Wir besuchten einige Kurse. Ich ging zu den Sitzungen mit Dr. Hoffer und besuchte Anna Freuds Kinderanalyseseminar am Montagabend. Ich war die ganze Schwangerschaft über in dieses Seminar gegangen bis etwa vier Wochen vor Michaels Geburt. Zum einen war es für mich aus körperlichen Gründen nicht leicht, zum anderen ging es dort nicht besonders freundlich zu. Nichtsdestoweniger – einen Monat nach Michaels Geburt ging ich wieder hin. War es unnatürlich, von Anna Freud ein Zeichen des Aufmerkens wegen meiner Rückkehr zu erwarten, einen Glückwunsch zu erhoffen, mit den üblichen Fragen zu rechnen? War es ein Mädchen oder ein Junge? Wie heißt er? Wieviel wiegt er? Wie kommen Sie zurecht? Sie zeigte absolut keine Reaktion. Es wurde wie üblich gearbeitet, in der gleichen strengen, ernsten und humorlosen Weise. Ich war gelähmt und verletzt. Diese Frau war meine Analytikerin gewesen! Sie hatte gewußt, wie sehr ich mir ein Kind gewünscht hatte! Sie wußte, wie mich meine Fehlgeburt belastet hatte. Sie zeigte weder, was sie fühlte noch die geringste soziale Höflichkeit oder Umgangsweise. Sie stellte keine Frage in Bezug auf meine neue Lebenssituation. Ich könnte über die Gründe ihres Verhaltens spekulieren. War es Neid auf mein volleres Leben angesichts der Begrenzung ihres eigenen Lebens? Konnte dieses Verhalten mit ihrer Einstellung zu tun haben, als meine ehemalige Analytikerin eine objektive Rolle beibehalten zu wollen? Was immer die Gründe gewesen sein mögen, das Übersehenwerden in einem solchen Ausmaß durch meine frühere Analytikerin führte dazu, daß ich mich ganz klein fühlte.

In meiner analytischen Sitzung bei Dr. Hoffer beklagte ich mich über Anna Freuds Verhalten. Er war in seiner Reaktion großzügig. Er legte nicht alles mir zur Last, noch fragte er, warum das für mich so wichtig sei. Stattdessen erklärte er, ohne ausdrücklich das Wort Neid zu gebrauchen, daß Heirat und Gebären keine Themen seien, mit denen Anna Freud umgehen könne. Er erzählte mir, wie sie es anläßlich seiner kürzlichen Heirat unterlassen habe, ihm zu gratulieren oder auf irgendeine andere Weise auf dieses Ereignis einzugehen. Sie hätte bei den üblichen Zusammenkünften, an denen sie sich häufig begegneten, viele Gelegenheiten gehabt. Ich wußte seine Sensibilität für meinen vorübergehenden Verlust an Selbstwertgefühl zu schätzen.

Was Menschlichkeit anbelangte, machte Willi Hoffer vieles von dem gut, was Anna Freud versäumt hatte. Nach Michaels Geburt besuchte er mich im Krankenhaus. Er brachte für das Baby ein Geschenk mit und Blumen für mich. Unglücklicherweise hielt Willi Hoffers natürliche und freundliche menschliche Reaktion nicht an, zumindest was mich anbetraf. Ich werde später davon berichten.

Ich erinnere mich an eine Situation, als wir während meiner Analyse über Penisneid sprachen. Wir besprachen es nicht theoretisch, sondern ganz persönlich, als ich von einem sexuellen Problem erzählte. Ich war von Anna Freud indoktriniert worden, daß Penisneid ein Hauptbestandteil in der Entwicklung der weiblichen Sexualität sei und ein notwendiges Durchgangsstadium für einen glücklichen Ausgang. Das war in der psychoanalytischen Literatur zu lesen und auch in Helene Deutschs Buch zu finden. Meine eigenen Gefühle, die ich Dr. Hoffer gegenüber ausgesprochen haben muß, waren gemischt. Zu jener Zeit war ich ausreichend „wahrheitsgläubig", um zu denken, daß Freud und seine Anhänger in Bezug auf Frauen Recht haben könnten. Sie waren unzufrieden mit der weiblichen Rolle, mit der Art und Weise, wie diese ihren Lebenslauf beeinflußte. Sie mußten lernen, ihren Widerstand gegen sie aufzugeben. Nur so konnten sie sich akzeptieren und sich Kinder wünschen als Ersatz für den unerreichbaren, verlorengegangenen Penis. Ich hatte aber auch meine starken Zweifel. Ich drückte meine Skepsis bezüglich der Gültigkeit dieser Theorie aus. Für Dr. Hoffer war dies aber nur ein weiterer Beweis für die Existenz meines unbewußten Wunsches, ein Junge zu sein. Es bewies ihm das Ausmaß der Verdrängung, dem dieser Wunsch anheimgefallen war. Es gibt keine Möglichkeit, gegen etwas anzureden, wenn jemand sagt, es sei „unbewußt". Im Verlauf der Diskussion wurde Willi Hoffer leicht ärgerlich. „Ich weiß nicht, warum Frauen immer so unzufrieden mit dem sind, was sie sind", sagte er, „sie haben doch innen, was Männer außen haben." Wieder hatte es wenig Zweck, diesen Punkt zu diskutieren. Ich hatte jedoch meine eigene Ansicht dazu. Zunächst: Es ist interessant zu bemerken, wie viele willentlich unausgesprochene Gedanken einer ziemlich aufrechten Person unter dem Druck dieser klassischen psychoanalytischen Technik durch den Kopf gehen können. Ich meine, daß Frauen nicht primär mit ihrer Rolle in irgendeinem grundsätzlichen oder psychologisch engeren Sinne unzufrieden sind. Es ist die Gesellschaft, die die Frauen diskriminiert. Sie hat sie seit undenkbaren Zeiten als zweitklassige Bürger behandelt und dadurch ihr Selbstwertgefühl und Selbstbewußtsein ausgehöhlt. Freud war selbst in die phallozentrische Kultur seiner Zeit eingebunden. Das wird erstens daran deutlich, daß er in seiner Familie die Rolle des Kronprinzen innehatte, auf den alle mütterlichen Ehrgeizwünsche projiziert waren (in sich selbst wiederum ein Beweis für die zweitrangige Stellung der Frau); zweitens in der Art seiner Theoreme, die er entwickelte in dem Versuch, die Psychologie der Frau zu erklären. Nach Freud resultieren viele Konflikte, besonders das Gefühl der Unterlegenheit, aus dem Wunsch, als Mann geboren zu werden. Freud war überzeugt, daß kleine Mädchen sich selbst als kastriert ansehen, ebenso wie kleine Jungen die Mädchen als kastriert erleben. Der Verlust des Penis sei die Folge einer Bestrafung (wegen des ödipalen Wunsches). Alle Möglichkeiten, die von den normalen weiblichen Funktionen herrühren, wie etwa das Kindergebären, seien nicht primäre Befriedigungen, sondern sollten das Fehlen des Penis kompensieren.[1] Es gibt natürlich unterschiedliche Standpunkte. 1922 hat Karen Horney[2] auf die Angreifbarkeit solcher Theorien hingewiesen, wie ich im ersten Kapitel beschrieben habe.

Ich befand mich mehr in Übereinstimmung mit Horney, die in Berlin arbeitete. Ich wurde jedoch in Wien ausgebildet. Hier durfte man die Freudsche Ansicht von der weiblichen Psychologie nicht infrage stellen. Man fühlte sich gezwungen, die Theorie der weiblichen Kastration und alles, was sie beinhaltete, zu akzeptieren. Bill und ich teilten die gleiche Skepsis. Mit einem wunderschönen Baby im Arm war dies ganz gewiß nicht eine Zeit in meinem Leben, in der ich mich als Frau zu kurz gekommen oder unterlegen gefühlt hätte. Auch erlebte ich mein Kind weder als Kompensation noch als Penisersatz. Die Indoktrination war jedoch so mächtig, daß ich erst Jahre später in der Lage war, in meiner Arbeit und vor allem in meinen Schriften meiner eigenen Meinung Ausdruck zu geben. Sie legt starkes Gewicht auf die kulturellen Bedingungen.

Man hätte meinen können, daß in der analytischen Welt Freuden geteilt würden, die Ideen und Gedanken des anderen angehört und respektiert und neu Erreichtes anerkannt würde. Das war aber nicht der Fall, außer bei bestimmten Personen, die von irgend jemandem begünstigt wurden. Den anderen blieb im allgemeinen nur das Wünschen übrig. Bei ihnen wurde die Betonung immer auf das gelegt, was nicht richtig war. Es war wie bei der Jagd von Neulingen an der Universität. Man mußte biegsam sein, um die Demütigungen zu überleben, wenn man zum Establishment gehören wollte.

13. Anna Freud als Lehrerin

In Wien wurde Anna Freud als Gründerin der Kinderanalyse angesehen. Sicherlich war sie eine der ersten. Als Studentin in Wien hörte ich kaum von Melanie Klein oder von Hermina von Hug-Hellmuth, die beiden vorangegangen war. Anna Freud betrachtete sich selbst als Neuentdeckerin, die ohne Anleitung begonnen und so ihre eigene Methode entwickelt hatte. Als ich

Anna Freud 1913 in Luzern

eines Tages während meiner analytischen Sitzung einige Spielzeuge auf einem Wandboard ihres Büros entdeckte und sie danach fragte, durchbrach sie ihre übliche analytische Zurückhaltung und teilte mir mit, daß sie später am Tag ein Kind behandeln werde. Wahrscheinlich als Antwort auf meine Frage, wie sie mit Kindern umginge, erzählte sie mir von ihrer ersten Sitzung mit einem Kind. Es war jener kleine Junge von etwa sieben Jahren. Ihre Arbeit mit diesem Kind habe ich bereits in einem früheren Kapitel beschrieben.

Wir trafen uns mit unserer Seminargruppe im Wartezimmer der Freudschen Wohnung. Diesen Raum kannte ich von meinen täglichen Analysebesuchen her. Dieses Zimmer war, wie bereits erwähnt, ziemlich düster. Ein großer Tisch, der mit einer schweren dunklen persischen Decke bedeckt war, nahm die Mitte des Zimmers ein. Um diesen Tisch, an den etwa zehn Leute paßten, saß der „innere Zirkel" der Seminarteilnehmer. In einem parallel angeordneten „äußeren Zirkel", auf Sofas und Stühlen, die bei dieser Gelegenheit dort standen, saßen die weniger hoch geschätzten Gruppenmitglieder. Diese Anordnung war weder geplant noch angewiesen. Die Anordnung erfolgte in der hierarchischen Struktur der analytischen Gesellschaft und der Kultur, in welche sie eingebettet war. Im Rückblick erscheint es der Stellung der Kinder im Mittelalter vergleichbar, die in adeligen Häusern während offizieller Feierlichkeiten unter dem Tisch essen mußten, wo sie mit den Hunden um die Brocken stritten, die vom Tisch herabfielen. Vielleicht bemerkten die Wiener, die in dieser Hierarchie aufgewachsen waren, dieses Arrangement kaum.

Es war ein Fallseminar, in dem einige Mitglieder der erfahreneren jüngeren Gruppe – Berta Bornstein, Anny Angel, Edith Buxbaum oder Erik Homburger-Erikson z. B. – ihren Kinderfall vorstellten. Darauf folgte eine Diskussion, die immer in gleicher Weise die Deutung eines kindlichen Verhaltens eines Traumes oder einer Phantasie fokussierte.

Es ist für mich erstaunlich, wie wenig ich vom Inhalt der Diskussionen erinnere. Teilweise kommt es daher, daß gar keine wirkliche Diskussion entstand. Die Teilnehmer stellten sich nicht gegenseitig Fragen. Es gab z. B. unterschiedliche Auffassungen über die Bedeutung von Träumen. Ich erinnere Anna Freuds Bemerkung: „Ist es nicht interessant, wie viele unterschiedliche Interpretationen es für ein und den selben Traum geben kann!" Sprach dieses scheinbare Fehlen von Absolutismus für eine Offenheit gegenüber der Idee, „Wahrheit" könne in unserem sehr weit gespannten Feld etwas sehr Relatives sein, überlegte ich. Aber dann erinnerte ich mich an Helene Deutschs Bemerkung in Bills Analyse, als er nachdenklich eine ihrer

Interpretationen überdachte. Er hatte „kann sein" gesagt. „Nicht kann sein, sondern ja", war ihre Antwort gewesen. Erlebnisse dieser Art ließen ein Mißtrauen zurück auch angesichts der scheinbaren Offenheit in diesem Seminar. Im Rückblick denke ich, daß die Freudianischen Analytiker in diesem frühen Stadium der Kinderbehandlung Beobachtungen sammelten. Sie waren noch nicht zu endgültigen Formulierungen gekommen, die sich speziell auf die Behandlung von Kindern bezogen, obwohl gewisse grundlegende und unverbrüchliche Lehrsätze ihre Beobachtungen färbten. Der Ödipuskomplex, die Kastrationsangst und der Penisneid waren Konsens. Beim Versuch, das Leben, die Konflikte und Symptome eines Kindes zu verstehen, wurde bei allen möglichen Fragen besonderes Gewicht auf das Sexualleben gelegt.

Anna Freud glaubte nicht, daß Kinder Übertragungen auf den Analytiker entwickelten. In ihren Beziehungen zu den Eltern und anderen Familienmitgliedern seien sie noch zu aktuell mit dem Internalisierungsprozeß beschäftigt. Projektionen innerer Bilder auf einen anderen Menschen seien eher unüblich. Dies ist eine Frage, über die man sich streiten kann. Sie wurde später zum Auseinandersetzungspunkt zwischen den Anhängern Anna Freuds und den Kleinianern. Bei der Freudianischen Art mit Kindern zu arbeiten war das Nichtachten auf die Art der kindlichen Beziehung zum Analytiker bemerkenswert. Der Schwerpunkt wurde auf die symbolische Bedeutung des Verhaltens und des Fühlens gelegt.

Wenn das Seminar weiter vorangeschritten war, unterbrach das willkommene Klingeln von Eis in Trinkgläsern plötzlich die Stille. Nach der ersten Seminarsitzung gab es keine Überraschung. Uns wurde nichts Kräftigeres oder Süßeres geboten als das klare Wasser von Wien. Es wurde von den umgebenden Hügeln heruntergeleitet und war tatsächlich gut. Jetzt trat Paula, das treue Dienstmädchen des Freudschen Haushalts, mit zwei Tabletts in den Raum. Auf einem befanden sich geordnete Reihen von Gläsern mit Eiswasser, auf dem anderen standen Teller mit Petits Fours, jenen bunten und leckeren kleinen Kuchen, die die Wiener so gut machen können. Die Platten wurden herumgereicht. Wir suchten uns etwas aus. Dieser Augenblick war ein erfreuliches und wichtiges Ereignis in meinem Leben. Der durch unser begrenztes Studentenbudget notwendigerweise frugale Lebensstil erlaubte uns selten solche Köstlichkeiten. Ich fragte mich manchmal, ob ich nicht auch, wie Anna Freuds erster kleiner Patient, den sie verdächtigte, nur wegen der Milch und der Plätzchen regelmäßig zu kommen, mich auf das Seminar wegen der angebotenen Süßigkeiten freute. Um jedoch fair zu bleiben: Das Seminar hinterließ bei mir Eindrücke von größerer Wichtigkeit als das der symbolischen Bedeutung kindlichen Verhaltens. Da gab es eine Atmosphäre, die von einigen Gruppenmitgliedern, die viel mit Kindern arbeiteten und auch später in ihrer Berufslaufbahn diese Arbeit fortsetzten, hervorgerufen wurde. Sie zeichnete sich durch wirkliche Bezogenheit und Zuneigung zu Kindern aus. Berta Bornstein war eine von ihnen. Sie verstand die Seele des Kindes. Sie antwortete auf seine Kämpfe mit ursprünglicher Wärme. Selbst in meinen Anfängerjahren wußte ich, daß dies therapeutisch wirksamer war als die Anwendung bestimmter Techniken. Ich erinnere mich an ihre Geschichten über einen kleinen Jungen. Er hatte neben anderen Problemen starke Schuldgefühle wegen seiner Masturbation. Sie betonte, wie vorsichtig man beim Umgang mit Worten bei Kindern sein müsse. Sie erzählte eine Geschichte, um einen eigenen Fehler zu illustrieren. Das betreffende Kind war bei ihr während des Schuljahres in Behandlung gewesen. Als sie in den Sommerferien aus der Stadt in die Berge ging, kam er mit, um die Behandlung fortzusetzen. Das war in der analytischen Gemeinschaft in jenen Tagen kein ungewöhnliches Vorgehen. Eines Tages wanderten sie in den Wäldern einen Pfad entlang. Das Kind sah einen alten rostigen Drahtreifen. Es hob ihn auf und begann damit zu spielen. „Laß das schmutzige Ding liegen", sagte sie. Kaum waren die Worte ihrem Mund entschlüpft, bemerkte sie ihren Fehler, oder was sie für einen Fehler hielt. Sicherlich würde das Kind dieses Verbot, „das schmutzige Ding" anzurühren, als Ermahnung verstehen, nicht mit sich selbst zu spielen, also nicht zu masturbieren.

Wer kann mit Sicherheit sagen, ob das Kind im Zusammenhang mit diesem Verbot die Wirklichkeit des rostigen Reifens in das Symbol des „schmutzigen Aktes", d. h. des Spiels mit seinem Penis übersetzt hat? Und wenn er dies tatsächlich getan hätte, kann die Realität durch ein Gespräch eher wieder hergestellt werden als durch das sich in acht nehmen beim Sprechen. Aber das ist nicht so wichtig. Es wurde deutlich in der Art, wie sie über den Jungen sprach, daß Berta Bornstein in einer liebevollen Beziehung zu dem Kind stand. Das Kind wußte es. Die, die der Anekdote zugehört hatten, wußten es auch. Genau das war die Hilfe, um Schuldgefühle auf normale Proportionen zu reduzieren, besser als alle Interpretationen, daß Schuldgefühle durch verbotene ödipale Wünsche verursacht würden. Nirgendwo ist das Ausmaß der gefühlshaften Kommunikation als Gegensatz zur intellektuellen Einsicht eindeutiger therapeutisch wirksam als in der Arbeit mit Kindern.

Es gab noch andere Seminarteilnehmer, die sich ganz klar zu Kindern hingezogen fühlten und dies in ihrer Arbeit zum Ausdruck brachten. Einige, wie Margaret Mahler oder Lily Peller, äußerten sich selten in der Gruppe. Ich hielt ihre Hemmung für eine Antwort auf die überintellektualisierende Atmosphäre, die Anna Freud hervorrief.

Nach fast zwei Stunden war das Seminar zu Ende. Die Mitglieder, die seit Jahren miteinander befreundet waren, verließen es zusammen. Nur selten versuchten die anderen, Kontakt aufzunehmen oder neue Freunde zu suchen. Die Atmosphäre war weder begeisternd noch verbrüdernd. Nur gelegentlich waren Mitglieder ausreichend angeregt oder beflügelt, die Diskussion außerhalb fortzusetzen. Manchmal tauschten die Amerikaner, die eine Art Überlebensgemeinschaft bildeten, ihre Gedanken untereinander aus, die sie im Seminar nicht auszusprechen gewagt hatten. Beunruhigt darüber, ob sie jemals die Kinderanalyse lernen würde, aber mit echt amerikanischem Pragmatismus wandte sich Julia Deming eines abends nach dem Seminar an mich und sagte im Tonfall des Mittelwestens: „Wie soll man wissen, wie man sich hier benimmt?"

14. Rigorosum

„Rigorosum." Ich wurde mit diesem Wort in Wien so vertraut, daß es mir nicht mehr fremd erschien. Als ich es aber kürzlich in einer Unterhaltung mit einer Freundin in New York gebrauchte, dachte sie, es sei eine Krankheit! Tatsächlich fühlte ich mich damals fast krank, als das Ende unserer Doktorstudien an der Universität näherrückte. In Wirklichkeit bezieht sich das Wort auf die letzte mündliche Abschlußprüfung, die man durchlaufen muß, um den Doktor der Philosophie zu erwerben. Sie war wirklich „rigoros", und ich vermute, daß die Namensgebung von dieser Tatsache herrührt. Der Kandidat wurde in erster Linie in seinem Hauptfach geprüft. In unserem Falle war das die Psychologie. Der Prüfer war ein Ordinarius, der Leiter der Fakultät. Für uns war das Professor Karl Bühler, der Direktor des Psychologischen Institutes. Die Prüfung war keine Verteidigung der eigenen Dissertationsarbeit, wie es in unserem Lande üblich ist (obwohl eine vollständige Dissertation eingereicht werden mußte, bevor man zum Rigorosum zugelassen wurde). Die Fragen konnten sich über das gesamte Feld der Psychologie erstrecken. Sie waren jedoch zumeist auf das Spezialgebiet des Professors beschränkt. Professor Bühler war an Entwicklungspsychologie interessiert und auch an einem Thema, das er „Krise in der Psychologie" nannte. Er hatte eine stark philosophische Ausrichtung und war an der Existenzphilosophie und an introspektiven deutschen Psychologen interessiert, wie Dilthey und Spranger. Darüber hinaus mußte man eine davon getrennte Prüfung in Geschichte der Philosophie bei einem Professor der Philosophischen Fakultät ablegen.

Dazu mußte viel gelernt werden, und es war nicht immer einfach, die Zeit dafür zu finden. Unser neues Familienmitglied beanspruchte unsere Aufmerksamkeit. Obwohl wir eine Teilzeit-Babyschwester hatten, war Michael der Mittelpunkt unseres Lebens, unserer Freude und unserer Aufmerksamkeit. Wenn ich an jene angespannte Zeit zurückdenke – als unsere Geldmittel ausgingen und wir wußten, daß wir innerhalb der nächsten sechs Monate in die Vereinigten Staaten zurückkehren mußten – wird mir klar, daß wir unser Studium nicht ohne die hilfreiche Unterstützung der jüngeren Tutoren an der Universität zu der Zeit – Kathe Wolf, Elsa Frenkel-Brunswick, Lotte Danziger, Liselotte Frankl und Paul Lazarsfeld, zum Abschluß gebracht hätten, die uns durch die wichtigen Strecken unseres Studiums begleiteten. Tatsächlich war Kathe Wolf eine kurze Zeit unsere Tutorin, und sie stellte uns auch Frederik Waisman vor, der unser Tutor in Philosophie wurde. Ich selbst gab Englischunterricht, um unsere Extraausgaben zu decken. Die meisten dieser Gelegenheiten waren durch Empfehlungen Anna Freuds zustande gekommen, wofür ich ihr immer dankbar gewesen bin. 1934 war ein Jahr großer Anspannung für uns. Wir würden unsere Studien abschließen, sowohl in Psychologie als auch in Psychoanalyse. Wir sahen einer unbekannten und vielleicht sehr wenig willkommenheißenden Situation in den Vereinigten Staaten entgegen. Für die Europäer verdichteten sich die dunklen Sturmwolken der Eroberung, des Krieges und der Verfolgung. Hitlers politische und militärische Macht wuchs und drohte, Europa zu verschlingen und ein ganzes Volk auszulöschen – die europäischen Juden. Das Leben all dieser hilfreichen Leute, mit denen ich in unserem letzten Jahr in Wien so viel Kontakt gehabt hatte, wurde in andere Bahnen gelenkt – und sie waren noch die Glücklicheren. Viele von ihnen kamen in die Vereinigten Staaten, wo sie rasch Anerkennung fanden und für die Psychologie bedeutende Beiträge lieferten. Einige gingen nach England. Manches Leben, so wie das von Frederik Waisman, endete tragisch durch Selbstmord.

Wir lebten im Schatten unserer eigenen persönlichen Furcht vor dem Rigorosum – die natürlich trivial war im Vergleich zu der Bedrückung, die damals die Weltatmosphäre durchsetzte. Aber für uns war diese Angst Realität. Ich wundere mich manchmal, daß mir die Milch nicht wegblieb, Michael gedieh und fröhlich an Gewicht zunahm. Dies ließ mich in Bezug auf unsere psychosomatischen Theorien äußerst vorsichtig werden. Wäre das Stillen beeinträchtigt worden, hätten wir sicherlich den Druck unserer Situation dafür verantwortlich gemacht.

Prüfungen, die in den Vereinigten Staaten meist schriftlich sind, hatten mich während meiner ganzen Schullaufbahn in Schrecken versetzt. Meistens bestand ich sie gut, konnte aber die Angst nie ganz überwinden. Ich erinnere mich, daß ich eines Tages als College-Studentin mit meiner ältesten Freundin, Rose, über meine Ängste sprach. Rose behauptete von sich, niemals ängstlich zu sein. „Ich weiß aus Erfahrung", sagte sie, „daß ich bestehe, und daß ich es meist gut mache." Anscheinend ging die Auswirkung einer solchen Erfahrung bei mir verloren. Diese Tatsache ist, wie ich später erfuhr, für phobische Ängste charakteristisch und macht sie für die psychoanalytische Behandlung so unzugänglich. Jede analytische „Einsicht" und „Erklärung" – daß ich fürchte verurteilt zu werden, daß ich überehrgeizig sei, mein Selbstbewußtsein zu schnell getroffen werde, war von geringem Nutzen. Ich hatte weiterhin Angst. Im Rückblick meine ich, es war die irrationale Angst vor dem Erstarren, dem Herausfallen, hilflos zurückgelassen zu werden, die Angst nicht mehr funktionieren zu können. Es war die Angst, daß die Angst mich auslöschen könnte.

Aber selbst dieses Verständnis würde die irrationale Reaktion nicht beseitigt haben. Sie war wirklich irrational in ihrer Intensität. Professor Bühler war ein vernünftiger, freundlicher Mann, amerikanischen Studenten gegenüber besonders aufgeschlossen. Obwohl Deutscher aus Hamburg, hatte er keinen dieser autokratischen, strengen und verbietenden Züge, die wir mit deutschen Männern assoziierten und in der Tat bei psychoanalytischen Patriarchen wie Paul Federn auch antrafen.

Wir wußten, wenn wir das psychologische Material, für das wir verantwortlich waren, gelernt hatten und Kenntnis von Bühlers eigenen Standpunkten und allgemeinen Lehrsätzen hatten, würde er uns helfen, unser Wissen zum Ausdruck zu bringen. Die Sprache war kein besonderes Problem mehr für uns. Am Ende unseres vierten Jahres in Wien sprachen wir beide fließend Deutsch. Wir studierten hart und setzten das Datum für unser Rigorosum fest. Wir mobilisierten unsere ganze Willenskraft, um unsere Ängste zu unterdrücken und mit ihnen durch die Prüfung hindurchzugehen.

Die Prüfung wurde in einer großen Aula gehalten. Sie war in einem Hauptgebäude der Universität gelegen. Die Universität selbst war ein beeindruckendes Barockhaus auf der Ringstraße. Hier gab es viele Studentenkrawalle, vor allem rassistische. Die Universität hatte eine eigene Verwaltung und auch eine eigene Rechtsprechung. Daher konnte die Stadtregierung wenig tun, um diese wilden Ausbrüche zu unterbinden. Zahlreiche Studenten wurden ernsthaft verletzt. Hier herrschte kaum eine vergnügliche oder gar eine geistig verbundene Atmosphäre. Wir konnten nur hoffen, daß es am Tag unseres Rigorosums keine Schlägereien geben würde. Die ganze Angelegenheit war noch dadurch erheblich gespannt, daß die mündlichen Examina öffentlich waren. Jedermann konnte kommen und sich unter die Hörerschaft setzen. Ich wußte, daß in Wirklichkeit nur wenig öffentliches Publikum dasein würde. Nur Studenten, deren eigene Examina bevorstanden, waren mit Sicherheit zu erwarten. Sie wollten mit der Prozedur vertraut werden und ein Gefühl für die Persönlichkeit des prüfenden Professors und für die Art der Fragen, die er stellen würde, bekommen. Der Kandidat, der sich unter diesen Umständen wie ein Opfer fühlte, erlebte die Anwesenheit der anderen Studenten jedoch nicht als eine inspirierende Ermutigung. Er empfand sie eher als Rivalen, die darauf warteten mitzuerleben, wie der Kandidat gedemütigt und erniedrigt werden würde, wenn er eine Frage nicht richtig beantworten konnte. Das war ebenfalls Ausdruck der höchst aufgeladenen, wetteifernden Wiener Kultur, in der all diese Aktivitäten stattfanden.

Jeder war sich selbst der Nächste – und wenn man da so saß, auf der Bühne des Amphitheaters, vom Professor gefragt und von den Zuschauern beobachtet, hatte man ein intensives Gefühl von Ausgesetzt- und Alleinsein. Glücklicherweise war ein Professor wie Karl Bühler mehr mit einem als die übrigen Studenten.

Nach mehr als fünfzig Jahren erinnere ich mich nicht mehr daran, was ich im Verlauf des Rigorosums gefragt wurde, noch erinnere ich mich, ob ich es überhaupt jemals später noch wußte. Das ganze Ereignis liegt für mich wie in einem Nebel. Meinem geistigen Auge ist die bildhafte Szene präsent. Ich erinnere mich sogar an das Kleid, das ich trug, denn ich hatte damals wenig Auswahl. Aber was zwischen Professor Bühler und mir vor sich ging, oder in der Philosophieprüfung zwischen Professor Schlick und mir, ist für immer meinem Gedächtnis entschwunden. Es dauerte nicht lange – weniger als eine Stunde für beide Prüfungen würde ich schätzen. Ich kann mir das bestätigende Nicken am Ende wieder ins Gedächtnis rufen, das Gefühl der Erleichterung und den flüchtigen Gedanken, daß Karl Bühler genauso froh aussah wie ich, es hinter sich gebracht zu haben.

Wir bestanden beide – Bill und ich. Es mußte nur noch ein weiterer Schritt getan werden, bevor wir unsere Universitätsauszeichnung ausgehändigt bekommen konnten. Wir mußten ein ähnliches Examen in unserem Nebenfach, Ethnologie, in deutschsprachigen Ländern eher als kulturelle Anthropologie bekannt, ablegen. Diese Prüfung sollte im Herbst stattfinden, möglicherweise spät im September oder Anfang Oktober. Wir konnten uns die ganzen Sommermonate über vorbereiten.

Die Anthropologische Fakultät im Wien jener Jahre wurde von zwei Jesuiten beherrscht, Professor Koppers und Professor Schmidt. Es ist interessant zu vermerken, daß der letztere unter dem nationalsozialistischen Regime österreichischer Erziehungsminister wurde, nachdem Hitler 1938 Österreich übernommen hatte. Ich war mit der Anthropologie von meiner Studienzeit an der Universität von Pennsylvania her etwas vertraut. Ich wußte aber, daß die Wiener Schule einen sehr gegensätzlichen Standpunkt in diesem Gebiet einnahm. Sie war bekannt als Kulturkreis-Schule. Der zentrale Gedanke betraf die Entwicklung der menschlichen Kultur und beinhaltete, daß die Menschheit ursprünglich monotheistisch und monogam gewesen sei, und daß alle anderen Gesellschaftsstrukturen Degenerationen dieser Form seien. Das klassische Beispiel, das die Anhänger als Validitätsbeweis ihrer Einstellung wählten, waren die Pygmäen im afrikanischen Dschungel, die Buschmänner. Sie heirateten nur einmal im Leben und verehrten einen Gott. Diese seien die Reinen und Unschuldigen der menschlichen Rasse. Die

Anna Freud und Sigmund Freud, 1939

übrigen seien Sünder der einen oder der anderen Sorte. Was nun genau diesen „Fall des Menschen" und das Wuchern so vieler verschiedener und sündiger Kulturen verursacht haben sollte, weiß ich nicht mehr genau. Unnötig zu sagen, daß unsere persönliche Orientierung uns nicht dazu führte, das ganze für eine besonders geniale Theorie zu halten. Nichtsdestoweniger mußten wir sie lernen, wenn wir unser Abschlußexamen bestehen wollten. Wir nahmen uns einen Tutor, der uns durch die Schwierigkeiten der Kulturkreistheorie geleitete und uns die Themen und Gebiete aufzeigte, in denen wir mit größter Wahrscheinlichkeit geprüft werden würden. Wieder ist meinem Gedächtnis alles entfallen, was mit meiner eigenen Prüfung zusammenhing. Ich erinnere mich aber, daß Bill mir von einer Frage erzählte, die er vor dem Hintergrund seines unabhängigen Wissens eher beantworten konnte als durch alles, was er an der Universität gelehrt worden war. „Welche afrikanischen Menschen semitischer Herkunft wurden Christen?", fragte Professor Schmidt. Bill wußte, daß es die Äthiopier waren, als Abessinier in der Alten Welt bekannt. Rückblickend kann ich nur vermuten, daß das eine ziemlich aufgeladene Frage war. Sie wurde von einem Professor gestellt, der sich nicht lange danach mit der Nazi-Partei identifizierte. Glücklicherweise bekam ich diese Frage nicht gestellt, denn ich hätte die Antwort nicht gewußt. So, mit einer Mischung aus Glück und Wissen, bestanden wir beide. Darüber hinaus vermute ich, daß unsere amerikanische Staatsangehörigkeit auch etwas mit unserem Bestehen zu tun hatte. Die Ethnologische Fakultät nahm uns nicht allzu ernst. Ethnologie war nicht unser Hauptfach. Nebenbei wurde von Amerikanern nicht angenommen, daß sie kulturelle oder intellektuelle Interessen hätten. Für eine Bekehrung zur Kulturkreis-Schule waren wir keine aussichtsreichen Kandidaten.

Wie bekannt ist, hatte Freud Amerikanern gegenüber eine ähnliche Einstellung. Seit amerikanische Psychiater zur Ausbildung nach Wien kamen, nur wenige Monate bleiben konnten, darum nur eine begrenzte Ausbildung erhielten, war seine Bemerkung dazu: „Das ist genug für den Außenhandel." Nach mehr als vier Jahren, in denen wir oft ziemlich verächtlichen Einstellungen unserer Nationalität gegenüber begegnet waren und lediglich weitgehend als Einkommensquelle gesehen wurden (von unserer persönlichen finanziellen Situation her hatten wir noch nicht einmal das zu bieten gehabt), waren wir an eine derartig herabsetzende Behandlung gewöhnt und brachten es fertig, trotzdem unser Selbstwertgefühl aufrechtzuerhalten. Das wichtigste war – wir hatten unser Rigorosum bestanden und die Anforderungen für den Doktor phil. erfüllt. Wir warteten auf die jAbschlußzeremonie im November und planten, am Thanksgiving zurück in den Vereinigten Staaten zu sein!

Es war ein fleißiger Sommer gewesen. Um die Dampferfahrkarten für die Heimreise bezahlen zu können, mußten wir Geld hinzuverdienen. Unsere Mittel waren nahezu erschöpft. Das kleine Geschäft, aus dem wir sie bezogen, war von der Wirtschaftskrise in den Vereinigten Staaten ziemlich mitgenommen worden. Die Depression hatte gerade während unserer Zeit in Wien ihren Höhepunkt erreicht. Wir hatten Glück, daß uns Charlotte Bühler die Übersetzung eines Buches über die Entwicklung des Kindes anbot – „From Birth to Maturity" (Von der Geburt zum Erwachsensein). Wir brachten den Sommer damit zu, das Buch zu übersetzen und Michael zu umsorgen. Die Einkünfte aus der Übersetzung versetzten uns in die Lage heimzufahren.

In diesem Frühling und Sommer waren die Parks in Wien ausgesprochen schön. Bill und ich verbrachten viel Zeit damit, Michael darin herumzufahren oder in der Sonne zu liegen. Manchmal lernten und schrieben wir auch draußen. Aber unsere Gedanken waren auf die Zukunft gerichtet. Wir bedauerten es kaum, Wien verlassen zu müssen. Weder die Stadt noch die Menschen waren besonders nett oder freundlich zu uns gewesen. Wir hatten eine Menge gelernt – nicht gerade in unserem besonderen Studienfeld, aber in Bezug auf das Leben und auf die Menschen. Wir waren Überlebende – Überlebende unserer eigenen Naivität, unserer eigenen Desillusionierung. Zwischen Bill und mir hatte sich ein festes Band geknüpft. Wir waren eine

Familie geworden. Trotz mancher Erschütterung wußten wir, daß wir das Leben aus eigener Kraft in unserer eigenen Weise bestehen konnten und würden.

15. Heimkehr

Es ist nicht leicht, unsere gemischten Gefühle beim Gedanken an die Heimkehr nach nahezu fünf Jahren zu beschreiben. Wir hatten uns an einen bestimmten Lebensstil gewöhnt. Wir hatten uns an gewisse Unannehmlichkeiten und an unsere relative Isolierung angepaßt. Aber wir hatten auch das intellektuelle Leben des Studentenstatus und die ästhetischen Aspekte in Wien ebenso genossen, wie die Schönheit der österreichischen Landschaft. Jede Veränderung einer Situation ruft Trennungsangst und die Unsicherheit der vorwegnehmenden Befürchtungen hervor. Die Enttäuschungen und Desillusionierungen in Wien halfen uns, die Trennung in die Tat umzusetzen. Wir wußten, wir würden in ein Amerika zurückkehren, das von dem, was wir gekannt hatten, verschieden war. Wir hatten uns fünf Jahre vor der großen Depression, die mit so vielen sozialen, ökonomischen und psychologischen Veränderungen einhergegangen war, ausgeschifft. Aber es war immer noch unser eigenes Land, unsere eigene Sprache; es war unsere Heimat, und wir waren glücklich heimzukehren.

Der November kam. Wir trafen Vorbereitungen für die Graduierung, für das Abschiednehmen und für unsere Heimreise in die Vereinigten Staaten. An der Wiener Universität gab es keine Tradition mit Doktorhut und Talar. Ich erinnere mich, daß ich mir von einer amerikanischen Freundin, die etwa meine Größe hatte, ein einfaches schwarzes Kleid für die Graduierungszeremonie borgte. Ich hatte es durch Hermelinschwänze am Kragen – mein einziger Tribut an die Besonderheit der Situation – aufgebessert. Es gab die üblichen feierlichen Ansprachen durch die Honoratioren der Fakultät und der Verwaltung. Sie sprachen über unsere wertvollen Leistungen und unsere Möglichkeiten und Verantwortlichkeiten für die Zukunft. Genau erinnere ich mich an keine mehr. Im Gedächtnis blieb mir das Bild zurück, wie ich in einem Halbkreis mit den anderen Graduierten stand und wir unsere Diplom-Zeugnisse ausgehändigt bekamen – nicht wie üblich, in Form eines gerollten Dokuments, sondern zusammengefaltet in besonderen schweren, schwarzen Pappumschlägen. Während unsere Erfahrungen am Psychologischen Institut bei den Professoren Karl und Charlotte Bühler gut gewesen waren, hatten wir in Bezug auf die Universität als ganzes eher negative Gefühle. Innerhalb einiger weniger Jahre nach unserer Abschlußprüfung wurden unsere Gefühle durch die Geschichte bestätigt. Die meisten Fakultätsmitglieder – mit Ausnahme derjenigen, die auswanderten, wie die Bühlers – sympathisierten mit der nationalsozialistischen Sache. Einige, wie Professor Schmidt, wurden offizielle Funktionsträger der Partei. So war die Graduierung keine inspirierende Erfahrung. Vom rein pragmatischen Standpunkt aus gesehen waren wir froh, unser Diplom in den Händen zu halten, wofür es in der Zukunft auch immer gut sein mochte. Wir waren froh, die Universität „hinter uns gebracht zu haben". Wir wollten unseren Analytikern und allen, die aktiv an unserer Ausbildung beteiligt gewesen waren, auf Wiedersehen sagen. Ich ergriff diesbezüglich die Initiative, besonders was Helene Deutsch anbetraf. Bill hatte mit ihr im letzten Jahr unseres Wiener Aufenthaltes keinen Kontakt mehr gehabt. Meine Gefühle seiner Therapie gegenüber waren im günstigsten Fall zwiespältig. So ging ich, als Repräsentantin der Familie zu ihr, um Lebewohl zu sagen. Sie war das verführerische Lächeln in Person – ein Lächeln, dem man, wie ich wußte, nicht trauen durfte. Wir durchliefen die üblichen Formalitäten. Ich spielte das freundliche Spiel mit, empfand aber tiefes Mißtrauen, Desillusionierung und Mißbehagen.

Im Spätherbst 1934 begann eine große Zahl der Wiener Analytiker, die drohende Gefahr zu spüren. Sie nahmen Englischunterricht, um für eine mögliche Emigration nach England oder in die Vereinigten Staaten vorbereitet zu sein. Ich gab Otto Isakower und Margarete Mahler Englischunterricht. Helene Deutsch hingegen tat in unserem Abschiedsgespräch so, als sei alles in Ordnung. Tatsächlich erhielt ich auf meine Anspielung, wir würden uns

Maßnahmen gegen die Juden im Wien nach dem „Anschluß" an Deutschland

166

möglicherweise in den Vereinigten Staaten wiedersehen, lediglich zur Antwort: „Jemand muß doch den ‚Wau-Wau' spielen." Offensichtlich betrachtete sie sich als Wachhund für das Psychoanalytische Institut. Sie wünschte uns alles Gute für die Zukunft, und wir verabschiedeten uns. Trotz ihres Protestes war Helene Deutsch jedoch nach kaum einem Jahr in den Vereinigten Staaten und ließ sich in Boston nieder. Anscheinend brachen sie und ihr Mann Felix nicht zusammen auf. Es war sogar ungewiß, ob sie überhaupt wieder zusammenziehen würden. In einem Brief an Felix vom 7. Oktober 1935, den Paul Roazen in ihrer Biographie zitiert, bestätigt sich die Unaufrichtigkeit, die ich in der Unterhaltung mit ihr gespürt hatte. Der Brief ist auch eine Meinungsäuße-

Helene und Felix Deutsch

rung über die Wiener Gesellschaft mit ihrer analytischen Welt. Offenbar ist der Brief eine Antwort auf Felix' Anfrage, ob er in die Vereinigten Staaten kommen solle oder nicht. Sie schreibt sinngemäß: „Wenn Du in Krisenstimmung hierher kommst, mit einem 'Bedürfnis nach Wichtigkeit' und dem 'maskulinen Protest', der lächerlichen narzißtischen Frage: 'Wer bin ich dort?' – wirst Du hier zu leiden haben. Wenn Du aber mit meiner Einstellung herkommst: 'Wenigstens bin ich aus der beengenden, stickigen Atmosphäre heraus, laß uns etwas Neues, Freieres erfahren, etwas das außerordentlich befreiend in seiner Ungewißheit ist' – und mit vollständigem

inneren Mut und mit der Freude an der Arbeit, ohne auf die 'Position' zu achten, usw. – dann kannst Du hier sehr glücklich werden."[1]
Deutschs Hinweis auf die „beschränkte, dumpfe Atmosphäre in Wien" und die darin enthaltene Andeutung der Wichtigkeit der sozialen Hierarchie, in der die „Position" Vorrang vor der Freude an der Arbeit hatte, könnte genausogut die Beschreibung unserer Lebenserfahrung in Wien sein. Nur erlebten wir den Prozeß umgekehrt. Es ist eine eigene Erfahrung, in relativ freier Umgebung aufzuwachsen, in der der Wert nicht in erster Linie in Begriffen von „Positionen" gemessen wird und Authentizität und charakterliche Anständigkeit vor der sozialen Position Vorrang haben. Eine ganz andere Sache ist es, die Freiheit zu erfahren, nachdem man durch die scharfen Kritiken einer geschlossenen hierarchischen Sozialstruktur eingeengt worden ist. Im zweiten Fall ist es eine Befreiung. Im ersteren – das war Bills und meine Erfahrung – bedeutet es, Desillusionierungen durchleiden zu müssen. In Anbetracht unserer ursprünglichen Verehrung für die psychoanalytische Denkweise, wurde auf unseren Werten, wie sie sich in unseren Erwartungen unseren Analytikern und psychoanalytischen Lehrern gegenüber äußerten, herumgetrampelt. Das veranlaßte uns, die Heimreise mit größerem Eifer anzutreten, als wir ihn vielleicht gefühlt hätten, wären unsere fünf Jahre in Wien anders verlaufen. Heim wollten wir, wenn auch mit einiger Angst. Wir mußten ein Kind ernähren. Unsere Geldmittel waren völlig aufgezehrt. Was würden wir bei unserer Rückkehr vorfinden? Welche Möglichkeiten gab es 1935 für nichtmedizinische Psychologen, als Psychoanalytiker ausgebildet, sich in privater Praxis niederzulassen oder sich mit einer Klinik oder Gesellschaft zu affiliieren oder gar in die akademische Welt einzudringen? Wir waren einigermaßen besorgt.
Aber zunächst mußte ich Anna Freud auf Wiedersehen sagen, bevor wir uns für die Rückreise einschifften. Ich hatte eine Verabredung mit ihr getroffen. Es war seltsam, die gewundene Marmortreppe hinaufzusteigen, die in die Freudsche Wohnung und in ihr Therapiezimmer führte, mit dem Wissen: Es ist wahrscheinlich das letzte Mal. Es hatte bei unseren Treffen eine Zeit mit so viel gefühlsmäßiger Investition gegeben, daß mich selbst jetzt die wiedererwachende Erinnerung nicht unbeteiligt ließ. Das Abschiednehmen von einem Aspekt der eigenen Erfahrung ist niemals leicht, selbst wenn die aus dieser Erfahrung resultierenden Gefühle gemischt und von einigen Konflikten begleitet sind. Für mich war das Abschiednehmen immer besonders schwierig.
Wir begegneten uns ruhig, reserviert und normal, wie es ihr Stil war. Ich brachte meine Würdigung für die Ausbildung und die Analyse zum

Ausdruck. Sie fragte mich, wie ich zurechtkäme – in einem zwiespältigen Ton, der beides nahelegte – Hoffnung und Furcht, daß ich eine Art emotionaler Krüppel sein könnte. Ich sprach von der Freude an meinem kleinen Sohn und von meinem Gefühl, mit der Erlangung der Doktorwürde etwas Wichtiges erreicht zu haben. Es gab keine Gratulationen. Ich wurde auch nie von ihr mit dem Doktortitel angesprochen, weder in der jetzigen Unterhaltung noch in der nachfolgenden Korrespondenz. Um dieses ziemlich anstrengende Gespräch zu beenden, deutete ich an, wir würden uns vielleicht eines Tages in den Vereinigten Staaten begegnen. Mit erstaunlicher Heftigkeit antwortete Anna Freud: „Niemals!" Ich kannte die Abneigung ihres Vaters Amerika gegenüber. Ich nahm die Bemerkung nicht zu persönlich, obwohl sie natürlich auch gemeint haben könnte, selbst wenn sie die Vereinigten Staaten besuchen würde, wolle sie mir am liebsten nicht begegnen. Ironischer Weise brachte das Schicksal sie nach New York. Bei einer Gelegenheit, die ich später beschreiben werde, trafen wir kurz zusammen. Wenn ich an diesen Abschied denke, bemerke ich, wie betäubt ich war durch seine Formalität. Da hatte es in meiner Analyse mit Anna Freud so viel ausgedrücktes Gefühl gegeben – erinnerte Gefühle über mein vorangegangenes Leben und mächtige Gefühle für sie. Da waren Liebe und Haß, Angst und Verzweiflung, Zweifel und Vertrauen und Abhängigkeitsgefühle gewesen, die selbst kurze Trennungen schmerzhaft werden ließen. Wohin waren alle Gefühle verschwunden? War die Analyse eine Fata Morgana gewesen, die falsche Hoffnung auf eine Oase der Interaktion in einer Wüste menschlicher Not? Es war mir, als habe es nur ein Setting gegeben, in dem ich beobachtet worden war, mir die Funde mitgeteilt wurden, als habe sich Anna Freud nicht mit mir in Beziehung gesetzt. Diese Frau, von der ich mich nun verabschiedete, kannte mich nicht wirklich, hatte mich tatsächlich nie gekannt. Ich fühle mich an eine Bemerkung erinnert, die ein junger männlicher Patient vor vielen Jahren machte, der darum kämpfte, sich mit Menschen in Beziehung setzen zu können: „Wie kann man auf Wiedersehen sagen", fragte er einmal, „wenn man nicht ,hallo' gesagt hat?" Mir wurde klar, daß Anna Freud auf einer tiefen und wichtigen Ebene niemals „hallo" zu mir gesagt hatte.

Ort und Zeit unserer Abreise von Wien mußten sorgfältig geplant werden. Wegen des Mangels moderner Annehmlichkeiten und unserer begrenzten Geldmittel mußte tatsächlich jedes einzelne Detail bedacht werden. Selbst wenn man nur ein Bad nahm, war man gezwungen, es im voraus zu planen. Es gab kein fließendes heißes Wasser. Ein spezieller Warm-Wasser-Boiler im Badezimmer mußte mindestens eine Stunde vorher in Gang gesetzt werden. Wir hatten uns ziemlich schnell an die sogenannten Unbequemlichkeiten gewöhnt, hauptsächlich wohl deshalb, weil Zeit damals eine andere Bedeutung hatte. Von einer Knopfdruckkultur waren wir weit entfernt. Es gab wenig Bedürfnis nach Dringlichkeit, nur selten einen Sinn dafür. Wir waren vorher nie mit einem Baby gereist. Damals gab es noch keinen kommerzialisierten Verkehr. Wir mußten uns auf eine lange Übernachtfahrt mit der Eisenbahn von Wien nach Paris gefaßt machen. Wir wollten von Le Havre aus mit einem amerikanischen Schiff übersetzen, um uns so bald wie möglich heimisch zu fühlen. Aus Prinzip und aus Furcht reisten wir unter Umgehung Hitler-Deutschlands lieber über die Schweiz nach Paris.

Bei der Abreise in Wien hätten wir beinahe den Zug nach Paris verpaßt. Ein Streit mit der Wiener Vermieterin über die Gasrechnung hielt uns auf. Wir konnten gerade noch den Zug besteigen, als er tatsächlich abfuhr. Wir hatten kaum Zeit, den Freunden auf Wiedersehen zu sagen, die uns zum Abschied an den Zug gebracht hatten. Willi Hoffer hatte freundlicherweise einige Wiener Universitätskollegen zu dieser Abschiedszeremonie mitgenommen. Er wußte, daß die meisten unserer amerikanischen Freunde bereits Monate oder sogar Jahre vorher heimgefahren waren. Daher hatte er uns einige Tage vor der Abfahrt zu einem Abschiedsessen zu sich nach Hause eingeladen. Seine Sensitivität unserer Isolierung und Einsamkeit gegenüber werde ich immer in Erinnerung behalten und zu schätzen wissen. Jedoch mußte ich später erleben, daß sein therapeutisches Interesse an den Zielen meiner Entwicklung nicht mit meinen eigenen Wünschen und Neigungen zusammentraf. Aber davon später mehr.

Für die Reise hatten wir ein Bettchen für Michael improvisiert. Wir hatten eine Art Korbkoffer erstanden, der alle wichtigen Bekleidungsstücke enthielt – Windeln, Westen, Hemdchen, usw.. Packte man die Kleider in den Koffer, so entstand ein weiches Bett, in dem Michael schlafen konnte. Wir mußten nur aufpassen, daß der Deckel während der Fahrt nicht herunterfiel und Michael so in dem Korbkoffer einschloß. Da wir sowieso nicht erwarteten, in dieser Nacht viel schlafen zu können – wir hatten ein Zweiter-Klasse-Abteil im Zug gebucht – konnten wir ein wachsames Auge auf unseren Sohn haben. Die Reise war lang und schwierig. Die Säuglingsnahrung für Michael war in der Thermosflasche sauer geworden. Eine neue Flasche mußte mit kochendem Wasser gemacht werden. Bill gelang dieses Unternehmen mit Hilfe des Lokomotivführers. Wir erreichten Paris in den frühen Morgenstunden, abgekämpft, müde, aber wohlbehalten.

Michaels Rhythmus wurde durch die lange Zugfahrt und die ziemlich unorthodoxe Zubereitung seiner Nahrung erheblich durcheinandergebracht. Er bekam eine Kolik, gerade als wir in Paris im Hotel ankamen. Seine Stimme war kräftig, und seine Schreie zogen jedes Kindermädchen des Stockwerks in unser Zimmer. Ich erhielt alle möglichen Ratschläge, was zu tun sei. Es war nicht das erste Mal, daß ich mit Michael eine Kolikattacke erlebte, aber ich gestehe, daß es für mich als junge Mutter in einer ungewohnten Umgebung nicht leicht war, einen klaren Kopf zu behalten. Ich sprach beruhigend auf ihn ein. Ich wiegte ihn in den Armen. Ich versuchte, ihn warm zu halten. Ich machte mit seinen Beinchen Übungen und versuchte, sie an die Brust zu drücken. Ich gab ihm Kamillentee. Endlich ließ der Schmerz nach. Er schlief ein. Ich saß und wartete darauf, daß Bill vom Schifffahrtsbüro zurückkommen würde, wohin er gegangen war, um unsere Fahrkarten abzuholen und sicherzugehen, daß alle unsere Papiere in Ordnung waren.

Bill liebte Paris. Er hatte in den Jahren vor unserem Kennenlernen viele Monate hier verbracht. Dies war eine Gelegenheit, diese Erinnerung aufzufrischen. Wir hatten einen ganzen langen Nachmittag und Abend in der Stadt vor uns, bevor wir den Zug am nächsten Morgen nehmen mußten. Wir bauten den Faltkinderwagen auf, machten es Michael darin bequem und brachen auf, um die Stadt zu erforschen. Wir müssen Meilen gegangen sein, besonders am linken Flußufer, denn wir besichtigten sämtliche Stellen und Plätze, die ich auch von meinem Besuch während meiner Jugendjahre her kannte. Michael schlief die meiste Zeit über friedlich, und wenn er aufwachte, muß er die schaukelnden Bewegungen des Wagens genossen haben, denn er machte uns überhaupt keine Schwierigkeiten mehr. Wir hatten Glück, daß der Tag angenehm und mild war, obwohl der November schon dem Ende zuging. Am folgenden Tag bestiegen wir nach einer kurzen Zugreise die SS United States – nicht zu verwechseln mit dem Luxuslinienschiff desselben Namens von 1951 – und fuhren heim. Es würde zwanzig Jahre dauern, bevor wir Europa wiedersahen.
Die Überseereise mag annähernd sieben Tage gedauert haben. Nur die allergrößten und stärksten Schiffe schafften die Überfahrt in fünf Tagen. Im allgemeinen war das Wetter mild. Ein grauer Nebel füllte die Luft. Das Meer war ein wenig bewegt, aber es war nicht unangenehm. Wir verbrachten die meiste Zeit an Deck, spazierten mit dem Kinderwagen auf und ab. Gelegentlich, wenn die Sonne etwas herauskam, ruhten wir eingewickelt in Schiffsdecken in den Liegestühlen auf Deck. Es gab jedoch einen schweren Sturm. Er muß vierundzwanzig Stunden gedauert haben. Ich erinnere mich, daß er am Abend des Galadiners begann. Das Festessen sollte am letzten Abend auf See stattfinden. Daher konnten wir sicher nicht weit vom New Yorker Hafen

entfernt sein. Bill, der große Feinschmecker, hatte sich auf dieses Essen so sehr gefreut. Trotz seiner Seekrankheit hatte er mit unbegründetem Optimismus angeordnet, daß die Speisen in die Kabine gebracht würden. Als sie eintrafen, warf er einen Blick auf das Tablett mit all den Köstlichkeiten und schickte es zurück. Daran mußte ich immer denken, als Sinnbild für das Ausmaß des Sturms. Das Schiff rollte und schlingerte. Der Steward sicherte die Pfortluke unserer Kabine mit einem Eisendeckel. Wir lagen flach auf dem Rücken, seekrank, und wünschten nur, diese Reise niemals begonnen zu haben, oder noch besser, einfach sterben zu können, um von diesem Elend befreit zu werden. Kinder werden offenbar nicht wirklich seekrank. Michael lag auch auf dem Rücken, schrie nicht, gab eher singsangähnliche Töne von sich, wenn das Schiff ernsthaft schlingerte. Zwischenzeitlich gelang es mir irgendwie, in der Waschkabine die Flaschen aufzuwärmen und ihn, selbst auf dem Rücken liegend, mit Armlänge Abstand zu füttern.

Ein Sturm auf See ist eine höchst unerfreuliche Erfahrung, nahezu allen Reisenden jener Zeit bekannt. Er löst ein gewisses Maß an Angst aus. Ist man aber erst einmal seekrank, wird man dem Leben gegenüber so indifferent, daß die Furcht überrannt wird. Glücklicherweise war die SS United States ein starkes Schiff und unser Martyrium nach einem Tag vorüber.

Wenn ein Schiff sich dem Hafen nähert, geht eine Welle unterdrückter Aufregung durch die Passagiere. Die Menschen gehen mit leichteren und schnelleren Schritten. Die Stimmen klingen entweder etwas höher oder senken sich zu einem Wispern. Es herrscht fühlbare Spannung. Alle wissen, daß die während der Reise herrschende Entbindung von emotionaler Verantwortlichkeit vorüber ist und man sich wieder mit einer unbekannten Realität konfrontieren muß. Bill und ich wußten, daß meine Eltern am Dock sein würden. Aber wie würden sie aussehen? Wir hatten uns fünf Jahre lang nicht gesehen. Was für uns ein Abenteuer, war ein trauriger Abschied für sie gewesen. Sie mußten mit ansehen, wie ihr einziges Kind davonging – wußten nicht, für wie lange oder was ihm widerfahren würde. Michael könnte ein Wiedergutmachungsgeschenk sein.

Als die Freiheitsstatue in Sicht kam, überwältigten mich meine Gefühle. Meine Tränen fügten sich den Millionen der anderen hinzu, für die dieses Symbol entweder Hoffnung für die Zukunft bedeutete oder die Annehmlichkeiten der Rückkehr. Das Schleppschiff kam heran, und die United States wurde in ihr Dock gezogen. Wir standen an der Reling. Ich umklammerte das kleine Bündel, unseren Sohn, als wir versuchten, meine Eltern an Land ausfindig zu machen. Da war mein Vater. Er sah grauer und dünner aus, als ich ihn in Erinnerung hatte, und meine Mutter kleiner, als ich gedacht hatte, aber mit ihrem üblichen gespannten und ängstlichen Gesicht. Bald hielten wir uns in den Armen.

Nahezu fünf Jahre lang waren meine Eltern Phantasien in meiner Vorstellung gewesen, Phantasien, die während meines Lebens in Wien besonders durch die Analyse vielen Veränderungen unterworfen worden waren. Zum Teil wurden diese Phantasien bestätigt, aber manchmal gab es auch bemerkenswerte Unterschiede zwischen den Phantasien und der jetzigen Realität. In den folgenden Jahren würde ich der Aufgabe gegenüberstehen, gefühlsgeladene Erinnerungen meiner Kindheitsjahre, die in meiner Analyse aufgetaucht waren, mit dem tatsächlichen So-Sein meiner Eltern in Einklang zu bringen. Es ist, als ob die analytische Erfahrung Struktur für eine neue Realität schafft, die mit den Fäden der erinnerten Erlebnisse der Vergangenheit durchwebt ist, so wie eine Fotografie selbst eine neue Realität ist und gleichzeitig eine Aufzeichnung eines vergangenen Augenblicks. So wie ein Fotograf selten die totale Realität einer Person vermittelt, so sind analytisch induzierte Erinnerungen auch nicht immer genau. Meine Eltern waren – wie Harry Stack Sullivan sagen würde, menschlicher als üblich. In den ersten Monaten unserer Rückkehr in die Vereinigten Staaten erwiesen sie sich in ihrer Fürsorge für Michael, von dem sie entzückt waren, als äußerst hilfreich. Währenddessen versuchten Bill und ich emsig, uns in New York einzurichten.

Es gelang uns, eine kleine Wohnung auf der East 58th Street/Lexington Avenue zu mieten und Arbeit zu finden, die uns vorübergehend mit den Mitteln versorgen würde, in ökonomischer Hinsicht zu überleben. Es gelang mir, eine Anstellung als Kinderanalytikerin an der Jewish Board of Guardians zu finden, einer bekannten Agentur, die als eine Art Vorsorgeklinik emotional gestörte Kinder und Jugendliche behandelte. Bill arbeitete für einige Monate als Verwalter im Home Relief Bureau, einer staatlichen Einrichtung, die unbeschäftigten Personen und bedürftigen Familien während der Depressionsjahre finanzielle Hilfe gab. Es stand fest, daß wir überleben würden. Ob wir uns aber als Psychoanalytiker niederlassen könnten, war eine andere Frage. Die psychologische Welt der damaligen Zeit hieß uns wenig willkommen.

Die New York Psychoanalytic Society hatte zwar unserer Ausbildung in Europa zugestimmt, wies uns aber nach unserer Rückkehr vollständig zurück. Bill hatte ein Gespräch mit Abraham Kardiner, der ihn davon unterrichtete, daß die Dinge sich seit 1930 geändert hätten. Die AMA überwache die psychiatrischen Praxen strenger. Die Society könne es nicht wagen, Nichtmediziner auf diesem Gebiet zu unterstützen, da ein Christian Science Praktiker kürzlich einen gegen ihn angestrengten Prozeß wegen einer schlecht laufenden Behandlung verloren habe. Er hatte ohne Lizenz als Arzt einen Fall von Enzephalitis behandelt. Dies schien in Bezug auf unsere Situation irrelevant. Wir hatten eine umfassende Ausbildung als Psychotherapeuten und darüber hinaus nicht die Absicht, organische Krankheiten zu behandeln. Aber weder die Irrelevanz noch die mangelnde Logik seiner Argumentation hielten Dr. Kardiner von dem Vorschlag ab, wir könnten ja versuchen, uns in Nebraska niederzulassen. Ich bin sicher, er hatte irgend einen sparsam bevölkerten Randstaat herausgesucht. Uns wurde schmerzlich deutlich, daß sich seit Brills Vorschlag 1930 – Bill könne als Zahnarzt mehr Geld verdienen – und Dr. Kardiners Empfehlung, wir könnten ja nach Nebraska auswandern, wenig verändert hatte. Wir waren für die medizinischen Psychoanalytiker nicht besser annehmbar geworden.

Als Psychologen hätten wir vielleicht einen Platz in der akademischen Welt finden können, wäre sie einer dynamischen Psychologie gegenüber offen gewesen. Aber das war nicht der Fall. Akademische Psychologen waren 1935 im allgemeinen behavioristisch orientiert. Die Psychoanalyse wurde noch nicht als legitimer Zweig der Psychologie betrachtet.

Auf der anderen Seite hatten soziale Einrichtungen mit Menschen zu tun und waren für ihre Behandlungen und oft für ihre Psychotherapien selbst verantwortlich. Sie waren an dem, was die Psychoanalyse an Selbsteinsicht und Verständnis anbieten konnte, interessiert. Unsere Stellung in solchen klinischen Einrichtungssettings fiel jedoch aus dem üblichen Rahmen. Von Psychologen wurde erwartet, daß sie Tests durchführten. Psychiater waren mit den Therapien betraut. Sie taten entweder die anfallende Arbeit oder übernahmen die Supervision. Sozialarbeiter arbeiteten mit den Psychiatern zusammen. Sie betreuten die Familienangehörigen der Patienten, die in psychiatrischer Behandlung waren. Es gab kaum einen Raum für einen unabhängig therapeutisch arbeitenden psychologischen Psychoanalytiker. Mir ging es in meiner Stellung als Kinderanalytikerin etwas besser. Ich hatte die Freiheit, mit Kindern und Jugendlichen in relativ ungehinderter Weise psychoanalytisch arbeiten zu können. Es war meine Anstellung, die unsere Familie ernährte, während Bill versuchte, eine Privatpraxis aufzubauen.

Obwohl uns die etablierten Psychoanalytiker am liebsten nach Nebraska verbannt hätten, gab es einige, die uns wirklich halfen, ohne uns zu kennen. Über Dr. Wittels lernten wir Izette de Forrest kennen, eine zu der Zeit in New York praktizierende, nichtmedizinische Analytikerin. Sie war eine Cousine von Dorothy Burlingham, der Freundin von Anna Freud, deren Kindern ich in Wien Englischunterricht gegeben hatte. Izette de Forrest lud uns zu sich nach Hause ein. Wir erfuhren, daß sie in Budapest von Sándor Ferenczi analysiert und ausgebildet worden war. Damals gab es unter den nichtmedizinischen Analytikern wenig Möglichkeiten des wissenschaftlichen Austausches. Sie war sehr daran interessiert, eine kleine Diskussionsgruppe mit uns zu organisieren. Wir trafen uns einmal im Monat mit Clara Thompson und einer Nichte von de Forrest namens Lowell. Wir diskutierten Wilhelm Reichs „Charakteranalyse". Das Buch war noch nicht ins Englische übersetzt worden. Bill las auf unseren Treffen laut daraus vor und übersetzte gleichzeitig. Es waren interessante Zeiten, aber unglücklicherweise endeten sie allzubald, weil Izette de Forrest nach Boston zog. Sie war jedoch recht großzügig und sandte Bill einen seiner ersten Patienten. Sie ermutigte uns, mit unserer Arbeit in New York fortzufahren. Es handelte sich um einen jungen Mann, einen Theaterschreiber, der früh in seiner psychoanalytischen Behandlung das Glück hatte, daß eines seiner Stücke in einem kleinen Theater, heutzutage würde man es „off Broadway" nennen, aufgeführt wurde. Er lud uns zur Premiere ein. Bill, damals noch ganz der „richtigen" analytischen Vorgehensweise verhaftet, lehnte ab.

Wenn ich auf Bills „Orthodoxie" jener Tage zurückblicke und auch auf meine eigene, bin ich erstaunt, welch tiefe Spuren die Ausbildung in Wien bei uns hinterlassen hatte. Glücklicherweise sind die schwierigen Aspekte seitdem korrigiert worden. Das Phänomen ist trotzdem überraschend, wenn man bedenkt, daß wir nach unseren enttäuschenden Erfahrungen mit unseren eigenen Analytikern und einigen unserer Lehrer dem dogmatischen und autoritären Charakter der „Bewegung" im ganzen kritisch gegenüberstanden. Wir waren jedoch einer Art „Gehirnwäsche" unterzogen worden. Wir glaubten, daß all unsere Fehler, Unzulänglichkeiten und Inkompetenzen, unsere emotionalen Reaktionen (die häufig als „Überreaktionen" bezeichnet worden waren) durch unsere Neurosen verursacht seien und in keinem objektiven Bezug zum Verhalten oder Charakter des Lehranalytikers, mit dem wir arbeiteten, oder mit unseren Lebensumständen in Bezug standen. Wir hatten das Bild unserer Analytiker von uns selbst übernommen, und wir hatten auch akzeptiert, daß das, was wir gelehrt worden waren, der richtige psychoanalytische Umgang mit Patienten sei.

Es ist daher wenig verwunderlich, daß Bills frühes psychoanalytisches Vorgehen die Erfahrung mit seiner eigenen Analytikerin wiederholte. Ich erinnere mich, daß Helene Deutsch abgelehnt hatte, einen kurzen Artikel in einer politischen amerikanischen Zeitung zu lesen, der für Bill eine gewisse Bedeutung gehabt hatte. Er hatte ihn ihr zu lesen gegeben, damit sie ihn und seinen Hintergrund besser verstehen könne. Glücklicherweise war sein

Wiederholungszwang kurzlebig. Allmählich entwickelten wir beide unsere eigene individuelle und viel freiere Arbeitsweise.

In den damaligen Jahren des Kampfes hatte Bill ein äußerst positives Erlebnis. Es hing mit einem Psychiater Namens Frankwood Williams zusammen, dessen Name heute fast vergessen ist. Von seiner Freundlichkeit, Großzügigkeit und seinem Vertrauen soll hier berichtet werden. Bill, durch einige Schriften auf ihn aufmerksam geworden, rief ihn ohne Empfehlung an und bat um ein Gespräch. In diesem Gespräch schilderte er ihm seine Situation als nichtmedizinischer Analytiker, der versuchte, sich in New York niederzulassen. Er beschrieb seine Ausbildung in Wien. Dr. Williams überwies ihm einen Patienten. Viel später erfuhr ich, daß Frankwood Williams von Otto Rank analysiert worden war, mit dem Bill und ich uns Jahre später intensiv beschäftigten. Dies mag dazu beigetragen haben, daß Williams sich mit einem Außenseiter identifizieren konnte, der ebenso wie Rank ein Psychologe war. Es ist erstaunlich, daß Bill in einem einzigen Gespräch dem einfühlsamen Psychiater so viel von seiner Integrität vermitteln konnte, daß dieser die Überweisung eines Patienten an ihn für gerechtfertigt hielt. In dem anderen Gespräch war er nach Nebraska verbannt, in Wien als unzuverlässiger, abenteuernder Amerikaner mißverstanden worden, der in fortgeschrittenem Alter seine Zahnarztpraxis aufgegeben hatte, um Psychoanalytiker zu werden. Welcher vernünftige, normale Mensch würde dies mit vierunddreißig Jahren tun? Er mußte neurotisch sein.

Bills Praxis nahm langsam Gestalt an. Zu den Überweisungen, deren Herkunft ich bereits beschrieben habe, schickten ihm einige Arztfreunde ihre Verwandten. Es hat mich immer aufmerken lassen, daß gerade Mediziner, die sich so streng gegen die psychoanalytische Behandlung durch Nichtmediziner wehrten – oft mit der Begründung, daß Nichtmediziner sich nicht an die Schweigepflicht gebunden fühlten – den eigenen Kollegen eigene Familienangehörige oder Verwandte nicht anvertrauen wollten. Besser, man wählte jemanden außerhalb der Gesellschaft, damit nicht der Vertrauenscode gebrochen würde und die medizinischen Freunde zuviel über die Familiengeheimnisse erfuhren. Im Laufe meiner jahrelangen Praxis mußte ich unglückseligerweise die Gültigkeit dieser Tatsache erfahren. Weder medizinische noch nichtmedizinische Therapeuten, die auf diesem empfindlichen Gebiet arbeiten und das Leben von Menschen aufdecken, sind so achtsam wie sie beim Enthüllen von Informationen sein sollten, die ihnen im Vertrauen erzählt worden sind.

Langsam wuchs Bills Praxis. Auch ich begann, Patienten auf privater Basis zu sehen, so daß ich, als mein zweiter Sohn geboren werden sollte, die Stelle an der Jewish Board of Guardian aufgeben konnte. Ich wollte mich mehr den Kindern widmen und nur einen Teil des Tages in meiner Privatpraxis arbeiten.

Wir überstanden den Boykott der Mediziner und den Mangel an Interesse seitens der etablierten Psychologen. Aber wir waren isoliert. Außerhalb unsere eigenen Diskussionen hatten wir wenig Möglichkeiten des beruflichen Austausches. Erst zu Beginn des Zweiten Weltkrieges, als wegen der Judenverfolgung und der Bedrohung derer, die gegen das Hitler-Regime waren, viele Auswanderer aus Deutschland, Österreich und Frankreich in die Vereinigten Staaten kamen, waren wir in der Lage, eine Diskussionsgruppe zu gründen. Endlich konnten wir unsere beruflichen Probleme mit anderen teilen und unsere Gedanken mit ihnen austauschen.

Meine psychoanalytische Arbeit hat mir immer viel bedeutet. Ich war mit den jeweils herrschenden Theorien niemals ganz zufrieden. Wenn ich mit Patienten arbeitete und Literatur las, kamen mir neue Formulierungen in den Sinn. Ich begann, selbst zu schreiben. Bis 1953 hatte ich drei Artikel in Fachzeitschriften veröffentlicht – einer davon wurde als Klassiker in Bezug auf die Theorie des Masochismus angesehen[2]. Nun rechtfertigen drei Veröffentlichungen in achtzehn Jahren weder besonderen Stolz noch Anspruch auf Ruhm – wenn solche Inanspruchnahme überhaupt je gerechtfertigt ist. Ich erwähne sie hier nur im Hinblick auf die negative Haltung, die meine Ausbilder gegenüber meinen beruflichen Aktivitäten einnahmen, jeder in seiner eigenen Weise. Ich werde im nächsten Kapitel die Reaktionen Dr. Hoffers auf mich als berufstätige Frau beschreiben. Aber zunächst einige Bemerkungen zu Anna Freuds Verhalten.

Bill und ich verließen Wien nach fast fünfjähriger analytischer Arbeit und Ausbildung ohne den Segen unserer Analytiker. Helene Deutsch war zutiefst entsetzt über Bill. Ihrer Meinung nach konnte er in den analytischen Sitzungen nicht frei assoziieren. Ihre mangelnde Unterstützung seiner Kandidatur begründete sie nach außen hin damit, er habe nicht die ausreichende Anzahl von Patienten behandelt, obwohl Bill die Forderung, zwei Patienten analytisch zu behandeln, erfüllt hatte. Eine Therapie war so erfolgreich, daß der betreffende junge Mann, der unter schweren sexuellen Schwierigkeiten litt, nach zwei Jahren symptomfrei war. Bill hatte oft um zusätzliche Patienten von der Ambulanz gebeten. Seine Anfragen waren jedoch immer mit der einen oder anderen Entschuldigung im Sande verlaufen.

Was mich anbetraf, hatte mich Anna Freud mit skeptischen und zweifelnden Augen betrachtet. Es ist mir klar geworden, daß mein ziemlich leidenschaftliches Temperament – was damals, als ich Anfang zwanzig war, in meiner

Persönlichkeit stark vorherrschte, für die nahtlos kontrollierte Anna Freud viel
zu viel war. Wir waren kein gutes Team; aber beeindruckt von ihr und meiner
Verehrung für die Psychoanalyse, neigte ich dazu, ihre Vorstellung von mir zu
übernehmen. Meine Selbstzweifel begannen erst allmählich zu schwinden, als
ich von Dr. J. H. W. van Ophuijsen als Analytikerin entdeckt wurde. Er war
der Chefpsychiater an der Jewish Board of Guardians. Dieser große, stattliche
Holländer war zur Belegschaft gestoßen, als ich etwa ein Jahr dort gearbeitet
hatte. Ich kannte seinen Namen aus der psychoanalytischen Literatur. Er las
die Berichte und Aufzeichnungen über die Patienten, um sich mit den
Mitgliedern seiner Belegschaft vertraut zu machen. Eines Tages ließ er mich zu
sich kommen. Es war offensichtlich, daß er von mir oder meinem
Ausbildungshintergrund nichts wußte. Mit einiger Überraschung und in fra-
gendem Ton sagte er: „Aber Sie sind doch Analytikerin, nicht wahr? Ich kann
das aus Ihren Aufzeichnungen ersehen." Natürlich war ich erfreut und zufrieden. Es war beinahe die erste Anerkennung, die ich in meiner Identität als
Analytikerin erhielt. Diese Beurteilung war eher in der objektiven Evidenz meiner Arbeit begründet, getrennt von irgend einer subjektiven Reaktion, weit
entfernt von ehrgeizigen Wünschen in Bezug auf das Endziel meiner „weiblichen" Verwirklichung, die Dr. Hoffer auf mich projiziert hatte. Ich erzählte
Dr. van Ophuijsen von meiner Ausbildung in Wien, von meiner Ver-
unsicherung und meinen Selbstzweifeln. Er fuhr fort, mich zu bestärken und
zu ermuntern. Wir hatten viele Konferenzen und Diskussionen und entwickelten eine produktive berufliche Beziehung. Für mich und Bill, der ebenfalls hinzukam um Dr. van Ophuijsen kennenzulernen, war dies die erste
freundliche Öffnung zur psychoanalytischen Welt und nahezu die erste
Gelegenheit für einen respektvollen Ideenaustausch.
Die Spuren, die das Urteil eines Analytikers hinterläßt, sind oft sehr tief. Ich
sehnte mich nach irgendeiner deutlichen Bestätigung durch Anna Freud.
Heute, nach vielen Jahren unabhängiger Arbeit, scheint mir meine damalige
Gemütsverfassung 1938 im Rückblick fast bizarr. Das veranschaulicht das
verwickelte Netz von Abhängigkeiten, das die psychoanalytische Situation
spinnen kann. Es ist ein Netz, in dem die jungen und unerfahrenen Aus-
bildungsteilnehmer sich leicht verfangen.

Es traf sich, daß Anna Freuds engste Freundin, Dorothy Burlingham, die ich
aus Wien kannte, in der Zeit, als sich zwischen Herrn van Ophuijsen und mir
diese berufliche Beziehung entwickelte, in New York zu Besuch war. Gestärkt
durch seine Ermutigung in Bezug auf meine psychoanalytische Arbeit hielt
ich es für möglich, Mrs. Burlingham darum zu bitten, sich für mich bei Anna

Freud zu verwenden. Ich rief sie an. Wir trafen eine Verabredung. Sie war nett und freundlich, hörte dem Bericht über mein Leben und meine Arbeit seit meiner Rückkehr aus Wien freundlich zu. Sie schien meine Gefühlssituation zu verstehen und auch, daß ich mir von Anna Freud berufliche Anerkennung wünschte. Gesetzliche Hindernisse standen damals meiner psychoanalytischen Praxis nicht im Wege. Man benötigte weder Lizenz noch Zeugnis. Mich behinderte nur das Bedürfnis nach Bestätigung durch diejenigen, die ich zu Autoritäten über mein Gewissen erhoben hatte und die Neigung, ihr Urteil überzubewerten. Ich war so naiv identifiziert mit einem idealisierten Konzept der Psychoanalyse, daß ich ihr Bild in der Öffentlichkeit nicht durch eine auch noch so geringe Unzulänglichkeit von mir trüben wollte. Ich glaube, es war diese Art von Integrität, die Mrs. Burlingham beeindruckte. Sie sagte, sie werde mit Anna Freud sprechen, und ich würde sicherlich bald von ihr hören. Nach über einem Jahr hörte ich von Anna Freud. Sie unterstützte die Tatsache, daß ich meine eigene Entscheidung bezüglich meiner beruflichen Aktivitäten in der Vergangenheit getroffen hätte und sicher damit auch in der Gegenwart und Zukunft damit fortfahren würde. In bezug auf meine Reife setzte sie Vertrauen in den Umstand, daß ich Mutter geworden war. Ich meine zwar auch, daß man im Verlauf der Elternschaft wachsen kann, daß dies aber keineswegs der einzige Weg zur Selbstentwicklung ist.

Anna Freud und Dorothy Burlingham, 1978

Die Formalität und Kühle ihrer Antwort war ein abgeschwächtes Echo der oft unbezogenen Aspekte ihrer Persönlichkeit, wie ich sie in der Vergangenheit erlebt hatte. Ihre Antwort erreichte aber etwas sehr Wichtiges: Sie unterstrich eine Unabhängigkeit und Selbständigkeit, die ich immer gehabt hatte. Sie führte mich zu dem Entschluß, diese Eigenschaft eher zu kultivieren, als weiter Beistand vom psychoanalytischen Establishment zu erhoffen, in dem ich keinen rechten Platz fand. Ich entwickelte meine eigene Praxis und begann, meine Ideen aufzuschreiben. Dies war die Heimkehr, bei der ich zu mir selbst zurückfand.

16. Mein letzter Kongreß

1955 fand in Genf der erste Internationale Psychoanalytische Kongreß statt, den wir besuchten. Seit unserer Heimkehr zwanzig Jahre zuvor hatte sich in unserem Leben und in der Welt viel ereignet. Unser Sohn Tom war 1938 in New York City geboren worden. Der Zweite Weltkrieg hatte 1939 mit Hitlers Einmarsch in Polen begonnen. England hatte die schrecklichen Bombardierungen des Blitzangriffes erlebt. Die Vereinigten Staaten waren 1941 in den Krieg eingetreten. Da war kein Gedanke daran gewesen, Europa zu besuchen, selbst wenn wir die Mittel dazu gehabt hätten und frei von Elternverpflichtungen gewesen wären.

Stattdessen war es eher für Juden und Regimegegner wichtig, aus Europa herauszukommen. 1938 hatte ich meine Stelle an der Jewish Board of Guardians gekündigt. Tom sollte im Herbst geboren werden. Während der letzten Monate meiner Schwangerschaft verwandte ich meine Zeit dazu, vereidigte schriftliche Erklärungen für Freunde und Kollegen zu besorgen, damit sie sich in die Vereinigten Staaten retten konnten. Bill und Edith Buxbaum, eine Analytikerin aus Wien, die in weiser Voraussicht vor den katastrophalen Ereignissen des Holocaust ausgewandert war, halfen mir dabei. Trotz der recht schwierigen Zeiten genossen wir unser Familienleben. Unsere Praxen wuchsen. Die Kinder gediehen. Unsere Ehe war sicher und verträglich, da wir sowohl beruflich als auch privat viele gemeinsame Interessen hatten.

Zu Beginn der vierziger Jahre machte die Ankunft vieler Wiener Kollegen und Freunde unser Haus in New York zum Zentrum eines sozialen Lebens, das ganz europäisch war. Es wurde viel Deutsch gesprochen. Ich erinnere mich, daß meine Kinder sich darüber ärgerten, obwohl der ungewöhnlich sprachbegabte Tom die Gelegenheit nutzte, um ein paar Wörter zu lernen und sich den vorherrschenden Duktus der deutschen Sprache anzueignen. Aber es war nicht nur die andere Sprache, die in unser Heim Eingang fand. Es war auch der Geist des Wiener Psychoanalytischen Institutes. Unter unseren europäischen Freunden gab es viele Psychoanalytiker, die wir aus Wien kannten. Sie fühlten sich der orthodoxen Freudschen Theorie verpflichtet. Nun mußten sie sich in einem neuen Land zurechtfinden und einrichten. Entwurzelt, vertrieben und voll Heimweh, hielten sie an der Struktur ihrer beruflichen Überzeugungen fest. Noch mehr – einige von ihnen identifizierten sich mit den rückständigen Ansichten der New York Psychoanalytic

Society. Ich erinnere mich an eine Dinner-Party in unserem Haus. Das Thema der psychoanalytischen Praxis durch Nichtmediziner kam auf. Die Meinungen waren geteilt. Dr. Isador Silverman, zum Leiter des Hillside Hospital ernannt, sprach sehr kritisch über Nichtmediziner im psychoanalytischen Fachgebiet: „Was wissen Psychologen über die Psychoanalyse?", höre ich ihn noch sagen. Bill, in Bezug auf dieses Thema sehr empfindlich, vergaß seine Pflichten als Gastgeber und ließ sich in einen Streit verwickeln. Nun, auch Dr. Silverman hatte vergessen, daß er Gast im Hause von zwei psychologischen Analytikern war. Ein erhitzter und unangenehmer Wortwechsel folgte. Wie das so üblich ist, bestand jeder auf seiner Meinung.

Wir waren einladend, helfend und gastfreundlich den Wiener Analytikern gegenüber gewesen. Sie gaben es nicht zurück. Selbst nachdem sie beruflich Fuß gefaßt hatten, zeigten sie kaum einfühlendes Verständnis für die Schwierigkeiten und Kämpfe, die wir in der feindseligen, vorwiegend medizinischen Umgebung erfahren hatten. Rückblickend wurde mir klar, daß die Reise über den Atlantik die Wiener Analytiker, die wir schon früher als Gruppe niemals besonders einfühlsam erlebt hatten, weder untereinander noch uns gegenüber verändert hatte. Das Gegenteil schien der Fall. Durch ihr erlebtes Mißgeschick wurden die eigenen Überlebensbedürfnisse das oberste Gesetz. Sie schienen eher unempfindsamer dem Leben und den Bedürfnissen anderer gegenüber zu werden. Es war eine schmerzlich-konflikthafte Situation für uns. Wir hielten mit vielen unserer europäischen Kollegen in erster Linie die Freundschaft nur deswegen aufrecht, weil wir uns an die Psychoanalyse gebunden fühlten und weil sie die beste intellektuelle Möglichkeit für einen Ideenaustausch darstellte. In den vierziger Jahren hatten sich die Psychologen noch kaum mit der psychoanalytischen Theorie oder der klinischen Praxis befaßt.

Bill und ich hatten weiterhin lebhafte Diskussionen über unsere Arbeit – Diskussionen, die weitgehend von unseren täglichen Erlebnissen mit Patienten handelten. Wir hatten Fragen über den Umgang mit schwierigen Situationen. Wir stellten Aspekte existierender Theorien in Frage. Wir durchdachten neue Ideen. Bis 1955 hatte ich mehrere Aufsätze veröffentlicht. Meine Arbeit über Masochismus wurde zunehmend bekannt. Ich lehrte und supervidierte jüngere Kollegen. Im Juli 1955 schloß unser ältester Sohn Michael das College ab und heiratete. Tom schrieb sich an der Yale University ein. Die Weltsituation schien relativ stabil. So trafen Bill und ich Vorkehrungen für unsere erste Reise nach Europa, das wir Ende 1934 verlassen hatten. Geradeso, wie wir uns danach gesehnt hatten, in die Vereinigten Staaten zurückzukehren, freuten wir uns 1955 darauf, Europa wiederzusehen. Bill wollte besonders gern französische Atmosphäre um sich haben. So planten wir, auf dem Ozeandampfer Ile de France zu reisen. Obwohl es damals schon den kommerziellen Luftverkehr gab, war das Schiff die einzige Möglichkeit, nach Europa zu reisen oder zumindest der bevorzugte Weg für viele Leute. Die Flugzeuge, die den Ozean überquerten, waren propellerangetriebe Modelle. Die Reise war lang und anstrengend. Bills große Vorliebe für die französische Küche machte die Woche an Bord zu einem nicht endenden Fest kulinarischer Genüsse! Das Ergebnis war jedoch nicht gut. Sicherlich war sein Verdauungssystem übermäßig belastet. Bei seinem nachfolgenden Versuch, die Restaurants in Paris in ähnlicher Weise zu genießen, erlag er einer Erkrankung, die auf den ersten Blick wie eine Vergiftung aussah, sich dann aber als paratyphoide Infektion herausstellte. Er verbrachte zehn Tage im amerikanischen Krankenhaus. Ich tat mein Bestes, zwischen den Besuchen bei ihm Paris allein zu genießen. Es war kein glückverheißender Anfang für unsere Rückkehr nach Europa.

In etwas wackliger und erschöpfter Verfassung kamen wir in Genf an, wo wir an dem Internationalen Psychoanalytischen Kongreß teilnehmen wollten. Wir trafen einige Bekannte aus Wien. Wir wurden aber weder mit Wärme noch mit Herzlichkeit begrüßt. Ich habe an die beruflichen Aspekte dieses Kongresses wenig Erinnerung. Ich erinnere mich aber an mein Zusammentreffen mit Willi Hoffer. Zwanzig Jahre waren vergangen, seitdem wir uns das letzte Mal gesehen hatten. Ich hatte nicht nur eine Familie großgezogen, sondern auch die ganze Zeit über auf psychoanalytischem Gebiet erfolgreich gearbeitet. Meine Anwesenheit auf diesem Kongreß bezeugte mein ernsthaftes Interesse an meinem Beruf. Dr. Hoffer schien leise erfreut, mich zu sehen. Er stellte mir eine Frage, die er auf dem letzten psychoanalytischen Kongreß, den ich jemals besuchen sollte, wiederholen würde: „Wie geht es den Kindern?" Sicherlich scheint die Frage sehr unschuldig, und sie wäre es auch, wenn sie nicht die einzige Frage gewesen wäre. So jedoch wurde daraus ein Statement – eines, das durch die Abwesenheit jeglicher anderer Äußerung über meine Veröffentlichungen oder irgendeine Frage nach meiner klinischen Arbeit zum Ausdruck brachte: „Ich bin an ihrem beruflichen Leben nicht interessiert – sie sollten eigentlich nur Mutter sein. Andere Leistungen oder Interessen sind nicht wichtig oder bestenfalls zweitrangig. Sie mögen tatsächlich Ausdruck neurotischer rebellierender unweiblicher Anteile ihrer Persönlichkeit sein."

Selbst während meiner Analyse galt Willi Hoffers Unterstützung in erster Linie meiner Mutterschaft. Er akzeptierte niemals meine Ziele und Ideale, sondern stellte entschlossen seine eigenen Wertvorstellungen dagegen auf.

Von frühester Kindheit an war mir wichtig, nicht im Netz des enttäuschten oder begrenzten Lebens gefangen zu werden, wie das bei meiner Mutter der Fall war. Sie war eine höchst intelligente und kompetente Frau mit vielen kulturellen Interessen. Ihr Medizinstudium, das sie in Lausanne begonnen hatte, war durch ihre Heirat und durch die Tatsache unterbrochen worden, daß ich auf der Bildfläche erschien. Sowohl die Lebensumstände als auch ihre eigenen emotionalen Konflikte hatten sie davon abgehalten, ihr Studium fortzusetzen, und ich rechne ihr hoch an, daß sie meines aktiv unterstützte. Sie war eine engagierte und aktive Unterstützerin der Frauenbewegung und setzte sich für die rechtliche Gleichheit aller Frauen ein. Trotz meiner Konflikte mit meiner Mutter – und auf diese zentrierten sowohl Anna Freud und Willi Hoffer ausschließlich ihre Aufmerksamkeit – identifizierte ich mich stark mit ihren Idealen von Gleichheit zwischen Männern und Frauen und mit ihrem beruflichen Ehrgeiz für mich. All dies ging an Dr. Hoffer vorbei. Er schien nicht in der Lage zu sein, mich zu hören, wenn ich meinen Wunsch zum Ausdruck brachte, Frau und Mutter sein und gleichzeitig eine berufliche Karriere zu verfolgen. Ich war überzeugt davon, mein Leben so organisieren zu können, daß beides möglich war. Seit meiner letzten Begegnung mit Dr. Hoffer waren zwanzig Jahre verstrichen. Seither hatte ich eindeutig demonstriert, daß es möglich war, Mutterschaft und Berufslaufbahn erfolgreich zu verbinden. Ich ärgerte mich über seine Mißachtung meiner beruflichen Arbeit und darüber, daß er mir seine eigenen Werte aufdrängen wollte. Bei unserer Begegnung beantwortete ich einfach nur seine Frage und versuchte, den Kongreß so gut wie möglich zu genießen, dort etwas zu lernen und Dr. Hoffers sexistische Haltung nicht allzu sehr meine bereits vorhandene Desillusionierung über die Persönlichkeiten der psychoanalytischen Bewegung verstärken zu lassen. Ich fand die Schweizer Landschaft lohnender und angenehmer als die Psychoanalytiker.

Die Enttäuschungen auf unserer ersten Europareise seit unserer Studentenzeit verdarb uns weder unser Interesse an Europa noch an der Psychoanalyse. Wir kamen während der folgenden Sommer immer wieder nach Europa zurück. Zwischen dem Genfer Kongreß 1955 und dem Kopenhagener 1959 entdeckten wir Skandinavien und verliebten uns besonders in Dänemark. Natürlich wollten wir es nicht versäumen, den Internationalen Psychoanalytischen Kongreß 1959 zu besuchen, der in unserer europäischen Lieblingsstadt, Kopenhagen, abgehalten wurde.

Für nichtmedizinische Analytiker war es längst keine einfache Sache mehr, an Mitgliederversammlungen der offiziell repräsentierenden psychoanalytischen Organisationen teilzunehmen. Obwohl wir in Wien ausgebildet worden waren und mehr als zwanzig Jahre in unserem Beruf gearbeitet, bereits an anderen Kongressen teilgenommen und in anerkannten psychoanalytischen Zeitschriften veröffentlicht hatten, brauchten wir die Erlaubnis der New York Psychoanalytic Society. Wir mußten ein Empfehlungsschreiben von einem Mitglied dieser Gesellschaft vorweisen. Ich erinnere mich, daß ich Dr. Beres, den Leiter der New Yorker Gesellschaft, schriftlich um diese Genehmigung bat. Dann folgte ein ziemlich angestrengtes Telefongespräch mit ihm. Unsere Freundin, Dr. Edith Jacobson, hatte für uns gebürgt.

Einige Tage vor dem Kongreß kamen wir in unserer Lieblingsstadt an und fühlten uns aufgrund vorangegangener Besuche sehr zu Hause. Unsere Stimmung war aber dadurch, daß wir nur durch Empfehlungsschreiben an den psychoanalytischen Vorträgen teilnehmen konnten, etwas getrübt. 1956 hatten wir uns mit einem dänischen Analytiker, Erik Carstens, angefreundet. Auch er war kein Arzt und so etwas wie ein „maverick"* unter Psychoanalytikern. Er wollte den Kongreß ebenfalls besuchen und bat uns um Hilfe, um den Wunsch in die Tat umsetzen zu können. Er konnte einfach nicht glauben, daß wir nicht zu den „Eingeweihten" gehörten, und daher nicht in der Lage waren, ihm zu helfen. Das Resultat war traurigerweise der Bruch unserer Freundschaft. Im Kleinen reflektierte dieses Ereignis die schlechte Atmosphäre, die die Analytiker in ihren öffentlichen Beziehungen mit den offenen und gastfreundlichen Dänen geschaffen hatten. Die Analytiker wollten durch Überlegenheit, Exklusivität und „wissenschaftliche" Tiefe beeindrucken. Sie befürchteten, mißverstanden und mißinterpretiert zu werden. Sie schlossen die Presse vollständig von ihren Zusammenkünften aus. Die Presse rächte sich mit satirischen Artikeln über die Psychoanalyse.

In dieser Atmosphäre und mit unseren eigenen Zwiespältigkeiten begann für uns der Kopenhagener Kongreß. Einen Tag vor Eröffnung traf ich Willi Hoffer auf der Strøget, der berühmten Promenade, auf der man alte Freunde aus allen Teilen der Welt treffen kann. „Und wie geht es den Kindern?" Weder der Mann noch die Frage hatten sich in den dazwischenliegenden vier Jahren verändert. Die „Kinder" waren inzwischen ziemlich erwachsen. Michael war Biologe geworden, hatte seinen Dr. phil. in Princeton erworben und war Post-Doktorand an der Harvard University. Tom hatte gerade seine undergraduate Ausbildung an der Yale University beendet und sich beim Department of Social Relations in Harvard eingetragen, um klinischer Psychologe und

---

* Das englische Wort *maverick* ist im ursprünglichen Sinn ein herrenloses Rind ohne Brandzeichen und im übertragenen einen Abtrünniger, Einzelgänger oder Aussätziger (Anmerkung des Herausgebers).

letztendlich Psychoanalytiker zu werden. Wie bei den vorhergehenden Gelegenheiten informierte ich Hoffer höflich über diese Entwicklung.

Als Bill und ich das Kongreßprogramm der ersten Tage anschauten, wurden wir mit einem kleinen Dilemma konfrontiert. Anna Freuds Vortrag war für die gleiche Zeit vorgesehen wie eine Diskussionsrunde, in der es um die Beziehung zwischen Ethologie und Psychoanalyse ging. Dieser Gegenstand interessierte mich. Ich war von Konrad Lorenz' Arbeiten beeinflußt und hatte einen Artikel geschrieben mit dem Titel: „Bemerkung zu einigen biologischen Parallelen zwischen bestimmten angeborenen animalischen Verhaltensweisen und dem moralischen Masochismus", der 1956 in der Zeitschrift „Psychoanalytic Review" veröffentlicht worden war. Dieser Artikel hatte nicht viel Aufmerksamkeit erregt. Ich hatte damit auch nicht gerechnet. Psychoanalytiker sind üblicherweise auf klinisches Material fixiert und im allgemeinen nicht besonders an philosophischen Themen interessiert, vor allem wenn sie sich auf evolutionäre Aspekte der Biologie beziehen – der Hauptgegenstand meines höchst spekulativen Artikels. Ich hatte nicht gewußt, daß es auf diesem Kongreß auch um Ethologie gehen sollte, und wollte gerne zu dieser Diskussionsrunde gehen. Gleichzeitig wäre ich aber auch gerne zu Anna Freud gegangen.

Bill und ich lösten den Konflikt dahingehend, daß er zu Anna Freud gehen und mir später darüber erzählen würde, ich zu dem Vortrag über Ethologie und Psychoanalyse. Zur vereinbarten Zeit trennten wir uns, und jeder ging an seinen Platz.

Der Ethologievortrag fand in einem kleinen Raum statt, und es waren nicht mehr als zwanzig interessierte Teilnehmer. Dr. Sutherland aus Edinburgh leitete die Diskussionsrunde. In einer kleinen Ansprache stellte er sich als Leiter dieser Runde sowie Herrn Dr. Todd aus Kalifornien vor, der einen historischen Überblick über die Beziehung zwischen Ethologie und Psychoanalyse geben würde.

Dr. Todd sprach über das unter Analytikern neu erwachte Interesse an den Erkenntnissen der Ethologie und was sie zum Verständnis des menschlichen Verhaltens beitragen könnten. Er erwähnte zwei Pionierartikel, die versuchten, Parallelen zwischen bestimmten animalischen und menschlichen Verhaltensmustern aufzuzeigen, um Schlußfolgerungen für die menschliche Entwicklung daraus zu ziehen. Einer sei von Edith Weigert, „die hier bei uns in der ersten Reihe sitzt", die andere Arbeit von Esther Menaker – und Dr. Todd zitierte den Artikel. Ich war wie betäubt! Ich hatte nicht nur nicht bemerkt, daß mein Artikel in der psychoanalytischen Welt zur Kenntnis genommen worden war, ich war auch völlig davon überrascht, daß er als Pionierarbeit betrachtet wurde!

Ich hoffe, man wird mir vergeben, wenn ich mir nach dieser Enthüllung sehr wenig von dem inhaltlichen Verlauf dieser Zusammenkunft gemerkt habe. Ich weiß aber noch, daß die Diskussion intellektuell äußerst anregend war und mich im Weiterdenken der Ideen, die als Keime in meinem ethologischen Artikel gesteckt hatten, erheblich vorwärtsbrachte. Im Rückblick war der positive Effekt der Bestätigung meiner Kreativität und Selbstdarstellung deutlich fühlbar, vor allem weil er mich nach einer so langen Zeit der Isolierung und Entmutigung erreichte. Man muß wirklich die tapferen Seelen bewundern, die in der Geschichte der menschlichen Kulturentwicklung dazu fähig waren, ihre innovative, kreative Arbeit ohne Bestätigung von außen fortzusetzen. Am Schluß der Sitzung stellte ich mich selbst bei Dr. Sutherland vor. Er wiederum machte mich mit Dr. Bowlby und Dr. Winnicott bekannt. Ich kannte die Veröffentlichung von Frau Dr. Weigert, hatte sie immer geschätzt und bewundert. Jetzt freute ich mich über die Gelegenheit, diese bemerkenswerte Frau persönlich kennenzulernen. Während der weiteren Jahre unseres Lebens entwickelten wir eine warme Freundschaft. Ich versäumte keine Gelegenheit, sie zu besuchen, wenn ich in Washington weilte. Wir entdeckten auch, daß wir viele gemeinsame Freunde hatten.

Es war ein bemerkenswertes Treffen. Ich war hochgestimmt, brannte darauf, Bill wiederzusehen und ihm von allem zu erzählen. Als ich in die Hotelhalle kam, bemerkte ich, daß der Vortrag von Anna Freud noch nicht zu Ende war. Ich würde auf Bill warten müssen. Unter den anderen Psychoanalytikern, die in der Halle standen, sah ich Willi Hoffer, der die Szene um sich herum betrachtete. Obwohl ich aus früheren Erfahrungen wußte, daß wir beide in Bezug auf meine Lebensziele verschiedener Meinung waren und obwohl ich wiederholt seine Mißachtung für meine beruflichen Aktivitäten und Erfolge erfahren hatte, hegte ich doch warme Gefühle für diesen Mann. Er war in Wien so freundlich und großzügig zu mir gewesen, weit entfernt von allem, was man in einer klassischen Analyse erwarten würde. Besonders dankbar war ich für seine Ernsthaftigkeit, mit der er sich mit mir über Anna Freud unterhalten hatte. Er bewunderte sie und war wahrscheinlich auch von ihr als Frau angetan. Er hatte mir aber bestätigt, daß sie mit Themen wie Ehe und Mutterschaft nicht umgehen könne. Obwohl beide Freunde und auch Kollegen waren, hatte sie es versäumt, ihm zu seiner Heirat zu gratulieren, ebenso, wie mir zur Geburt meines Sohnes. So ging ich in einer Aufwallung spontaner Begeisterung und alle Vorsicht in den Wind schlagend auf ihn zu, grüßte ihn und erzählte ihm von der Anerkennung, die ich für meine Arbeit bei der ethologischen Diskussionsrunde bekommen hatte. Er schien kaum zuzuhören, uninteressiert schaute er weiter im Raum herum, vermied den

Blickkontakt mit mir. Plötzlich, ohne irgendeine Erklärung oder Entschuldigung, winkte er einem jungen Mann zu, der einige Meter von ihm entfernt stand und sagte: „Er möchte mit mir sprechen." Damit verließ er mich – nicht nur in der Mitte meiner Geschichte, sondern auch mitten im Satz. Ungläubig und stocksteif blieb ich stehen. War das wirklich passiert? Vielleicht hatte ich etwas mißverstanden. Ich kam mir vor wie in einem bösen Traum. Ich schaute mich nach Bill um, damit ich mit meinen Gefühlen irgendwo hin konnte, aber Anna Freuds Vortrag war immer noch nicht zu Ende. Endlich kam er – offensichtlich sehr erfreut, mich zu sehen. Als ich ihm meine Geschichte erzählte, teilte er meine Freude über die Anerkennung, die ich gefunden hatte. Er war immer großzügig in seinem Stolz auf meine Erfolge. Er war genauso überrascht und verdutzt wie ich über Hoffers Benehmen. Wir besprachen es, versuchten die Reaktionen dieses Mannes zu verstehen. Sicher, ich war keine besonders wichtige Person. Ich hatte aber nie gedacht, daß Willi Hoffers Freundlichkeit mir gegenüber etwas mit dem Status zu tun gehabt haben könnte. Das wäre lachhaft gewesen. Ich war die jüngste Kandidatin am Institut, ohne Geld, ohne einflußreiche Freunde. Ich hatte auch nicht geglaubt, daß Dr. Hoffer jemand sei, dem solche Überlegungen besonders wichtig wären. In meinen Augen war er einfach ein freundlicher, lieber Mann, der versucht hatte mir zu helfen.

War es, weil ich eine Frau war, und er dachte, der Brennpunkt meines Lebens sollte Weiblichkeit und Mutterschaft sein? Soweit es mich anbetraf, schien er tatsächlich so zu denken. Er sprach mit mir nie über meine berufliche Arbeit oder über mein Leben im allgemeinen. Es war immer dieses: „Und wie geht es den Kindern?" Es machte keinen Sinn zu denken, Dr. Hoffer habe Vorurteile gegen berufstätige Frauen im allgemeinen. Seine eigene Frau war Analytikerin. Viele weibliche Mitglieder der Wiener Psychoanalytischen Gesellschaft waren sowohl Mutter als auch Analytikerin. Was war es dann, daß er sich so hartnäckig weigerte, mir beide Freuden zu „erlauben" – Mutterschaft und Karriere? Weder er noch Anna Freud hatten Kinder, aber ich konnte mir kaum vorstellen, daß es sich um Neid handelte.

Ich wußte, daß er und Anna Freud mich in den Wiener Tagen für ein unreifes, impulsives, unstabiles Wesen hielten, als nicht eigentlich ideale Kandidatin für eine analytische Laufbahn. Fünfundzwanzig Jahre waren verstrichen. Wenn ihre Arbeit als Analytiker aus ihrer Sicht einen Wert gehabt hatte, hätten sie denken können, daß Wachstum und Veränderung mich hatten reifen lassen. Aber nein! Sie verhielten sich weiter so, als wünschten sie, ich solle weggehen. Stattdessen gingen sie weg. Sie spürten, daß ich keine „wahre Gläubige" war. 1959 hatte ich mehrere Artikel geschrieben, die zwar nicht gerade eine Herausforderung für die klassische psychoanalytische Theorie darstellten, die aber bestimmte schwierige Themen wie den Masochismus vom Standpunkt der Selbsttheorie betrachteten und nicht aus dem Blickwinkel der Freudschen Libidotheorie. Solche Tendenzen können Ärger bereiten.

Als Bill und ich miteinander über die Kälte unserer Wiener Kollegen sprachen, die wir sowohl in Genf als auch in Kopenhagen gespürt hatten und über Dr. Hoffers Affront, und als wir versuchten, uns einen Reim auf alles zu machen, wurde uns eines klar: Wir waren weitgehend unerwünscht auf diesem Kongreß. Es war zweifelhaft, ob wir oder unsere Arbeiten überhaupt irgendeine Anerkennung oder auch nur Interesse finden würden. Es wurde Zeit, einen anderen Kurs einzuschlagen. Wir kamen zu dem Schluß, wahrscheinlich keine weiteren Kongresse mehr zu besuchen. Was wir im weiteren Verlauf über die Entwicklung der Psychoanalyse wissen mußten, konnten wir den Zeitschriften und Artikeln entnehmen. Wir würden unseren eigenen unabhängigen Weg weitergehen.

Dies war auch mein Stil in anderen Situationen von Zurückweisung und Ablehnung. Ich versuchte, die destruktiven Reaktionen außer acht zu lassen und eher selbstsicherer und zuversichtlicher zu werden. Mich hatte die Ethologiediskussion angeregt. Ich fand den Mut, die neuen Ideen weiterzuentwickeln, die während der letzten Jahre vor dem Kongreß in mir arbeiteten. Ich wollte diese Einsichten aus ethologischen Studien für ein tieferes Verständnis der menschlichen Persönlichkeitsentwicklung und ihrer Verflechtungen mit der Evolutionstheorie nutzen.

Bill und ich hatten den Plan, nach dem Kopenhagener Kongreß zwei Wochen in den Italienischen Alpen zu verbringen. Ich unterbreitete ihm meine Ideen und schlug vor, ein gemeinsames Buch über die Stellung des Menschen innerhalb der Evolutionstheorie zu schreiben. Wir wollten unsere eigenen klinischen Erfahrungen einfügen. Er stimmte zu. Auf einer sonnigen Wiese in den norditalienischen Bergen besprachen wir unser erstes Buch. „Ego in Evolution" war geboren.

17. Ausklang

Das hier vorliegende Buch ist in gewissem Sinn als Reaktion auf das Bedürfnis der jüngeren Generation entstanden, die gerne wissen wollte, wie es in den frühen Tagen der Psychoanalyse war. Es erfüllt auch ein eigenes Bedürfnis – das Bedürfnis einer Großmutter, Geschichten zu erzählen. In den späteren Lebensjahren wächst der Wunsch, die eigenen Erfahrungen wie kostbare Besitztümer zu sammeln und sie noch einmal in ihrer Gesamtheit zu bewerten. Die Lebensstruktur ist aus unterschiedlichen Fäden gewebt, manchen schönen, manchen weniger schönen. Aber selbst die häßlichen sind wertvoll. Durch den Kontrast bringen sie das Gute zur Darstellung und sollten uns dankbar machen für die Möglichkeit, dies alles erlebt haben zu können. Dies ist die eigentliche Essenz des Lebens.

Oft bemerken junge Kollegen, unnötigerweise von Ehrfurcht ergriffen, wenn sie von meiner Wiener Ausbildung hören: „Wie wundervoll, solch eine Gelegenheit gehabt zu haben!" und fügen noch hinzu: „Wie war das?" In meinen weniger guten Momenten habe ich geantwortet: „Ich bin eine Überlebende!" Trotz meiner unerfüllten Erwartungen, den Enttäuschungen, dem Ärger und der Empörung über Ungerechtigkeiten, und der Erfahrung, mißverstanden worden zu sein, bin ich froh, daß ich in der Lage war, diese Erfahrung kreativ zu nutzen. Als Ergebnis dieser Erfahrung bin ich gewachsen und habe mich auf eine Weise verändert, die ich für positiv halte.

Ich bin natürlich nicht mehr dieselbe Person wie die junge Frau, die 1930 nach Wien ging. Das übertriebene Idealisierungsbedürfnis ist der Fähigkeit gewichen, nüchterner urteilen und den Schmerz der Desillusionierung mit mehr Gleichmut ertragen zu können und mit der eigenen Kreativität auf die emotionalen Forderungen zu reagieren, die das Bedürfnis nach Helden unausweichlich mit sich bringt. Das Verhaftetsein an Ideale und Prinzipien ist geblieben. Ich weiß nun, daß die mir geltenden Fehlurteile und Mißverständnisse weitgehend den kulturellen und psychologischen Begrenzungen derjenigen zuzuschreiben sind, die mich beobachtet haben: Anna Freud und Willi Hoffer.

Mein letztes Zusammentreffen mit Anna Freud fand 1950 während ihres, wie ich glaube, ersten Besuches in den Vereinigten Staaten statt. Es war auf einem Empfang, den Phyllis Greenacre ihr zu Ehren in ihrem Hause gab. Das Wohnzimmer war vollgepackt mit Menschen, so daß man sich kaum bewegen konnte. Die Tochter des großen Mannes stand auf einer Seite an die

Wand gelehnt, sah verwirrt und irgendwie bestürzt aus. Ohne daß es vorher irgendwie abgesprochen gewesen wäre, bildete sich eine Schlange, die sich an ihr wie eine Person vorbeibewegte. Einer nach dem anderen schüttelte Anna Freud die Hand und tauschte ein paar Worte mit ihr aus. Als ich an die Reihe kam, reichte ich ihr die Hand und sagte: „Willkommen in den Vereinigten Staaten!" Ich bemerkte selbst die zweideutige Ironie dieser Bemerkung. Wie gut erinnerte ich mich an ihre Abschiedsworte bei meiner Bemerkung, wir könnten uns vielleicht eines Tages in den Vereinigten Staaten wiedersehen. „Niemals", hatte sie gesagt. Mein Willkommensgruß war zum Teil genau das – gute Wünsche und ein Willkommen. Ich freute mich, daß ihre Bemerkung von damals nicht zutraf. Sie antwortete nicht. Sie schaute mich mit verständnislosem Blick an. Es war offensichtlich, daß sie keine Idee hatte, wer ich war. Später am Abend saßen Bill und ich im anliegenden Raum und sprachen mit einem Freund. Einige Meter von mir entfernt war Anna Freud in eine Unterhaltung vertieft. Ich sah, wie sie sich umwandte und mich forschend ansah. Sie wandte sich dann an ihren Freund und fragte, wer ich sei. Mein Gesicht muß dunkle Erinnerungen in ihr geweckt haben, die sie nicht einordnen konnte. Im übertragenen Sinn – sie hatte mich 1930 nicht gut gekannt. Ich verspürte nicht den Wunsch, mich ihr 1950 noch einmal vorzustellen.

Ich war nicht die einzige, die sie nicht wiedererkannte. Ich werde die Verwirrung von Peter Blos nicht vergessen. Er ragte über die Menge heraus. Er griff sich in seine Haare, als er die an Anna Freud vorbeiwandernde Reihe verließ und rief aus: „Sie hat mich nicht einmal erkannt!" Anna Freud hatte Blos sehr gut gekannt. Er hatte die kleine Schule in Hietzing geleitet, die sie mit Dorothy Burlingham gegründet hatte. Er war an der Erziehung der Burlingham-Kinder wesentlich beteiligt gewesen. Ich bin sicher, Anna Freud hätte ihn unter anderen Umständen wiedererkannt. Während meines Aufenthaltes in Wien hatte sie ihn fast täglich gesehen. In den dazwischenliegenden Jahren hatte er sich kaum verändert. Sie war in dieser unfamiliären Umgebung sicherlich desorientiert. Vielleicht hatte auch das Unbehagen ihres Vaters gegenüber öffentlicher Ehrung auf sie abgefärbt, so daß solche sozialen Ereignisse ihr zuviel wurden. Ich würde nichts über ihre menschliche Schwäche sagen, ihre Enge und Rigidität, die Begrenzung ihrer Lebenserfahrung und ihre soziale Angst, wäre da nicht ihre Verurteilungsbereitschaft anderen gegenüber gewesen, eine Haltung, die sie mit vielen, wenn nicht den meisten klassischen Analytikern teilte. Sie betrachteten sich selbst als Meister über die „eigentliche Realität" anderer Menschen. Da sie etwas vom dynamischen Unbewußten verstanden, hatten sie den festen Glauben, sie hielten den Schlüssel für das vollständige Verständnis der Persönlichkeit ihres Gegenüber in der Hand. Dieser Glaube führte oft zu einer aus überlegener Position gegebenen „Interpretation" und konnte sich in eine anschuldigende Beurteilung wandeln, oft auf unzureichenden Daten und ehrgeizigen Normen gegründet. Manchmal bildete auch Anna Freud da keine Ausnahme.

Für Bill und mich bedeutete die Wiener Odyssee eine Suche nach tieferem Verständnis des menschlichen Verhaltens und der menschlichen Konflikte, zunächst bei uns selbst und dann erst bei anderen. Mit dieser Motivation ging der Wunsch einher, anderen helfen zu können, die konfliktbeladen waren, sich in unlösbaren Lebenssituationen verfangen hatten, deren Wachstum und Entwicklung zum Stillstand gekommen war, die sich ängstlich und unterdrückt fühlten. Es war ein wertvolles Ziel, und wir dachten, daß die Psychoanalyse ein edler Beruf sei. Wir hatten uns nicht vorgestellt, daß unserer Selbstwertgefühl durch dieses Unternehmen so angegriffen würde. Minimiert zu werden war ein Preis, den wir nicht zahlen wollten – wir zahlten ihn damals nicht und wir zahlten ihn auch später nicht.

Diese Erzählung ist ein Bericht über einfache, alltägliche Lebenserfahrungen in der Interaktion mit der psychoanalytischen Gemeinschaft und in gewissem Ausmaß mit der Wiener Kultur. Es ist die Geschichte über Durchgangsriten, die anders als in primitiven Kulturen oder in neueren Gesellschaften, wie der unsrigen, nicht darauf abzielen, Stärke zu erproben oder sie zu kultivieren, sondern eher das Selbstbewußtsein durch die auferlegte Unterwerfung unter die Wahrheit des Analytikers herabzusetzen. Es sollte die Überlegenheit, rationalisiert als angemessene psychoanalytische Technik, derjenigen sichern, von denen wir unausweichlich abhängig wurden. Glücklicherweise hatten Bill und ich uns gegenseitig zur Unterstützung, als unser Selbstwertgefühl am meisten bedroht war.

Es erforderte viel Kraft, eine gesunde Skepsis zu behalten, das Realitätsbewußtsein für unser eigenes Erleben zu bewahren, auf seiner Gültigkeit zu bestehen und die alte von einer neuentdeckten Realität zu unterscheiden, die unterdrückt worden und der man sich vorher nicht bewußt gewesen sein sollte. War die Psychoanalyse als Theorie oder als Therapie berechtigt, solche Stärke als Bedingung von jemanden zu erwarten, der Hilfe suchte? Ich denke nicht, denn die Suche nach Hilfe ist ein Bekenntnis in Not, verletzlich und schwach zu sein. Der Analytiker sollte das Individuum respektieren, das den Mut gefunden hat, dies zuzugeben und diesen Respekt im Verständnis dem Einzelnen gegenüber ausdrücken.

Glücklicherweise hat sich die Psychoanalyse über ihre klassische Form hinaus weiterentwickelt. Sowohl bei den Therapeuten als auch den Theoretikern oder Institutionen werden die therapeutischen Begrenzungen erkannt. Die Wichtigkeit der Beziehung und Interaktionen, Gegenseitigkeit und Einfühlung zwischen Analytiker und Patient sind inzwischen in den Mittelpunkt gerückt. Die Atmosphäre hat sich verändert. Vielleicht werden Patienten in der Zukunft von unserer Erfahrung und auch von den Veränderungen, die innerhalb der Psychoanalyse selbst stattgefunden haben, profitieren können.

18. Schluß

Wir schreiben jetzt das Jahr 1988. Bill starb 1972 im Alter von 76 Jahren ganz plötzlich an einer Aneurysmaruptur. Die Ärzte hatten davon gewußt, aber uns vorher nichts mitgeteilt. Für mich war es ein großer Schock. Nach einer gewissen Zeit begann ich mich innerlich damit abzufinden. Wir hatten miteinander zweiundvierzig Jahre in einer glücklichen, kameradschaftlichen Ehe gelebt. Das hielt mich aufrecht. Ich war eine Zeit lang allein, arbeitete und dachte unabhängig. Ich hatte Freude an meiner therapeutischen Arbeit, am Lehren, am Schreiben.

Eines Morgens Anfang dieses Jahres – ich hatte meine Tagesarbeit noch nicht begonnen – läutete das Telefon. Eine kräftige und angenehme männliche Stimme fragte, ob ich Dr. Esther Menaker sei. Ich bejahte es. „Ich muß mich wohl vorstellen, sagte er, „denn ich habe Sie eine sehr lange Zeit nicht gesehen." Er nannte mir seinen Namen und fügte hinzu: „Als ich zwölf Jahre alt war, behandelten Sie mich in der Jewish Board of Guardians. Erinnern Sie sich daran?" Meine Gedanken überschlugen sich. Ich versuchte, 53 Jahre zurückzugehen: „Ich erinnere mich an Ihren Namen", antwortete ich. „Waren Sie der Junge mit dem runden Gesicht, mit der Brille und dem lockigen schwarzen Haar?" Selbst nach 53 Jahren hatte sich zu dem Namen ein Bild eingestellt. „Ja, das war ich. Ich habe im Telefonbuch nach Ihnen gesucht und bin froh, Sie gefunden zu haben." Unsere Konversation ging weiter. „Was machen Sie nun", fragte ich. „Ich mache das, was ich immer tun wollte – ich bin Künstler. Meine Frau ist auch Künstlerin. Ich lebe in Belgien. Es ist mein erster Besuch in den Vereinigten Staaten, nachdem ich einunddreißig Jahre in Europa gelebt habe. Erinnern Sie sich, daß Sie und Ihr Mann mich besuchten, als ich in Greenwich Village lebte? Meine erste Frau brauchte psychologische Hilfe, und ich wandte mich an Sie wegen einer Empfehlung? Sie kamen und besprachen es mit uns."

Diese Angelegenheit war mir vollständig entfallen. Ich sagte ihm das. Am nächsten Tag jedoch, als Martin und seine Frau zu mir zu Besuch kamen und wir die Einzelheiten seines Lebens besprachen, kam mir dieses Ereignis dunkel in Erinnerung zurück. Ich weiß nicht, warum Bill und ich diesen Besuch machten. Auf jeden Fall bin ich mir sicher, daß Bill es genoß, die alten Plätze in Greenwich Village zu besuchen, und ich war froh, einem früheren Patienten helfen zu können.

Am Telefon versuchte ich, eine Zeit für den Besuch am nächsten Tag zu finden. Martin sagte: „Machen Sie sich keine Umstände. Bitte bereiten Sie nichts für uns vor. Wir sind da, wenn wir kommen. Sie wissen, wir sind Künstler." Tatsächlich, in dem kleinen Dorf Knokke an der Nordküste Belgiens, in dem die kleine einheimische Population nur im Sommer Zuwachs bekam, mußte ihr Leben unbelastet durch Zeitpläne und Termine sein. Der Nachmittag wurde ein Abendbesuch. Sie erschienen um zwanzig Uhr.

Sie begrüßten mich mit lachenden Gesichtern und herzlichem Händeschütteln. Martin und seine Frau Bitia hatten die mittleren Jahre schon hinter sich. Natürlich konnte man bei dem sportlichen, grauhaarigen, bärtigen Mann von fünfundsechzig Jahren keine Ähnlichkeit mehr mit dem zwölfjährigen Jungen finden. Nur die glänzenden freundlichen, aber auch durchdringenden Augen ließen eine Erinnerung an das Kind wach werden. Ich schätzte das Alter der gutaussehenden Frau auf annähernd sechzig. Sie waren lässig gekleidet in Jeans und Pullover. Eine Ausstrahlung von Heimischsein in der Welt, Freude und Lebenszufriedenheit umgab sie.

Wir setzten uns und tauschten Lebensgeschichten aus. Martin erzählte mir von seinen Bemühungen, ein Künstler bei Cooper Union zu werden. Er hatte ein Stipendium errungen, aber der Krieg hatte seine Ausbildung unterbrochen. Er erzählte von seinen Kriegs- und Nachkriegserlebnissen, wie er seine Frau getroffen hatte, von seiner Odyssee nach dem Krieg durch Europa, um einen Platz zu finden, an dem sie ohne hohe Ausgaben leben und arbeiten könnten. Sie fanden ihn an der belgischen Küste.

Meine eigene Geschichte war weniger abenteuerlich. Sie freuten sich, von meiner beruflichen Entwicklung zu hören, von den Büchern, die ich geschrieben hatte, von den Aktivitäten meiner erwachsenen Kinder. In den letzten Jahren hatte ich zu Malen begonnen, und ich zeigte ihnen einige meiner Bilder. Sie waren sehr großzügig in ihren Reaktionen.

Sie hatten Geschenke mitgebracht – Kopien ihrer großen Bilder, die auf Karten reproduziert waren. Man konnte sie als Gruß oder als Brief verschicken oder sie als kleine Bilder aufhängen. Es waren Bilder von Brügge, das ich auch schon besucht hatte und von ländlichen Szenen aus der Gegend, in der sie lebten. Ich war entzückt und suchte einige für mich heraus.

Als wir so sprachen, spürte ich in mir Verwunderung, daß ich den Jungen erinnert, aber vollständig vergessen hatte, warum er damals dorthin gekommen war. Ich fragte Martin. „Nun", sagte er, „in der sechsten. Klasse, bekam ich gute Noten für meine Arbeit, aber schlechte für mein Verhalten. Meine Lehrerin meinte, ich brauche Hilfe. Sie bemerkte, daß ich der Klasse voran war und mich langweilte. Sie sorgte dafür, daß ich in eine 'rapid-advance-class' kam und überwies mich an die Jewish Board of Guardians." Damals hatte ich dort als Kinderanalytikerin gearbeitet. An dieser Stelle warf Bitia ein: „Wissen Sie, Martin war ein armer Junger aus der Lower East Side. Er hatte zu der Zeit noch nie einen Baum gesehen, und Sie schickten ihn in ein Camp. Deshalb hat er Sie nie vergessen. Drei Sommer hintereinander durfte er in das Camp. Seit wir verheiratet sind, hat er in diesem Zusammenhang immer dankbar von Ihnen gesprochen." Ich mußte lachen. Wie wenig wissen wir, was hilfreich ist. Wieviel besser ist es, wenn wir fühlen, was benötigt wird. Wir sprachen lange. Es wurde spät. „Sie müssen Hunger haben", sagte ich. Sie bestätigten es. Ich war wirklich nicht besonderes vorbereitet, so wie sie es mir gesagt hatten. Ich hatte sie nicht während der Abendessenszeit erwartet. Aber das war kein Problem. Mit der größten Selbstverständlichkeit begleiteten sie mich in die Küche. In einer gemeinsamen Anstrengung stellten wir aus allem, was wir im Kühlschrank vorfanden, eine einfache Mahlzeit zusammen. Ich bewunderte ihre Freiheit, unkonventionelle Art und Spontaneität, mit der sie sich in der Welt bewegten.

„Es ist spät geworden, und wir müssen morgen früh aufstehen", sagte Martin bedauernd. „Bevor wir gehen, möchten wir Ihnen unser Projekt zeigen." Er zog ein Bündel Papiere aus einer Tasche. Es waren fotografierte Kopien von Gemälden und Skulpturen, die Martin und Bitia für eine Ausstellung fertigge-stellt hatten. Sie sollten das Anliegen der Freundschaft zwischen Christen und Juden unterstützen. Sie setzten sich für den Frieden in der ganzen Welt ein. Sie waren vom Holocaust inspiriert. Das Thema war die Friedensforderung, die aus dem ethischen Imperativ erwuchs, den der Horror des Holocaust geschaffen hatte. Obwohl ich nur Schwarz-Weiß-Kopien der Gemälde sah, konnte ich ihre Aussagekraft erkennen. Die Botschaft war klar. Im Herbst sollte die Ausstellung in Luxemburg stattfinden. Die Mittel wurden von Spendern aus Luxemburg bereitgestellt. Natürlich war ich eingeladen. Martin und Bitia hofften, auch in den Vereinigten Staaten Sponsoren zu finden, damit die Ausstellung hier gezeigt werden könnte.

Es war ein bemerkenswerter Abend, aber wir mußten uns trennen. Wir stan-den ganz entspannt an der Tür. Ich streckte meine Hand aus, um auf Wiedersehen zu sagen. Stattdessen sagte Martin: „Darf ich Sie küssen?" Er umarmte mich und sagte: „Darauf habe ich gewartet, seit ich zwölf Jahre alt war." Ich erwiderte seinen Kuß, wandte mich an Bitia, umarmte und küßte auch sie zum Abschied.

Für uns alle war diese Begegnung ein Geschenk. Für Martin muß es viel bedeutet haben, daß er mir, wenn auch dunkel, eher als Person, denn als Fall in Erinnerung geblieben ist. Ich bin froh, daß es mir gelang, die Natur seiner Not zu spüren, obwohl ich damals, als ich Martin zum ersten Mal begegnete, eine sehr junge und unerfahrene Therapeutin war. Für mich ist es eine Freude und eine bewegende Erfahrung, nach so vielen Jahren mit soviel Wärme und Dankbarkeit wiedererinnert zu werden. Wir waren uns als zwei eigene Menschen begegnet, die in Beziehung traten, um Martins Situation zu bessern. Wir begegneten uns wieder als zwei Menschen, die mehr Interessen und Werte gemeinsam hatten, die auf dem Fundament positiv getönter Erinnerungen ruhten. Es ist klar, was erinnerungswürdig ist.

Anmerkungen

Kapitel 1

1 Karen Horney (1964): Die Psychologie der Frau. Frankfurt 1967 (Fischer).
2 Otto Rank: Die Analytische Situation. In: Technik der Psychoanalyse.
   Menaker, E.: The Masochistic Factor in Psychoanalytic Situations. In: Psychoanalytic
   Quaterly 11, S. 176 – 186.

Kapitel 2

1 Paul Roazen (1976): Sigmund Freud und sein Kreis, Gießen 1997 (Psychosozial).
   Raymond Dyer (1983): The Work of Anna Freud, S. 29, New York (Jason Aronson),
   Elisabeth Young-Bruehl (1998): Anna Freud. Eine Biographie. Wien 1995 (Wiener
   Frauenverlag).

2 Ester Menaker: The Masochistic Factor in the Psychoanalytic Situation, in: Psychoanalytic Quaterly 11, S. 176 – 186,
   Ester Menaker (1979): Masochism and the Emergent Ego, S. 36 – 51, New York (Human Science Press).
3 Paul Roazen (1976): Sigmund Freud und sein Kreis, Gießen 1997 (Psychosozial).
4 Heinz Hartmann (1960): Psychoanalyse und moralische Werte. Frankfurt (Fischer).
5 Otto Rank (1929): Wahrheit und Wirklichkeit, Entwurf einer Psychologie des Seelischen. (Franz Deuticke).

Kapitel 3

1 Dennis Klein (1981): The Jewish Origin of the Psychoanalytic Movement, New York (Praeger).
2 Peter Gay (1988): Freud. Eine Biographie für unsere Zeit. Frankfurt 1989 (Fischer).
3 Ernest Jones (1955): Leben und Werk von Sigmund Freud. Bern (Huber).
4 Jeffrey Berman, Joseph Conrad (1977): Writing as Rescue. New York (Astra Books).

Kapitel 5

1 Paul Roazen (1985): Freuds Liebling Helene Deutsch. Das Leben einer Psychoanalytikerin. Stuttgart 1989 (Verlag Internationale Psychoanalyse).

Kapitel 6

1 Paul Roazen (1985): Freuds Liebling Helene Deutsch. Das Leben einer Psychoanalytikerin. Stuttgart 1989 (Verlag Internationale Psychoanalyse).
   Paul Roazen (1976): Sigmund Freud und sein Kreis, Gießen 1997 (Psychosozial).
2 Für die Leser, die sich aus beruflichen Gründen mit dieser Erzählung befassen, mag es von Interesse sein, daß Dr. Nunberg sich in seinen Schriften dafür aussprach, Angst im Patienten zu erzeugen und zu erhalten, um das analytische Vorgehen zu erleichtern.

Kapitel 9

1 Heinz Kohut (1977): Die Heilung des Selbst. Frankfurt 1981 (Suhrkamp).
2 In seinen frühen Schriften bezeichnet Freud den Neurotiker tatsächlich als konstitutionell geschwächt.

Kapitel 10

1 Karen Horney (1964): Die Psychologie der Frau. Frankfurt 1967 (Fischer).

Kapitel 11

1 Viele Jahre später entdeckte ich in Paul Roazens Buch „Sigmund Freud und sein Kreis" einen Hinweis auf die Möglichkeit, daß Anna Freud in Bernfeld verliebt gewesen sein könnte.

Kapitel 12

1 Sigmund Freud (1925): Einige psychische Folgen des anatomischen Geschlechtsunterschiedes. GW XIV, S. 16 - 30.
2 Karen Horney (1964): Die Psychologie der Frau. Frankfurt 1967 (Fischer).

Kapitel 15

1 Paul Roazen (1985): Freuds Liebling Helene Deutsch. Das Leben einer Psychoanalytikerin. Stuttgart 1989 (Verlag Internationale Psychoanalyse).
2 Esther Menaker: Masochism: A Defense Reaction of the Ego, in: Psychoanalytic Quaterly 22, S. 205 – 220.

Namensverzeichnis

BIBLIOTHEK
DER PSYCHOANALYSE

Christiane Ludwig-Körner:

Wiederentdeckt – Psychoanalytiker- innen in Berlin

Auf den Spuren vergessener Generationen

CHRISTIANE LUDWIG-KÖRNER

WIEDERENTDECKT –
PSYCHO-
ANALYTIKERINNEN
IN BERLIN
AUF DEN SPUREN
VERGESSENER GENERATIONEN

BIBLIOTHEK
DER PSYCHOANALYSE
PSYCHOSOZIAL-
VERLAG

ca. 220 Seiten, **ca. 38,– DM,**
Subskriptionspreis (bis 31.12.1997): **30,– DM**
Erscheinungstermin: Frühjahr 1998
ISBN 3-932133-20-X   Hans Böckler
Mit freundlicher Unterstützung der   Stiftung

Obwohl schon zu Beginn des zwanzigsten Jahr-
hunderts Frauen zum engeren Kreis der psychoanalytischen Bewegung gehörten,
sind nur wenige von ihnen außerhalb der Fachöffentlichkeit bekannt geworden.
Viele dieser Frauen gehören zur Gruppe der „Laienanalytikerinnen", sie waren also
keine Medizinerinnen. Während viele Männer in leitenden Funktionen und durch
Publikationen bekannt wurden, leisteten Frauen die praktische psychoanalytische
Arbeit in der Krankenbehandlung, der Erziehung und in der Ausbildung jüngerer
KollegInnen; ihre Ideen und theoretischen Entwürfe flossen in diese Arbeit ein.

Die dargestellten Frauenbiographien umfassen drei Abschnitte der Entwicklung der
Tiefenpsychologie in Berlin: die Zeit der zwanziger Jahre, die Zeit des
Nationalsozialismus sowie die Zeit nach 1945. Es werden Psychoanalytikerinnen aus
verschiedenen tiefenpsychologischen Richtungen mit sehr unterschiedlichen
Schicksalen vorgestellt. Die einen emigrierten nach der Machtübernahme Hitlers,
weil sie Jüdinnen waren oder ihre politische Überzeugung sie gefährdete. Die ande-
ren blieben in Deutschland und arbeiteten unter den gegebenen Bedingungen weiter.
Sie alle leisteten einen Beitrag zur Geschichte der Laienanalyse in Berlin.

Das Buch zeichnet die Vielfalt der Lebensläufe und Arbeitsfelder auf und ergänzt die
Geschichte der Psychoanalyse um eine Beschreibung der meist stillen Arbeit dieser
Frauen.

P V

Psychosozial-Verlag · Friedrichstraße 35 · 35392 Gießen
Telefon: 06 41/7 78 19 · Telefax: 06 41/7 77 42